0-3岁
婴幼儿早期发展
专业人才培养

总主编 史耀疆

0—3岁婴幼儿
早期阅读的
理论与实践

汤 蕾 岳 爱 关宏宇◎主编

乔 娜 杜 康◎副主编

华东师范大学出版社
·上海·

图书在版编目(CIP)数据

0—3岁婴幼儿早期阅读的理论与实践/汤蕾,岳爱,关宏宇主编.—上海:华东师范大学出版社,2022
(0—3岁婴幼儿早期发展专业人才培养)
ISBN 978 - 7 - 5760 - 2407 - 4

Ⅰ.①0… Ⅱ.①汤…②岳…③关… Ⅲ.①婴幼儿—阅读课—教学研究 Ⅳ.①G613.2

中国版本图书馆 CIP 数据核字(2022)第 017459 号

0—3 岁婴幼儿早期阅读的理论与实践

主　　编　汤　蕾　岳　爱　关宏宇
项目编辑　蒋　将
审读编辑　孔　灿
责任校对　李琳琳
封面设计　卢晓红

出版发行　华东师范大学出版社
社　　址　上海市中山北路 3663 号　邮编 200062
网　　址　www.ecnupress.com.cn
电　　话　021 - 60821666　行政传真 021 - 62572105
客服电话　021 - 62865537　门市(邮购)电话 021 - 62869887
地　　址　上海市中山北路 3663 号华东师范大学校内先锋路口
网　　店　http://hdsdcbs.tmall.com

印刷者　上海昌鑫龙印务有限公司
开　　本　787×1092　16 开
印　　张　12.75
字　　数　255 千字
版　　次　2022 年 8 月第 1 版
印　　次　2022 年 8 月第 1 次
书　　号　ISBN 978 - 7 - 5760 - 2407 - 4
定　　价　48.00 元

出版人　王　焰

(如发现本版图书有印订质量问题,请寄回本社客服中心调换或电话 021 - 62865537 联系)

编委会人员名单

史耀疆	蔡建华	周念丽	黄建	张霆	关宏岩
李荣萍	任晓旭	张淑一	刘爱华	谢丹	任刚
李芳	朴玮	王丽娟	王鸥	蒋彤	陈顿
公维一	唐艳斌	张红敏	殷继永	崔丽	刘永丽
岳爱	李英	关宏宇	杨洁	聂景春	汤蕾
乔娜	杜康	白钰	伍伟	陈函思	孔冬梅
吕明凯	石功赋	胡建波	李曼丽	钞秋玲	杨玉凤
王惠珊	李少梅	李晖	尹坚勤	刘迎接	罗新远
丁玉	管旅华	赵春霞	程颖	毛春华	万俊
王杉	李欢	王晓娟	任刊库	秦艳艳	叶美娟
王晨路	吕欢欢	袁盼	孟昱辰	宋倩楠	屈江卜

总　序

2014年3月，本着立足陕西、辐射西北、影响全国的宗旨，形成应用实验经济学方法探索和解决农村教育均衡发展等问题的研究特色，致力于推动政策模拟实验研究向政府和社会行动转化，从而促成教育均衡的发展目标，陕西师范大学教育实验经济研究所（Center for Experimental Economics in Education at Shanxi Normal University，简称 CEEE）正式成立。CEEE 前身是西北大学西北社会经济发展研究中心（Northwest Socioeconomic Development Research Center，简称 NSDRC），成立于 2004 年 12 月。CEEE 也是教育部、国家外国专家局"高等学校学科创新引智计划——111 计划"立项的"西部贫困地区农村人力资本培育智库建设创新引智基地"、北京师范大学中国基础教育质量监测协同创新中心的合作平台。自成立以来，CEEE 瞄准国际学术前沿和国家重大战略需求，面向社会和政府的需要，注重对具体的、与社会经济发展和人民生活密切相关的实际问题进行研究，并提出相应的解决方案。

过去 16 年，NSDRC 和 CEEE 的行动研究项目主要涵盖五大主题："婴幼儿早期发展""营养、健康与教育""信息技术与人力资本""教师与教学"和"农村公共卫生与健康"。围绕这五大主题，CEEE 开展了累计 60 多项随机干预实验项目。这些随机干预实验项目旨在探索并验证学术界的远见卓识，找到改善农村儿童健康及教育状况的有效解决方案，并将这些经过验证的方案付诸实践、推动政策倡导，切实运用于解决农村儿童面临的健康和教育挑战。具体来看，"婴幼儿早期发展"项目旨在通过开创性的研究探索能让婴幼儿终生受益的"0—3 岁儿童早期发展干预方案"；"营养、健康与教育"项目旨在解决最根本阻碍农村学生学习和健康成长的问题：贫血、近视和寄生虫感染等；"信息技术与人力资本"项目旨在将现代信息技术引入农村教学、缩小城乡数字化鸿沟；"教师与教学"项目旨在融合教育学和经济学领域的前沿研究方法，改善农村地区教师的教学行为、提高农村较偏远地区学校教师的教学质量；"农村公共卫生与健康"项目旨在采用国际前沿的"标准化病人法"测量农村基层医疗服务质量，同时结合新兴技术探索提升基层医疗服务质量的有效途径。

从始至今，CEEE 开展的每个项目在设计以及实施中都考虑项目的有效性，使用成熟和前沿的科学影响评估方法，严谨科学地评估每一个项目是否有效、为何有效以及如何改进。

在通过科学的研究方法了解了哪些项目起作用、哪些项目作用甚微后,我们会与政策制定者分享这些结果,再由其推广已验证有效的行动方案。至今,团队已发表论文230余篇,累计120余篇英文论文被SCI/SSCI期刊收录,80余篇中文论文被CSSCI期刊收录;承担了国家自然科学基金重点项目2项,省部级和横向课题50多项;向国家层面和省级政府决策层提交了29份政策简报并得到采用。除此之外,CEEE的科学研究还与公益相结合,十几年来在上述五大研究领域开展的项目累计使数以万计的儿童受益:迄今为止,共为农村儿童发放了100万粒维生素片,通过随机干预实验形成的政策报告推动了3300万名学生营养的改善;为农村学生提供了1700万元的助学金;在800所学校开展了计算机辅助学习项目;为6000户农村家庭提供婴幼儿养育指导;为农村学生发放了15万副免费眼镜;通过远程方式培训村医600人;对数千名高校学生和项目实施者进行了行动研究和影响评估的专业训练……CEEE一直并将继续坚定地走在推动农村儿童健康和教育改善的道路上。

在长期的一线实践和研究过程中,我们认识到要提高农村地区的人力资本质量需从根源着手或是通过有效方式,为此,我们持续在"婴幼儿早期发展"领域进行探索研究。国际上大量研究表明,通过对贫困家庭提供婴幼儿早期发展服务,不仅在短期内能显著改善儿童的身体健康状况,促进其能力成长和学业表现,而且从长期来看还可以提高其受教育程度和工作后的收入水平。但是已有数据显示,中低收入国家约有2.49亿5岁以下儿童面临着发展不良的风险,中国农村儿童的早期发展情况也不容乐观。国内学者的实证调查研究发现,偏远农村地区的婴幼儿早期发展情况尤为严峻,值得关注。我国政府也已充分意识到婴幼儿早期发展问题的迫切性和重要性,接连出台了《国家中长期教育改革和发展规划纲要(2010—2020年)》《国家贫困地区儿童发展规划(2014—2020年)》《国务院办公厅关于促进3岁以下婴幼儿照护服务发展的指导意见》(2019年5月)、《支持社会力量发展普惠托育服务专项行动实施方案(试行)》(2019年10月)和《关于促进养老托育服务健康发展的意见》(2020年12月)。然而,尽管政府在推进婴幼儿早期发展服务上作了诸多努力,国内婴幼儿早期发展相关的研究者和公益组织在推动婴幼儿早期发展上也作了不容忽视的贡献,但是总体来看,我国的婴幼儿早期发展仍然存在五个缺口,特别是农村地区:第一,缺认识,即政策制定者、实施者、行动者和民众缺乏对我国婴幼儿早期发展问题及其对个人、家庭、社会和国家长期影响的认识;第二,缺人才,即整个社会缺少相应的从业标准,没有相应的培养体系和认证体系,也缺少教师/培训者的储备以及扎根农村从业者的人员储备;第三,缺证据,即缺少对我国婴幼儿早期发展的问题和根源的准确理解,缺少回应我国婴幼儿早期发展问题的政策/项目有效性和成本收益核算的影响评估;第四,缺方法,即缺少针对我国农村婴幼儿早期发展面临的问题和究其根源的解决方案,以及基于作用机制识别总结出的、被验证的、宜推广的操作步骤;第五,缺产业,即缺少能够系统、稳定输出扎根农村的婴幼儿早期发展服务人才的职业院校或培训机构，以及可操作、可复制、可持续发展的职业院校/培训机构模板。

自国家政策支持社会力量发展普惠托育服务以来，已经有多方社会力量积极进入到了该行业。国家托育机构备案信息系统自2020年1月8日上线以来，截至2021年2月1日，全国规范化登记托育机构共13477家。但是很多早教机构师资都是由自身培训系统产出，不仅培训质量难以保证，而且市场力量的介入加重了家长的焦虑(经济条件不好的家庭可能无法接触到这些早期教育资源，经济条件尚可的家庭有接受更高质量的早教资源的需求)，这都使得儿童早期发展的前景堪忧。此外，市面上很多早教资源来源于国外(显得"高大上"，家长愿意买单)，但这并非本土适配的资源，是否适用于中国儿童有待商榷。最后，虽然一些高校研究机构及各类社会力量都已提供了部分儿童早期发展服务人员，但不管从数量上，还是从质量(科学性、实用性)上，现阶段的人才供给都还远不能满足社会对儿童早期发展人才的需求。

事实上，由于自大学本科及研究生等更高教育系统产出的婴幼儿早期发展专业人才很难扎根农村为婴幼儿及家长提供儿童早期发展服务，因此，从可行性和可落地性的角度考虑，开发适用于中职及以上受教育程度的婴幼儿早期发展服务人才培养的课程体系和内容成为我们新的努力方向。2014年7月起，CEEE已经开始探索儿童早期发展课程开发并且培养能够指导农村地区照养人科学养育婴幼儿的养育师队伍。项目团队率先组织了30多位教育学、心理学和认知科学等领域的专家，结合牙买加在儿童早期发展领域进行干预的成功经验，参考联合国儿童基金会0—6岁儿童发展里程碑，开发了一套适合我国农村儿童发展需要、符合各月龄段儿童心理发展特点和规律、以及包括所研发的240个通俗易懂的亲子活动和配套玩具材料的《养育未来：婴幼儿早期发展活动指南》。在儿童亲子活动指导课程开发完成并成功获得中美两国版权认证后，项目组于2014年11月在秦巴山区四县开始了项目试点活动，抽调部分计生专干将其培训成养育师，然后由养育师结合项目组开发的亲子活动指导课程及玩教具材料实施入户养育指导。评估结果发现，该项目不仅对婴幼儿监护人养育行为产生了积极影响，而且改善了家长的养育行为，对婴幼儿的语言、认知、运动和社会情感方面也有很大的促进作用：与没有接受干预的婴幼儿相比(即随机干预实验中的"反事实对照组")，接受养育师指导的家庭婴幼儿认知得分提高了12分。该套教材于2017年被国家卫生健康委干部培训中心指定为"养育未来"项目指定教材，且于2019年被中国家庭教育学会推荐为"百部家庭教育指导读物"。2020年CEEE将其捐赠予国家卫生健康委人口家庭司，以推进未来中国3岁以下婴幼儿照护服务方案的落地使用。此外，考虑到如何覆盖更广的人群，我们先后进行了"养育中心模式"服务和"全县覆盖模式"服务的探索。评估发现有效后，这些服务模式也获得了广泛的社会关注和认可。其中，由浙江省湖畔魔豆公益基金会资助在宁陕县实现全县覆盖的"养育未来"项目成功获选2020年世界教育创新峰会

(World Innovation Summit for Education,简称 WISE)项目奖,成为全球第二个、中国唯一的婴幼儿早期发展获奖项目。

自 2018 年起,CEEE 为持续助力培养 0—3 岁婴幼儿照护领域的一线专业人才,联合多方力量成立了"婴幼儿早期发展专业人才(养育师)培养系列教材"编委会,以婴幼儿早期发展引导员的工作职能要求为依据,同时结合国内外儿童早期发展服务专业人才培养的课程,搭建起一套涵盖"婴幼儿心理发展、营养与喂养、保育、安全照护、意外伤害紧急处理、亲子互动、早期阅读"等方面的课程培养体系,并在此基础上开发这样一套专业科学、经过"本土化"适配、兼顾理论与实操、适合中等受教育程度及以上人群使用的系列课程和短期培训课程,用于我国 0—3 岁婴幼儿照护服务人员的培养。该系列课程共 10 门教材:《0—3 岁婴幼儿心理发展的基础知识》与《0—3 岁婴幼儿心理发展的观察与评估》侧重呈现婴幼儿心理发展基础知识与理论以及对婴幼儿心理发展状况的日常观察、评估及相关养育指导建议等,建议作为该系列课程的基础内容首先进行学习和掌握;《0—3 岁婴幼儿营养与喂养》与《0—3 岁婴幼儿营养状况评估及喂养实操指导》侧重呈现婴幼儿营养与喂养的基础知识及身体发育状况的评估、喂养实操指导等,建议作为系列课程第二阶段学习和掌握的重点内容;《0—3 岁婴幼儿保育》、《0—3 岁婴幼儿保育指导手册》与《婴幼儿安全照护与伤害的预防和紧急处理》侧重保育基础知识的全面介绍及配套的练习操作指导,建议作为理解该系列课程中婴幼儿心理发展类、营养喂养类课程之后进行重点学习和掌握的内容;此外,考虑到亲子互动、早期阅读和家庭指导的重要性,本系列课程独立成册 3 门教材,分别为《养育未来:婴幼儿早期发展活动指南》、《0—3 岁婴幼儿早期阅读的理论与实践》、《千天照护:孕婴营养与健康指导手册》,可在系列课程学习过程当中根据需要灵活穿插安排其中。这套教材不仅适合中高职 0—3 岁婴幼儿早期教育专业授课使用,也适合托育从业人员岗前培训、岗位技能提升培训、转岗转业培训使用。此外,该系列教材还适合家长作为育儿的参考读物。

经过三年多的努力,系列教材终于成稿面世,内心百感交集。此系列教材的问世可谓恰逢其时,躬逢其盛。我们诚心寄望其能为贯彻党的十九大报告精神和国家"幼有所育"的重大战略部署,指导家庭提高 3 岁以下婴幼儿照护能力,促进托育照护服务健康发展,构建适应我国国情的、本土化的 0—3 岁婴幼儿照护人才培养体系,提高人才要素供给能力,实现我国由人力资源大国向人力资源强国的转变贡献一份微薄力量!

史耀疆

陕西师范大学

教育实验经济研究所所长

2021 年 9 月

前　言

现代社会,阅读能力被称为学习的基础,教育的灵魂。阅读是人的一生中获取知识信息、发展智力、进行社会交往的重要途径。虽然倡导儿童阅读已经有好几个世纪的历史,但是在很长一段时间里,阅读是极少数人的专利。直到20世纪的最后几十年,一些国家才普遍期望阅读能力得到普及。全民阅读的普及让个人乃至全社会都得到了前所未有的高度发展。现代社会对阅读能力的需求日益增长,而阅读能力低的人越来越难获得成功。在现代社会中,不能有效阅读,甚至不会阅读,将严重影响个体的日常生活和工作效率。

在正常的家庭环境中,大多数儿童都能够自然而然地学会走路、学会说话等,但是学习阅读则需要通过教育。因为阅读能力并不是先天具备的,人类大脑还没有专门的阅读区域,大脑的不同功能区域需要通力合作才能进行阅读理解,产生新的知识和经验。

一系列研究发现,开展儿童早期阅读活动,可以从小培养儿童的阅读兴趣和习惯,为他们成为一个良好的终身学习者打下坚实基础。零岁起步的阅读是目前国际幼儿教育界达成的基本共识。

然而0—3岁婴幼儿的家庭早期阅读现状不容乐观。中国城市和农村地区的家庭对早期阅读重要性的认识,以及进行早期阅读活动的频率和质量都有待提高。这门《0—3岁婴幼儿早期阅读的理论与实践》课程的开发目的就是帮助早期阅读的一线从业人员了解早期阅读的基本理论和详细的实践方法,从而能够陪伴和指导家庭开展良好的儿童早期阅读活动,培养儿童良好的阅读兴趣和阅读习惯,促进儿童早期阅读能力的发展。

本书由陕西师范大学教育实验经济研究所联合早期阅读专家及实践者合作编写。陕西师范大学教育实验经济研究所与国家卫生健康委员会等机构组成的"养育未来"项目组自2012年起,针对0—3岁婴幼儿开展了系列研究,并采用严格的大规模随机干预实验,深入研究探讨农村贫困地区婴幼儿早期发展面临的挑战、原因及可能的解决办法。在长期的实践和研究中,项目组积累了丰富的儿童早期照护服务落地经验,形成了可持续、易推广、经济可行且有效的方案,并联合医学、心理学等领域专家搭建婴幼儿早期发展引导员课程培养体系,在此基础上开发了学历教育和短期培训系列课程,旨在培养计划进入0—3岁婴幼儿照护行业的、具备初中及以上受教育程度的一线儿童早期发展从业人员。《0—3岁婴幼儿早期阅读的理论与实践》是系列课程以及教材之一。针对本书受众,本教材的编写原则是"理论够用、实操具体、通俗易懂"。

本书分为四章,主要对0—3岁婴幼儿早期阅读的定义、早期阅读的重要性,以及早期阅读的基本理念和方法进行了概述,并结合儿童早期阅读发展特点进行了分月龄的儿童早期阅读实践方法介绍和案例展示。具体包括:

第一章:早期阅读概述,主要介绍早期阅读的概念,厘清常见认识误区;介绍早期阅读的重要性;呈现早期阅读的现状;介绍早期阅读能力培养的核心目标;简介早期阅读的特点。

第二章:认识图画书,主要介绍图画书的概念;阐述图画书为什么适合早期阅读;介绍图画书的结构和分类,以及好的图画书应当具备的要素。

第三章:践行早期阅读的理念和方法,主要介绍家庭和集体环境中的早期阅读硬件环境的创设要素;概述亲子共读的基本理念和方法(包含伙伴式亲子共读,以及促进儿童读写能力发展的活动范围和方法);介绍阅读习惯建立的方法。

第四章:分月龄早期阅读指导,本章主要介绍分月龄亲子共读和集体故事会的开展流程,同时通过故事会举例的方式让读者学习与婴幼儿开展亲子共读和集体故事会的方法。

本书编写过程中得到了国内阅读专家和同行的审阅及大力支持,在此特别感谢深圳市爱阅公益基金会李文理事长和卢嘉仪老师,新儿童教育研究所马灵艳副所长,首都师范大学刘晓晔老师!感谢陕西师范大学"养育未来"项目组助理秦艳艳和叶美娟!

目　录

第一章

早期阅读概述

对于一个家庭来说，新生命的降生会给生活带来巨大的改变，除了会带来无尽的爱和欢乐之外，还会带来很多倍感焦虑和沮丧的问题。这是因为孩子每一天都发生着许多的变化，而每个照养人几乎都会担心自己的行为和信念是否会对孩子的发展产生负面的影响。这些问题中包括与"早期阅读能力"相关的问题。即将成为或者已经成为照养人的你可能想知道：在早期阅读方面，我该如何做才能更好地为孩子的发展提供帮助？也可能会焦虑：如果我做错了该怎么办？该从何时开始培养、如何培养、由谁来培养等。

对于以上类似的问题，每个人都有不同的认识。有的人认为当孩子还小的时候根本不认识字从而无法进行阅读，而孩子大了自然就会阅读；有的人认为阅读就是识字，会识字就自然会阅读；还有的人认为阅读习惯应该交给学校的老师来培养。

本章将通过对"阅读和早期阅读的定义"、"早期阅读的重要性"以及"早期阅读的现状和核心目标"这三方面内容的介绍，来解答照养人在"早期阅读"方面的疑问，并且就以下核心内容达成共识：

- 阅读能力不是与生俱来的，而是通过后天习得的。过去几十年的脑科学研究告诉我们，在人的大脑中，没有专门负责阅读的功能区域，不同的脑功能区需要协同合作，产生新的神经联结、建立新的神经元通路才能使人学会阅读。
- 阅读不仅是要后天习得，而且是要越早开始越好。零岁起步的阅读已经是国际幼儿教育界达成的基本共识。一系列研究发现，开展儿童早期阅读活动，可以培养儿童从小的阅读兴趣和习惯，为他们成为一个良好的终身学习者打下坚实基础。

第一节　阅读和早期阅读的定义

要理解什么是早期阅读，我们首先需要理解什么是阅读，然后通过对比儿童阅读与成人阅读的异同来理解早期阅读。需要说明的是，本书所指的早期阅读概念涵盖 0—6 岁学前儿童阅读，由于本书主要关注 0—3 岁婴幼儿，因此会特别指出 0—3 岁婴幼儿的阅读特点。

一、阅读的定义

阅读是什么？虽然不同学者对于阅读定义的阐述不尽相同，但都不约而同地指出，阅读不仅仅指会识字读书，而且是牵涉不止一项因素的活动（Rayner & Pollatsek，1989；Snow，2002；《中国大百科全书》总编委会，2016 等）。总结起来，我们可以从以下两个方面来理解阅读：

其一，阅读是一种什么能力或素养（reading literacy）？

其二，阅读时大脑是如何工作的？

（一）阅读能力或素养

关于阅读能力或素养（以下统称为"阅读能力"），国际上两个评估四年级学生阅读能力的国际计划给出了它们的定义。

一个是国际教育成就评价协会（International Association for the Evaluation of Educational Alhievement，IEA）主持的"促进国际阅读素养培养计划"（Progress in International Reading Literacy Study，以下简称 PIRLS）。其对阅读能力的定义是："理解和使用社会所要求或个人所重视的书面语言形式的能力。读者可以从各种形式的文本中建构意义。他们学习阅读，参与学校和日常生活中的读者社区，并从中获得乐趣。"（Mullis & Martin，2015）

另一个是由经济合作与发展组织（Organization for Economic Co-operation and Development，以下简称 OECD）统筹的"学生能力国际评估计划"（Programme for International Student Assessement，以下简称 PISA）。其对阅读能力的定义是："通过理解、使用、评估/反思文本来实现个人的目标，发展个人的知识和潜力，参与社会。"（Schleicher，2019）

综合以上两个定义我们可以发现，发展阅读能力的终极目标是为了：

- 发展个人的知识和潜力；
- 获得文学体验的乐趣；
- 更好地参与社会。

而个人获得"阅读能力"的表现是获得了能够理解、使用和反思文本信息的能力。换言之，具有阅读能力的人，首先能够理解文本的意思，然后能够使用文本，并最终能够从文本中建构意义。"建构意义"是指读者在阅读过程中积极主动地将自己的人生经验和知识投入到作品中去，对作品中的意义进行理解，并最后形成自己的理解。具有"建构意义"的阅读，对于我们人类的存在具有决定性的作用。因为它是人在精神上的创造性活动，它可以改变人类头脑。世界上那些在儿童文学方面发达的国家也都可以很好地论证这一点。比如儿童文学的发源地——英国，后来者居上的美国以及日本。这些国家的发展都和其读书社会的健全有着重要关系，而一个良好健全的读书社会，它必然会给人们的精神带来创造性的活动，对我国来说，也不例外。

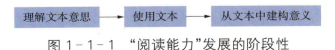

图 1-1-1 "阅读能力"发展的阶段性

PIRLS 和 PISA 还提出了发展儿童阅读能力的四大具体指标(Mullis & Martin, 2015; Schleicher, 2019):

① 具备提取特定信息的能力(focus on and retrieve explicitly stated information),即具备能够从文本中理解作者说了什么的能力。

② 具备进行推论的能力(make straightforward inferences),即基于理解的文本信息,具备进一步思考作者为什么要这么说的能力。

③ 具备整合信息和观点的能力(interpret and integrate ideas and information),即具备理解文本信息与自我和生活有什么关系的能力。

④ 具备检验或评估文本特性、发展意义的能力(evaluate and critique content and textual elements),即个人基于文本信息,具备产生自己看法的能力。

这些阅读指标的提出,使我们认识到,阅读不只是简单的识字和读故事,更需要发展儿童深度理解和反思与评价文本信息的能力。我们在后面的内容中将会介绍,这些深层次的阅读能力不是与生俱来的,需要教育者引导才能发展起来。

(二)阅读时大脑的工作过程

为了建构意义,阅读时大脑是如何工作的呢?我们可以通过一个简单的大脑模型来理解,如图 1-1-2 所示(Willingham, 2010)。

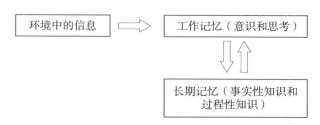

图 1-1-2 阅读时大脑的工作过程

模型的左边代表周边环境中很多可看可听的事情,或是待解决的问题。

模型的右上角代表大脑组成中的工作记忆,工作记忆保存的是你正在思考的事情。

从左边的环境指向工作记忆的箭头表示大脑的工作记忆让你意识到周围有什么。比如,让你意识到你看见了一幅画、听到他人在讲故事等;你还可能意识到现在不在眼前的东西,比如,你可以想起妈妈的声音,即使她现在不在你身边。

模型的右下角代表长期记忆,它储存着关于世界的事实性知识,比如,瓢虫身上有圆点,狗有四条腿等。长期记忆中的所有信息存在于工作记忆之外,在工作记忆调用这些信息之前,它们都静静地待在那里,只有被工作记忆调用时,它才浮现到意识中。举例来讲,如果我问你"北极熊是什么颜色的?"你几乎会脱口而出"是白色的",但其实这个信息在 30 秒之前还待在长期记忆中,只是在我问你这个问题时,你才意识到它的存在。长期记忆还包含过程性知识,例如,计算三角形面积的过程,从家开车到单位的过程等。也就是说,过程性知识是一个程序,它告诉我们什么时候该组合什么知识。因此,简单来说,阅读时大脑的工作过程就是大脑将周边环境中的信息和长期记忆中的信息用新的方法组合的过程,而这一组合过程在工作记忆中发生(Willingham,2010)。

前边讲到,阅读也是建构意义的过程。那么,阅读时大脑是如何建构意义的呢?让我们来做一个"看图说话"的游戏(见图 1-1-3)。

图 1-1-3 "看图说话"的游戏图例

当你阅读到图 1-1-3 这两幅图片和上面的文字时,你对图画和文字的阅读就是一个建构意义的过程,而建构意义的结果是形成一个故事。

对照刚才图 1-1-2 中简单的大脑模型来看,在看图说话的过程中,环境中的信息包含很多插图和"鱼就是鱼"这样的标题文字。工作记忆需要将环境中的这些信息与长期记忆中的经验和知识进行整合。此时,你大脑的工作过程可能是这样:

- 从左边的封面中你看到一条鱼,你的长期记忆告诉你,这条鱼头上的白色对话框代表了这条鱼内心的想法——鸟是鱼的样子,但是身上长着翅膀,可以在天空中飞翔。
- 从右边的插图里你看到更多的图片信息:包括小蝌蚪和小鱼,青蛙和大鱼,来到陆地上的青蛙,各种对话框中长得像鱼一样的牛、鸟和人,等等。你的长期记忆可能告诉你,小蝌蚪长大了会变成青蛙,小鱼长大了会变成大鱼,故事中的小鱼内心有很多想象中的鸟、牛以及人,而鸟、牛和人都是有一些特征的。比如,鸟会在天空中飞,有翅膀,等等,并且鱼想象的这些人物和动物都有一些像鱼。

基于以上信息,你建构出来的可能是这样一个故事:池塘中有一只蝌蚪和一条小鱼,它们是好朋友。有一天,蝌蚪长出了腿,跳上了岸去周游世界,回来后它给小鱼讲有趣的见闻,包括鸟儿、奶牛、人类等。小鱼很是好奇，也很羡慕，它希望自己也能够到外面的世界去看看。可是鱼就是鱼，当它离开池塘后，它就会死掉。所以，鱼还是待在池塘比较好，正确认识自己，接受自己，做自己也很好。

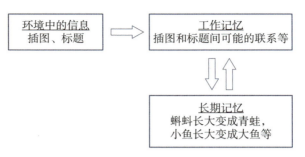

图 1-1-4　阅读图例时大脑的工作过程

　　从这个"看图说话"的游戏中，我们了解到阅读过程中大脑的工作过程其实就是个体依靠头脑中原有的知识和经验，即长期记忆（例如，蝌蚪长大会变成青蛙），积极主动地在工作记忆中将看到的信息（例如，插图和标题）与长期记忆中的知识相结合，并建构意义，即形成新的知识和经验（例如，形成一个故事）的过程。

　　通过对"（一）阅读能力或素养"和"（二）阅读时大脑的工作过程"的介绍，我们可以看到，阅读不是我们一般认为的"认识汉字获得词义→组织各个词义去理解句义→结合各个句义去理解文章的意义"的过程。近40年来的心理学研究告诉我们，阅读能力是一种理解、使用和反思文本，从而建构意义的能力。阅读时，大脑将个体在环境中的信息（文本或者图画）与头脑中原有的知识和经验进行了重新整合，产生新的知识和经验。这个过程包含着复杂、抽象的思维活动，需要多种认知过程和复杂技能的参与。

　　将以上"（一）阅读能力或素养"和"（二）阅读时大脑的工作过程"结合起来就是阅读的定义：

> 　　阅读是个体依靠头脑中原有的知识和经验，主动从阅读材料中获取信息，将来自阅读材料的信息与自己头脑中已有的知识经验相结合，主动进行信息加工，从而形成新的知识和经验（建构意义）的过程。（舒华和李平，2014）

二、早期阅读的定义

　　早期阅读是指儿童从出生开始在生活、游戏、学习和阅读活动中，通过与图画、文字、符号等的互动,从而获取这些媒介所承载的信息,并且形成自己新的理解(即建构意义)的过程。

接下来我们将通过比较早期阅读和成人阅读的不同,以及通过对早期阅读的误区的介绍来进一步理解早期阅读的定义。

早期阅读与成人阅读的不同主要体现在阅读材料、阅读对象、阅读形式以及对阅读能力的要求(周兢,2010),概况如表 1-1-1 所示,接下来将具体从这 4 点进行分别阐述。

表 1-1-1

	阅读材料	阅读对象	阅读形式
早期阅读	以图画书为主	遵循从"图画到文字"的过程,而且主要以图画为主	亲子共读
成人阅读	以报纸、书刊、网络信息等为主	以文字为主	独立阅读

1. 阅读材料

在阅读材料上,成人主要阅读报纸、书刊、网络信息等,而儿童主要阅读儿童图画书以及生活环境中的符号和图像(周兢,2014)。

在这里我们要指出一个早期阅读的误区:一些家长认为早期阅读材料仅仅是图画书。图画书确实是儿童阅读材料中最普遍的阅读材料,但是生活中无处不是阅读材料。例如,和爸爸妈妈出门时看到的广告牌,或者一幅画,生活中的桌子、扫帚、衣服等物品,又或者网络上看到的图片、文字符号,这些都可以是阅读材料。只要可以起到刺激儿童认知和大脑发育的东西都是阅读的一部分。所以,如果儿童指着路边的一幅宣传画上孩子的形象发出咿咿呀呀的声音,或喊哥哥姐姐时,成人可以停下来对儿童说:"是呀,你看哥哥姐姐笑得多开心啊。"

2. 阅读对象

在阅读对象上,成人以阅读文字为主,而儿童的阅读遵循从"图画到文字"的过程,而且主要以阅读图画为主(周兢,2014)。换言之,儿童最初主要是通过阅读图画,同时结合成人讲述的声音来理解书本的内容,然后逐渐关注到图画以外的符号(如文字),并逐渐通过图像与文字结合的方式来理解阅读材料、符号与声音的关联,也就是前阅读经验。这样的前阅读经验会为入学后进行纯文字的阅读奠定基础。

基于儿童"从图像到文字"的阅读发展特点,我们在此也要指出一个相关误区:有的家长认为阅读就是读书,而识字是读书的前提,甚至会强迫儿童学习枯燥的识字表,因此识字和背诵常常被当作是阅读教育的起点,很多儿童也会因为总学不会而备受批评。我们不难想象到,在枯燥的识字活动中,当儿童不能很快学会而受到家长的批评和催促时,他们多半会非常不喜欢这项活动。当儿童感觉识字是很枯燥的活动时,他也会认为阅读是一件很痛苦的事情,要么会找借口避免阅读,要么会厌恶阅读。此外,阅读如果是从识字开始,不仅很容易忽视儿童口头语言的发展(而口头语言是阅读能力发展的重要基础),还容易忽略阅读障碍的早期症状,从而失去"早发现、早干预"的机会。

因此,正确的做法是:成人不要做揠苗助长的事情,识字不是阅读的起点,更不是终点。早期阅读应当指引儿童阅读图画,帮助他们建立词语发音与图像或文字等符号之间的联结,从而更好地理解、运用和反思阅读内容,让儿童在共读里面、在图画书里面、在有意思的信息里面去体会阅读的乐趣,比如:

- 哦,原来阅读它说的是我知道的事;
- 哇,阅读带我去认识我不知道的东西,而且我可以了解不同的想法,学习别人解决问题的不同方式;
- 哇,好有趣;
- 哦,我理解了;
- 哦,我以前没有这样的理解,现在我又理解了;
- 它说的原来是我知道的这件事;
- 我太喜欢这本书了,因为鸭妈妈的做法和它说的话让我觉得与众不同。

以上这些一连串的体会其实就是阅读带给幼儿和成人的本质,即建构意义。

当然,儿童不是不能识字,只是他们需要从阅读中自然而然地识字,因为识字和写字等需要建立在理解和运用的基础上。实际上,儿童对符号很有兴趣。例如,在生活中,儿童知道街道上看到金黄色的 M 是麦当劳商店的标志;儿童有时也会指认图画书里他们认识的字。当认出这些符号和文字的时候,他们实际上是很高兴的。这就是重要的前识字经验。所以,当儿童在阅读图画书和生活场景中表现出对符号和文字感兴趣的时候,大人应该鼓励和引导他们。

3. 阅读形式

在阅读形式上,成人是独立阅读,儿童则需要在成人的陪伴下进行亲子共读。在这方面也有一个相关误区:有的家长认为,我们要培养孩子自主阅读,就是要让他尽早自己拿着书,自己去读。但是我们看到,儿童不是天生就具备自主阅读能力的。他们自主阅读能力的发展,有其形成过程与规律,在儿童自主阅读能力成长的历程中,需要成人的正确引导与温暖陪伴。因而,在早期阅读中,亲子共读是不可替代的。亲子共读为什么不可替代呢?有以下两个原因。

一是因为儿童与成人之间充满爱和乐趣的亲子互动是亲子共读的关键。研究表明(Bus et al.,1988,1992,1995,1997),与父母有安全依恋关系的儿童会更愿意且更自信地去探索不熟悉的环境,例如,去阅读那些写着他们看不懂的文字的书本,也更加信任他们的照养人是他们的老师,而安全依恋型儿童的父母也是更有效、更具吸引力的老师。另外,研究发现,安全依恋状态与更频繁和更高质量的阅读互动有关,因而,亲子关系和情感互动对于儿童的阅读发展非常重要。

二是因为儿童阅读能力尚在发展中,因此他们需要成人的引导来学习阅读。成人需要帮助他们选择适龄的阅读材料,并提供适龄的解释,这是共读的重要步骤。我们将在第三章详细介绍亲子共读的理念和方法。

因此,亲子共读中的亲子陪伴非常重要,而且这种陪伴不是简单地教儿童朗读、背诵,而是要通过听、说、读、写多种方式,让儿童与图画、文字、符号等阅读材料进行互动,从而获得前阅读、前书写和前识字三个方面的关键经验,为儿童成为自主阅读者和成功阅读者打下坚实基础。

从这里我们可以看到,早期阅读能力的逐渐发展是需要成人引导的。但是关于成人应当从何时开始引导儿童进行早期阅读,也存在误区:有的家长认为,孩子长大、上学了自然就能学会阅读。其实,这个认识是不正确的。

近 40 年的心理学、认知和神经科学的研究证明,阅读不是与生俱来的,而是教育的产物。人类大脑并没有专门的阅读区域。阅读能力由许多基本认知能力、理解技能以及高级思维能力合作发展而来,需要大脑语言、视觉、听觉、符号和数字认知等多个区域的协作(National Research Council,1998)。而该能力的发展主要集中在儿童早期,且 80% 的儿童会在出生前的 4 个月到出生后的 40 个月之间就形成了该能力(Thompson & Nelson,2001)。

因此,如果强调顺其自然的阅读,则容易忽视儿童发展中的风险。研究显示,智力正常、接受了同等教育的儿童中,有 5%—10% 的比例仍然不能顺利阅读(National Research Council,1998)。

那么,何时开始阅读是合适的呢?美国儿科学会(American Academy of Pediatrics)建议,儿童出生后应尽早开始亲子共读,这对儿童的认知、社交情绪等多方面都有益处。即使是刚出生不久的宝宝,爸爸妈妈也可以给他们看一些图片颜色对比强烈的绘本,或者也可以直接读比较有节奏感和韵律感的绘本,给宝宝"磨耳朵",让宝宝更早地进入一种阅读环境。研究显示,接受了充足的科学阅读刺激的儿童,阅读能力发展得越好,对阅读的兴趣也越大;相反,越是缺乏足够的阅读刺激,儿童的语言和认知能力发展越容易出现滞后风险,由此累及阅读和学习能力发展,负面影响可能伴随一生,甚至代际传递。

当然有的家长认识到早期阅读重要性的时候,他们的孩子已经两三岁了,有的家长会因此而感到焦虑,觉得已经错过了最佳的时期。其实只要开始和孩子亲子共读,任何时候都不晚,千万不要觉得已经错过了最佳时期,就放弃或者是拔苗助长。

学前儿童早期阅读的内容

周兢(2014)教授曾将学前儿童的早期阅读内容分为前阅读、前书写和前识字三个方面。

前阅读：在学术领域通常将学前儿童的阅读称为"前阅读"。前阅读能力主要包括阅读习惯和行为的养成、阅读内容的理解和阅读策略的形成、阅读内容的表达三个方面。

前书写："前书写"是指儿童在未接受正式的书写教育之前，根据环境中习得的书面语言知识，通过涂鸦、图画、像字而非字的符号，接近正确的字等形式进行的书写。

前识字：在幼儿活动中，"前识字"活动不是以儿童识字、认字为目的，而是以激发儿童对符号、文字的兴趣，发展儿童文学意识的核心经验为目的，儿童在活动中获得文字再自然习得的结果。幼儿"前识字"的核心经验包括三个范畴：一是获得符号和文字功能的意识；二是发展符号和文字形式的意识；三是形成符号和文字规则的意识。

4. 阅读能力的程度

虽然幼儿与成人的阅读都是基于个人头脑中原有的知识和经验，通过从周围的环境中获取信息，从而形成自己的理解（即建构意义）的，但是在获取信息和建构意义方面，幼儿与成人之间存在阅读能力程度的差异。此外，不同年龄的学龄前儿童之间的能力程度也不同。0—3岁婴幼儿与3—6岁幼儿的阅读能力差异主要体现在以下方面(Horowitz-Kraus et al.，2017)：

• 0—3岁(0—36月龄)婴幼儿是从撕书、咬书和拍打书开始探索图画书的，他们逐渐能够指认书中的图画，并理解图画的形象。在这个时期，当成人让婴幼儿从图画书里找出比如勺子、汽车、毛毛虫等图画形象时，他们具有能够指认或说出这些物品名称的能力。这个时期的婴幼儿还会开始假装自己在阅读，复述熟悉的故事，并能够辨认自己的名字。

• 3—6岁幼儿已经开始独立探索图画书，能够听更长的故事，能够理解故事是有顺序的，而且他们不仅能理解图画的形象，还开始理解事件行动和角色状态。比如，他们在看《好饿的毛毛虫》这本书时，他们不仅可以理解阳光下毛毛虫的形象，还可以理解毛毛虫从蛋里面爬出来了这样的事件行动，以及毛毛虫又小又饿的角色状态。这个时期的幼儿，也开始更多地同时关注文字和图画，阅读时会寻找熟悉的文字，并开始使用熟悉的文字书写。

基于以上信息,我们可以总结出 0—3 岁婴幼儿早期阅读定义的以下几个要点:

① 时间:从出生开始阅读,任何时候都不晚。

② 场景:生活、游戏、学习以及绘本阅读活动中。

③ 材料:不止是绘本阅读,还包括环境中的图像、符号、文字、多媒体、网络等多种形式的阅读。

④ 对象:从图像到文字的阅读。

⑤ 早期能力的发展具有阶段性(如图 1-1-5 所示)。阅读能力的发展是从"基础阅读"开始,即个体首先从图画或文本中提取信息,理解作者说了什么;接着进入到"深层阅读",即个体对图画和文本内容进行分析推理、整合诠释,理解作者为什么这么说,还可能发生什么,这和我有什么关系;最后是"创造性阅读",即评价和反思图画和文本的内容,比如,产生自己的看法,这其中包括自己是否喜欢书中的主人公等。

图 1-1-5　阅读能力发展的阶段性

第二节　早期阅读的重要性

"零岁起步就开始阅读"是目前国际幼儿教育界达成的基本共识。为什么会有这样的共识呢?早期阅读真的那么重要吗?其实不管是过去 40 年的心理学、认知和神经科学的研究,还是一些早期阅读项目的实践研究,都已经回答了这个问题。本节我们将围绕以下两个方面来介绍早期阅读的重要性:

(1)阅读脑和早期发展。

(2)国际早期阅读项目的启示——早期阅读对儿童学业和能力发展的作用。

一、阅读脑和早期发展

(一)阅读脑

一般来讲,大多数孩子几乎不需要成人的帮助就能自然而然地学会走路和说话,但是他们却无法自然而然地学会阅读。因为人类发明阅读这项活动也只是几千年前的事情,人类掌握"阅读"技能的时间太短了,因此,我们的大脑没有进化出类似"听觉区域""视觉区域"的"阅读功能专属区"。阅读需要大脑多区域的合作,需要经过教育的方式后天习得。

脑神经研究通过成像技术发现,阅读时大脑经历了一个复杂的过程。脑神经科学家们曾做过"阅读如何影响大脑"的有趣试验。他们发现:阅读时,大脑皮层的多个区域会同时被激活,这些区域协同作战,才能实现"眼睛看到抽象文字,一瞬间就被大脑编译为准确的含义"这样强大的功能。就好像一支交响乐队,各个声部同时运作和配合,才能奏出动听的音乐。

下面我们来看看,阅读时大脑究竟是怎样活动的呢?

首先,专注于阅读本身,这就激活了大脑皮层(如图1-2-1)[①]。

其次,大脑通过激活枕叶抓取印刷的字母信息(如图1-2-2)。

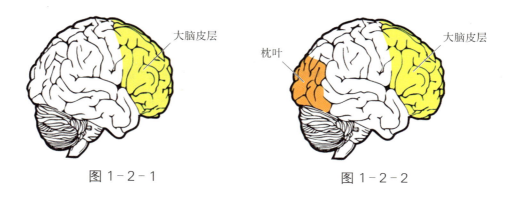

图1-2-1　　　　　　　　　　图1-2-2

最后,信号从枕叶传输到角回(Angular gyrus)[②]。在角回处,字母的视觉符号与它的声音和意义相匹配(如图1-2-3)。

当然,阅读是整个大脑的体验。当我们读到或听到"杰西闻到烤箱里烤出来的甜饼味"时,我们的大脑处理和响应气味的部分就会亮起来(如图1-2-4)。

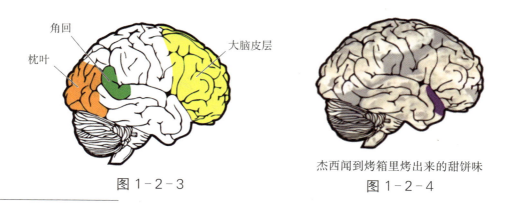

图1-2-3　　　杰西闻到烤箱里烤出来的甜饼味

图1-2-4

① 图片来源:https://www.zerotothree.org/early-learning/early-literacy by ZERO TO THREE。
② 角回是大脑顶叶的一个区域,与语言、空间感、记忆提取、专注力以及心智活动有关。——编者注

当我们听到"狗的毛又冷又湿"时,我们大脑的感觉区域就会被激活(如图1-2-5)。

当我们听到"马可用尽可能大的力气击球"这样的动作句子时,大脑协调运动的部分就会被激活(如图1-2-6)。

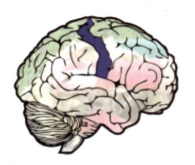

狗的毛又冷又湿

图 1-2-5

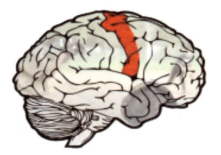

马可用尽可能大的力气击球

图 1-2-6

研究人员发现,用于理解故事的大脑网络和用于理解我们与生活中他人互动的大脑网络有很多重叠(如图1-2-7)。就比如一个值得关注的现象是,当幼儿全神贯注听故事的时候,他们的大脑显示出一定的运作特点:视觉想象和视觉神经通路被共同激活。换言之,幼儿在听故事的时候能够"看到故事情景",而这种心理能力能够促进阅读能力的发展。

因此,听故事能够帮助幼儿联通视觉和听觉以及语言神经环路,比如,童话和神话故事等能够激发幼儿创造性的心理想象能力,从而会更好地促进他们的阅读能力的提高。

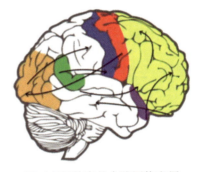

用于理解故事的大脑网络和用于理解我们与生活中他人互动的大脑网络有很多重叠

图 1-2-7

那么儿童的大脑是如何习得阅读能力的呢?

研究告诉我们,儿童的读写能力和语言、认知能力是交叉整合发展的(周兢和刘宝根,2020)。语言能力,尤其是口语能力(包括听理解、口语词汇、口语表达、语义和句法知识等)是阅读发展的基础。

此外,词汇量对于阅读发展也非常重要。"3 000万词汇鸿沟"是一项非常重要的研究。研究发现,学前时期,幼儿口语词汇的发展存在很大的个体差异,口语丰富的幼儿与口语贫乏的幼儿,其词汇量相差3—5倍,累积达到3 000万词汇的鸿沟(图1-2-8和图1-2-9)。而造成这一差距的重要因素是父母每日的语言输入量。研究者在42个家庭中记录了幼儿7—36个月期间的口语词汇,每天记录一个小时,如果父母在孩子进行日常活动时经常和他

收入对语言学习的影响[①]

　　美国的研究发现，贫困家庭很少和孩子说话；到3岁时，低收入家庭的儿童学习的词汇是高收入家庭儿童的一半；早期的语言技能是日后学习成绩的可靠预测指标。

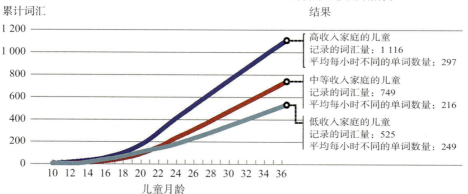

资料收集于42个家庭——13个专业家庭（高收入家庭），23个工人阶级家庭（中等收入家庭）和6个福利家庭（低收入）。

图 1-2-8[①]

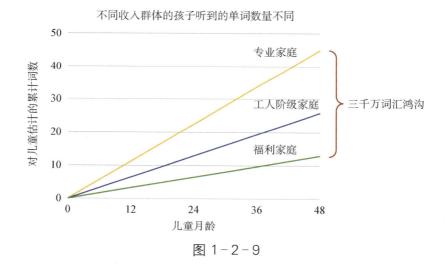

图 1-2-9

　　们交谈，他们在前三年里会听到大约4 500万个单词，而在语言交流匮乏的家庭里，年幼的孩子只能听到大约1 300万个单词，而这3 200万个差距单词是这些孩子无法听到和学习的（Hart & Risley，1995）。当儿童9岁时，研究者又对他们进行了阅读和其他学习能力的测试，结果发现：儿童于1—3岁时在家庭中得到的母亲对其言语的输入量与他们在9—10岁时的阅读能力存在高相关关系（Hart & Risley，1995）。

---

① Hart，B.，& Risley，T. R. Meaningful differences in the everyday experience of young American children. Baltimore，MD：Pual H. Brookes Publishing. 1995.

除了词汇量的输入外,语言输入的词汇类别(例如名词、动词、形容词等)也会影响儿童的口语及阅读发展。研究表明,语言输入的词汇类别限定了词汇的学习,影响了儿童的动词、名词、形容词等词类学习水平的发展变化(舒华和李平,2014)。

因此,阅读能力是按照"听→说→读→理解"这样的顺序来发展的。我们也基于尤尼克教育方案(Unik EduSolution)发布的阅读脑视频(Reading Brain,2014)总结了以下阅读能力发展的三步过程。

阅读能力发展的第一步:听(听理解)

口语能力是阅读发展的基石。口语能力包括听理解、口语词汇和口语表达、语义和句法知识等。因此,阅读能力的发展从倾听开始。也就是父母讲故事,孩子听故事。

在1岁以前,儿童处于前语言期,基本上一直在听。当儿童听到周围人说的话,听到有韵律的童谣,他就迈出了语言习得的第一步,也就是发展了语言能力中的语言接收能力。在这个过程中,他建立了音位意识,逐渐理解了很多词语的意思。

阅读能力发展的第二步:说(口语表达)

阅读能力发展的第二步是说,即口语表达的发展。也就是孩子讲,父母听。这对阅读发展很重要。儿童通过说来继续发展语言能力,"说"增加了儿童口语词汇的宽度(即数量)和深度(即难易程度),为他们提供了理解语言和阅读的基础。很多研究表明:儿童口语词汇量与书面字词能力、阅读能力,甚至智力都有显著关系(舒华和李平,2014)。

还有研究发现,除了成人单方面对儿童的语言输入量有影响外,儿童与成人之间的对话互动次数也是影响其阅读能力发展的重要因素(Liu, Zhao & Li, 2008)。因此,语言学习不是一个被动学习的过程,儿童的主动参与、亲子交流在语言发展中都十分重要。照护人帮助儿童提升语言沟通技巧并最终学会阅读的最重要的方法之一就是从他们出生开始就和他们进行愉快地交谈,和他们分享书籍,鼓励他们进行口语表达。

在良好的语言环境中,3岁及3岁前的儿童一般是这样的发展规律:

- 在8—10个月开始咿呀学语;
- 在12个月时开始使用第一个字,并结合手势或姿势表达自己的意思。当幼儿说出第一个意义明确、有意义的字的时候,语言表达的能力就开始出现了;
- 在1—3岁的语言初期,幼儿开始可以用词语和我们交流了,但他们能够表达的词汇量还是太少,仍然需要结合大量的动作和手势。12—18个月大的幼儿主要用单字或者叠词表达,比如,狗狗,吃。而在幼儿18—24个月的时候,他们就进入词汇量的爆发期,出现2个以上不同单词的组合,比如,吃饭,妈妈抱等。幼儿的语言表达能力会继续发展,并逐渐开始使用短句表达自己的意思。

阅读能力发展的第三步：理解文本与声音的关系

当儿童4岁左右时，他的大脑已经准备好学习阅读了。在这段时间里，理解文本与声音的关系对他阅读能力的发展至关重要。在这个时期，儿童理解文本的过程并不是机械地把字读出来，而是要通过对话式的、互动式的方式，即策略性的方式，来分析文本、消化文本，使其成为自己知识体系的一部分。在这个时期，儿童辨别清晰尖锐声音的能力对其大脑发育和理解书面文字至关重要。当儿童把声音和语言、语言和阅读（即阅读文字或图画这项活动）、阅读和理解结合起来后，就表示他为读写能力做好准备了。

对于具有正常或高于平均水平的语言能力的儿童而言，阅读技能是以一种相对可预测的方式获得的。这些儿童只要在幼儿时期经历过阅读兴趣的培养；有过阅读，涂鸦或写的经历；通过学习和识别口语词汇的机会了解书面文字；以及获得对比口语和书面语言机会，那么就会逐渐获得阅读能力（National Research council，1998）。

（二）为什么倡导从零岁开始阅读呢？

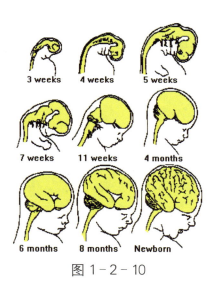

图 1-2-10

婴幼儿时期是儿童多项能力形成的关键时期，而这种能力发展的基础是大脑的发育，且大脑的发育在儿童早期发展阶段最为迅速，其具体表现之一是脑重量的变化。新生儿大脑的重量是成人脑重量的30%（成人脑重量为1350 g），到3岁时，婴幼儿大脑的重量已经增加到1000 g，相当于成人脑重量的75%。也就是说，3岁儿童的大脑重量已经非常接近成人了（Dekaban & Sadowsky，1978；Gilmore，2007；周念丽，2021）（如图1-2-10）。

除了脑重量的增加，这个时期大脑的发育主要体现在大脑神经元之间的突触连接和回路的形成。怎么理解这一内容呢？首先神经元指具有不同功能的脑细胞，而神经元有上千亿个，每个神经元都和周围上千个甚至上万个神经元细胞相连接。其次，突触可以简单理解为神经元上的触手之间连接的必要通道，而突触连接指具有相同功能的神经元细胞通过突触连接在一起。0—3岁婴幼儿大脑的发展到底有多快呢？我们可以用以下数字来说明：从儿童出生到2岁，每秒钟约有100万个神经元突触连接发生（如图1-2-11）；2—3岁儿童大脑的突触数量是新生儿的20倍，3岁儿童的神经元突触连接是成人的两倍（Center on the developing children of Harvard University，2011）。直到15岁左右，大量神经元由于缺乏使用而逐渐消失，同时业已形成的突触连接网络由于持续锻炼和接受刺激而不断增强和增殖，这一修剪过程称为"突触修剪",促进了大脑结构的发育和功能的生成（Huttenlocher，2002）。

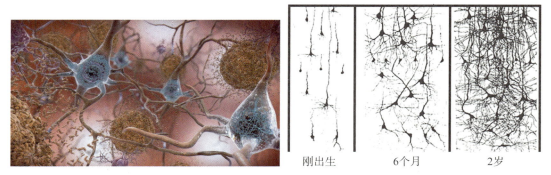

刚出生　　　　6个月　　　　2岁

图 1-2-11　神经元突触连接

经过这个快速发展的过程，有80％儿童的视觉、听觉、语言、符号和数字认知等阅读相关的能力在出生前的4个月到出生后的40个月就已经形成（Thompson & Nelson，2001）（如图1-2-12）。

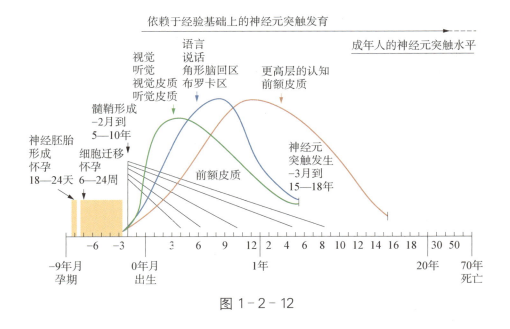

图 1-2-12

因此，从婴幼儿时期是包含语言发展在内的黄金时期，这一时期的阅读将会为未来的阅读发展打下坚实的基础。

（三）阅读和不阅读的大脑差异

阅读确实改变了人们大脑的活动能力（Dehaene & Pegado，2010）。通过扫描儿童时期进行了阅读活动和从未进行阅读活动的成人大脑发现(如图 1-2-13):当看到一个句子时,儿童时期进行过阅读的成人大脑中,处理语言的区域有着更加强烈的活动,令人惊讶的是,他们的听觉区域在阅读或听口语时也更加活跃。

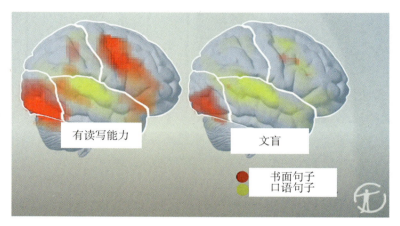

图 1-2-13

二、国际早期阅读项目的启示——早期阅读对儿童学业和能力发展的作用

阅读是教育的核心,学校里几乎所有知识都可以通过阅读来学习。如果我们在孩童阶段陪伴儿童一起阅读,那么他们的阅读脑就能得以发展,孩子学会阅读,也就学会了学习,才能够使用知识解决问题。

国际上一些早期阅读项目从实践角度也印证了早期阅读的重要性。

(一)英国"阅读起跑线"(Bookstart)计划

1992 年,英国图书基金会(BookTrust)发起了一项支持早期儿童阅读的"阅读起跑线"计划。其目标有以下三点:

(1)培养儿童的阅读兴趣与习惯;

(2)帮助家长认识阅读对促进儿童学习与发展的作用;

(3)让家长在带领孩子阅读的过程中,帮助孩子理解图画书内容,从而获得语言和认知方面的发展,做好学习的准备。

该计划的服务对象为 6 月龄到 4 岁的幼儿及其家庭,并将服务的幼儿分为 6—12 月龄、13—36 月龄、3—4 岁。服务方式包含两个部分:

- 一是由社区健康管理员向家庭发放每个年龄段对应的"图画书阅读包"（简称图书包）。根据儿童发展水平与阅读的不同需求，图书包装入了不同内容的图画书和阅读指导材料；

- 二是由社区健康管理员向家长示范如何使用阅读包，并鼓励家长和孩子分享图画书，讲故事和唱童谣。

"阅读起跑线"计划中有一个项目是伯明翰试点项目，它作为向幼儿赠送图画书的先驱项目，吸引了研究早期教育和读写能力领域学术人员的极大兴趣。来自伯明翰的两位著名学者巴里·韦德(Barry Wade)和玛吉·摩尔(Maggie Moore)进行了一系列研究，调查了该项目对参与家庭在读书、图书馆会员使用、语言和读写能力等阅读相关活动方面的影响(Moore & Wade，1997，Wade & Moore，1993,1996.1996b,1998,2000)。通过比较项目参与幼儿与对照组幼儿，韦德和摩尔的研究指出：项目对幼儿的阅读习惯和阅读学习有着很好的促进作用，他们在 2 岁半时：

- 把阅读图画书作为最喜欢的活动；

- 对文字表现出兴趣，经常指认文字；

- 经常翻书看；

- 参与故事的讲述并提出简单的问题。

研究人员还对这些孩子的成长和上小学的过程进行了跟踪，发现了纵向证据，证据表明：参与该项目的孩子比其他孩子具有显著和持久的优势。例如：

- 5 岁时，这些孩子的入学测试成绩更高，英语（口语、听力、阅读、写作）成绩和数学（数学应用、数字、形状与空间）成绩更好；

- 7 岁半时，他们的 SAT 考试（阅读任务、阅读理解、写作、拼写）成绩更高，老师的主观评价更好。

也就是说，参与项目的幼儿会更多地参与到书籍阅读中，项目显著且持久地提高了他们的语言和读写能力。根据这些研究，参与项目的幼儿在很小的时候就获得了这种优势，而且至少在 7 岁时就保留了这种优势。

"阅读起跑线"项目为什么能够影响参与的幼儿呢？一方面是因为家庭学习环境的改善对幼儿发展的作用。幼儿的家庭学习环境对其语言和认知能力的发展具有关键作用，同时家庭环境由父母的活动营造，而亲子阅读是其中最为重要的活动之一，它不仅会让幼儿感到愉悦，有利于培养幼儿对文字、图书、阅读的兴趣，而且还可以培养幼儿对父母的安全依附关系，有利于幼儿获得安全感和自信心。另一方面是图书和阅读对婴幼儿发展的作用。图书不仅能够激发父母与婴幼儿的交流，促进其语言能力的学习，还能够帮助婴幼儿建立对文字的认识，告诉婴幼儿有关外部世界的知识，理解人际交往的行为方式，锻炼注意力和丰富想象力,等等。

"阅读起跑线"的项目追踪发现,早期阅读是社会普遍认为最有价值并且最为便宜的早期教育投入方式,其投资回报率为每投入 1 英镑等于 25 英镑的回报(Just Economics,2010)。2004 年,英国政府将"阅读起跑线"计划纳入了政府管理和资助体系中,成为政府早期教育项目"确保开端"的组成部分,进一步加强了全民早期阅读的社会意识和阅读计划的实施。

(二)美国的早期阅读革命

1997 年,在美国国家研究院的组织下,由哈佛大学教育研究院、国际著名的儿童语言学家凯瑟琳·斯诺领衔,并由北美地区 18 名著名学者组成的早期阅读委员会,历时 3 年回溯和整合了国际上有关阅读教育与早期阅读的主要研究成果,并于 2000 年就美国早期阅读教育问题提交了报告——《在早期预防儿童阅读困难》(National Research council,1998)。

报告显示,整个北美范围内存在着严重的儿童阅读困难危机。报告中的数据表明:

- 美国大约有 256 万名阅读困难的学龄儿童存在,占美国全部 6—21 岁学龄人口的 4.43%;
- 美国学习困难儿童大约 80% 属于阅读困难之列;
- 美国公民中 40% 的人不能有效阅读,甚至不能阅读,已经影响到了日常生活和社会工作系统的运作。

该报告除了表明美国阅读现状存在挑战,还重建了早期阅读的核心理论,提出培养儿童早期阅读能力的教育目标、教育措施和教学建议,因而引起了美国社会以及其他国家教育界的强烈反响。

该报告同时回顾了有关"早期阅读与后期阅读的关系"的研究,研究表明,早期阅读对未来阅读能力和学业成就具有预测作用。哈佛大学一项针对 3—19 岁儿童语言和阅读能力追踪研究的结论也指出,儿童早期语言和阅读的条件、环境、能力与他们的未来阅读能力以及所有学业成就存在很大的关系(National Research council,1998)。

该报告同样认同儿童的阅读能力是一个发展的过程,从儿童出生起就应该培养他们的阅读能力。

综合来看,英国的"阅读起跑线"计划和美国的早期阅读革命的研究结论都表明:

- 早期阅读对于后期阅读和学业表现都有着重要的预测作用;
- 早期阅读对于学习习惯养成、良性的社会互动、认知外部世界、审美经验的成长,以及早期读写能力的获得都会起到正面作用。

因此,发达国家的早期阅读项目同样证实了零岁开始阅读的重要性,"零岁起步"成为最先进、最被广泛认同的阅读理念之一。

放眼世界,越来越多的国家都看到了早期阅读的益处,并出台了针对婴幼儿阅读启蒙方面的全国计划。比如,德国借鉴了英国"阅读起跑线"计划的经验,从 2006 年起试点运行"起点阅读——阅读的三个里程碑"项目,并取得了巨大成功。围绕儿童阅读,德国图书馆学者还根据认知理论设计了广受好评的"阅读测量尺",其利用尺子的形象,结合儿童年龄和身高的对应程度,将尺子分成了不同颜色的 10 段,并为 0—10 岁儿童提供阅读建议以及为家长提供该阶段应掌握的阅读技巧。又比如,芬兰青少年在国际阅读测评(PISA 测评)中多次获得好评,这得益于芬兰儿童从 0 岁就开始读诗歌、进行早期阅读(陈苗苗和李岩,2020)。

第三节　早期阅读的现状和核心目标

早期阅读的重要性已是共识,那么早期阅读的现状如何呢?

一、早期阅读的现状

(一) 美国早期阅读现状

学乐集团(Scholastic Corporate)——世界上最大的儿童书籍出版公司,于 2018 年 9—10 月对 2 758 对美国父母及其儿童进行了调查(其中 678 名儿童年龄为 0—5 岁,1 040 名儿童年龄为 6—17 岁),并于 2019 年 3 月发布了调查结果报告(Scolastic,2019),报告指出:

- 给 3 月龄及以下儿童大声朗读的家庭占比为 43%,给 1 岁及以下儿童大声朗读的家庭占比为 77%,也就是说,样本家庭不仅开始亲子共读的时间早,而且亲子共读的比例很高;
- 在 0—2 岁和 3—5 岁儿童的家庭中,父母认为大声朗读对孩子来说非常重要的比例分别占 93% 和 97%。而且每周有 5—7 天大声给孩子朗读的父母比例分别是 52% 和 58%。

此外,美国国家儿童健康普查(NSCH)数据显示,2016 年至 2018 年,美国 6 岁以下儿童家庭中,平均有 56.6% 的家庭每周会给孩子读故事 4 次或以上(Child and Adolescent Health Measurement Initiative,2016—2019)[①]。

---

① 2016 年至 2019 年,0—5 岁儿童家庭每周给孩子读书 4 次及以上的比例分别为 58.1%,58.4%,54.9% 和 55%。

这些数据表明,美国家庭中能够从孩子一出生就进行亲子共读活动的家庭占比很高,每周阅读的频率也较高。

(二)英国早期阅读现状

英国图书信托基金会(Booktrust)于2009年对英国26个郡的694个0—5岁儿童家庭进行的调查发现,41%的家庭拥有超过40本图画书,74%的家庭每天和孩子读书一次或以上(Booktrust,2009)。

此外,学乐集团(Scholastic Corporate)于2015年对英国1755名0—17岁儿童、青少年及其家长进行调研(其中,0—5岁儿童家庭数量为349)。《2015儿童和家庭阅读报告》显示(Scholastic,2015):

- 33%的家庭在孩子3个月大之前开始和孩子阅读,75%的家庭在孩子1岁前开始阅读;
- 超过75%的0—5岁儿童的家长每周5—7天会给孩子大声朗读。

这些数据表明,英国家庭不仅家庭书本储备量大,开展亲子共读的时间较早,每周的阅读频率也比较高。

(三)中国早期阅读现状

在政策方面,我国近年来对早期阅读也越来越重视,连续出台了很多政策法规贯彻落实早期教育相关精神,比如,《中国儿童发展纲要(2011—2020年)》指出,要为0—3岁儿童及其家庭提供早期保育和教育指导,为不同年龄儿童提供适合其年龄特点的图书,培养儿童阅读习惯,增加阅读时间和阅读量。这些政策法规的出台有利于引起全社会对于儿童早期阅读的重视,为更好地促进儿童早期阅读能力的培养与习惯形成奠定了政策基础。

在实践方面,我国在儿童早期阅读领域,尤其是3—6岁儿童的阅读方面,已经有了非常多的良好研究和实践基础,但是,我国在0—3岁婴幼儿的阅读方面还需要进行进一步探索。

为了进一步探索我国如何开展0—3岁婴幼儿的早期阅读,首先需要探明我国0—3岁婴幼儿在家庭中的早期阅读现状是如何的,是否存在需要解决的问题。接下来,我们将基于调研数据介绍中国城市和农村的早期阅读现状。

1. 中国城市地区

深圳市爱阅公益基金会"阅芽计划"项目联合哈佛大学凯瑟琳·斯诺教授和陈思博士带领的研究团队对阅芽计划的调查样本在干预前及干预后的情况进行了调研。在项目干预开始前,项目组选取了深圳市6个行政区的42所幼儿园和早教机构,采取自愿的形式招募了

1 044 个 0—3 岁儿童家庭和 1 190 个 3—6 岁儿童家庭进行了调研(黄燕虹,2019),0—3 岁儿童家庭的基线(即没有干预前)结果显示:

- 0—3 岁儿童家庭平均月收入为 3 万元;
- 64％的母亲拥有本科及以上学历,关注母亲受教育水平是因为研究发现:相比父亲来说,母亲的受教育水平对家庭阅读意识和学习环境影响更大,与家庭开展亲子阅读的比例成正比;
- 家庭图画书平均拥有量为 58 本;
- 每天和孩子进行亲子阅读的家长占比仅为 9％;
- 每周和孩子读一次图画书的家长占比不到 25％。

因此,样本家庭总体上呈现出家庭收入高、学历高、买书多,但是亲子阅读实践少的现状。

2. 中国农村地区

陕西师范大学教育实验经济研究所长期在中国西部开展多项婴幼儿调研项目。研究团队于 2014 年 10 月在秦巴山区 11 个县 174 个乡镇中随机抽取了 351 个村,对 1 442 名 18—30 月龄的婴幼儿及其照养人进行了调研。调研统计了不同儿童特征和家庭特征的照养人在调研前一天会给孩子读绘本的比例。研究发现:

- 该地区不同类型家庭给孩子读绘本的比例仅在 11％—19％;
- 读绘本的比例在儿童性别、是否为独生子女、母亲是否为主要照养人、母亲受教育水平和家庭经济状况等方面都没有显著的差异(Yue et al.,2017)。

此外,研究团队还于 2014 年对秦巴山区的 131 个村、592 名 18—30 月龄的婴幼儿及其照养人进行了调研,统计了父母投资行为的数据,结果显示:从平均水平来看,每个家庭平均拥有 1.6 本儿童绘本(Sylva et al.,2021)。

因此,样本地区家庭的图书拥有量低,成人给孩子读绘本的比例普遍也非常低,而且不同特征的家庭在这方面并不具有显著差异。

基于以上研究结果我们可以看到,不论是中国城市还是中国农村,阅读实践比例都不高,而且在中国农村地区的家庭书籍拥有量与城市地区还存在很大的差距。

二、早期阅读的目标

(一) 早期阅读的目标

只有当目标清晰了,行动才有方向。因而,为了改变我国早期阅读现状,我们首先要知道我们与孩子进行早期阅读的目标是什么。

吉姆·崔利斯在《朗读手册》中写到："我们不是教孩子'如何'阅读，而是教孩子'渴望'阅读。阅读是教育的核心，学校中几乎每一科的知识都是通过阅读来学习的。很多孩子与书籍痛苦奋战多年，不只错过学校学习内容的绝大部分，而且甚至一生都将阅读和痛苦联系在一起。"这段话明确告诉我们，只有让儿童感到阅读是愉快的、是爸爸妈妈爷爷奶奶可以全心全意专门和我一起做的快乐的事情，那么儿童才有可能爱上阅读，继而学会阅读，并最终从阅读中受益终身。相反，如果阅读是反反复复地经历痛苦，比如，成人拿着识字卡让 2 岁幼儿认字，可是认字对于这么小的孩子是如此无聊，并且很可能会因为老是学不会而被大人批评，那么我们最终只能培养出为了考试而阅读书籍的人，即学校阅读者，而不是培养出因为喜欢和自我需要去阅读书籍的人，即终身阅读者。

周兢老师在主编的《零岁起步》中提到，如果仔细观察 0—3 岁婴幼儿与图画书互动时的表现，我们会发现，对于孩子来说，书是拿来吃的、拿来咬的、拿来玩的，书是能和爸爸妈妈在一起的工具。看完这段话，我们相信，无论你是亲自体验过和儿童一起阅读，看过任何关于儿童早期阅读的书籍或者网站，还是参与过任何一堂关于儿童早期阅读的课程，你应该都会发现，0—3 岁婴幼儿阅读的目的从来不是认识多少字，或者是从中得到深刻的道理，而是和照养人一起快乐互动，通过快乐互动，培养儿童对阅读的兴趣。也就是说，与 0—3 岁婴幼儿阅读，父母应当放弃功利的目的，认识字或者让儿童独立阅读并不是早期阅读的核心目标。

大家都知道，兴趣是最好的老师，也是人们行动的原始动力，这句话同样适用于 0—3 岁婴幼儿。只有儿童发现书是好玩的：敲一敲，有声音；摸一摸，有质感；啃一啃，有味道；抓一抓，会变形；看一看，有意思，他们才会愿意接近图画书，才会愿意亲近图画书。因此，在与 0—3 岁婴幼儿一起进行图画书阅读时，一定要让阅读变得有趣（周兢，2016）。同时，好的习惯使人终身受益。如果 0—3 岁婴幼儿身边满是浓浓的阅读氛围：爸爸妈妈和周围的人在闲暇时间就看书，周围的环境中也摆有丰富的书和材料，那么，儿童就会将书作为生活中如同食物和玩具一样必不可少的事物，将阅读视作生命中如同睡觉、吃饭一样必不可少的事情（周兢，2016）。

因此，总结来看，早期阅读的目标为：

培养儿童良好的阅读兴趣和阅读习惯。

（二）早期阅读能力的发展指标①

儿童的哪些表现说明阅读目标已经达成了呢？美国早期阅读委员会在整合儿童阅读能

---

① 我国上海市教委 2008 年修订的《上海市 0—3 岁婴幼儿教养方案》和"广州市百名 0—3 岁婴幼儿潜能开发"项目也提出了 0—3 岁各阶段儿童早期阅读的发展目标。——编者注

力发展研究的多项成果基础上,针对 0—3 岁婴幼儿提出以下阅读教育目标的具体指标(National Research Council,1998):

- 幼儿获得对图画书的认识:知道封面在哪里,能够通过封面认识不同的图书。知道如何拿书,掌握基本的图画书翻阅规则,如正面翻阅、从前往后翻、一页一页翻阅等;
- 愿意和成人一起阅读图画书,在空余时间会积极、主动选择翻阅图画书,比如,在餐前活动时会主动去图书角阅读;能聆听故事;
- 在阅读图画书的时候,能做到不撕书,不乱扔书;
- 会假装自己在读书;
- 能够指认书本上的物体;
- 能对书中的一些角色做评价,属于不复杂的评价,可以是自己是否喜欢这个角色等;
- 通过发声游戏感受语言节奏、语言游戏的快乐;
- 能阅读图片,意识到图片是真实事物的一种表征;
- 逐渐有目的地涂涂写写;
- 有时能区别图形与文字的差异。

周兢等在《零岁起步》这本书中,从养成良好阅读习惯与行为、理解阅读内容、形成阅读策略、表达和评判阅读内容这些角度,也对 0—3 岁婴幼儿阅读发展的指标进行了分月龄的总结。

在阅读习惯和行为的养成方面,如果成人坚持阅读,例如,阅读时帮幼儿认识封面,引导他们观察图画信息,固定时间阅读,教他们爱护和收拾书等,幼儿就会有以下表现:

- 在 1 岁时:不少幼儿开始知道翻页阅读,到 2 岁时能够从前往后一页一页翻书,虽然有时候还会倒回去,有时候一下子翻很多页,但他们已经有了阅读的意识。
- 到了 1 岁半时:幼儿能逐渐关注图画中的关键图画形象,偏爱一些形象;知道图画书的位置,会要求取书,阅读完会示意成人放回原地。
- 到了 3 岁前:大部分幼儿已经知道保护图画书。

在理解阅读内容和形成阅读策略方面:

- 1 岁开始:幼儿会萌发对图画书内容的理解,能够初步了解图画形象,指认一些熟悉的物体。
- 2 岁半—3 岁时:语言发展好的幼儿,如果成人经常反复阅读他们喜爱的图画书,他们甚至可以复述图画书的内容;能够理解部分图画书的内容,但是还没有形成一定的阅读策略(如猜测、预期/推理;假设、验证;比较、联系)。

在表达和评判阅读内容方面:

- 0—3岁婴幼儿对阅读内容的表达是建立在对图画书的理解基础上的，当然也取决于他们的口语和思维发展的水平。由于不同婴幼儿具有不同的图画书理解程度，因而我们会看到，不同婴幼儿在语言发展和思维发展方面都具有不同水平和形式的表现。

看完这些早期阅读能力的发展指标，你是否会觉得这些目标看起来实在是太简单了？但是，请你想一想，这些能力对于0—3岁的婴幼儿来讲，不是天生就具备的，也不是自然而然就能做到的。因而，这些阅读兴趣和习惯的行为表现需要成人的帮助才能形成。

第四节　0—3岁婴幼儿早期阅读特点

为了促进0—3岁婴幼儿达成阅读目标，我们需要了解0—3岁婴幼儿早期阅读的特点。只有了解了这些特点，我们才能为婴幼儿提供合适的阅读材料和环境，才能进行适合他们阅读特点的阅读活动。我们将基于周兢老师主编的《零岁起步》这本书，从婴幼儿不同能力发展的角度来介绍和理解他们的阅读特点。

一、0—3岁婴幼儿早期阅读的基本特征——阅读图画

0—3岁婴幼儿早期阅读的基本特征是"阅读图画，而非阅读文字"。有研究以《好饿的毛毛虫》为阅读材料，在"独立阅读"和"伴读"的不同场景下，对2—3岁幼儿阅读图画书时眼动注视的特点进行了研究和分析。该研究表明，0—3岁婴幼儿在阅读图画书的时候，主要是阅读图画而不是文字。

因此，基于0—3岁婴幼儿早期阅读的基本特征，成人在与婴幼儿进行早期阅读时，要注意引导婴幼儿通过阅读图画来理解故事内容，即在讲读故事的时候，不仅仅是读文字，也要用手指着图画，引导婴幼儿对画面中角色的形象和动作进行观察，引导婴幼儿对画面中角色之间的关系进行猜测。

二、从感知觉发展来看婴幼儿阅读特点

从感知觉发展方面来看，婴儿大约在4个月大时开始表现出对书的兴趣和探索，体现在用嘴咬书，把书当作玩具，如拍打书、扔书等。所以，2岁以下的婴幼儿喜欢啃咬、拍打、撕咬

图画书都是非常正常的,这是他们对图画书感兴趣的表现。这也提醒我们,在选书方面一定要注意书的材质。首先,书的材料是安全无毒的。其次,成人要保持书本的清洁,从而保证幼儿的这种探索方式不会带来疾病和危险。同时,成人可以选择像纸板书一类的比较结实的书,从而减少书本被损坏的可能性。

接下来将介绍不同感知觉发展对早期阅读的影响。

(一)视觉发展对早期阅读的影响

视觉发展决定了婴幼儿对书的偏好,体现在:

- 刚出生时:他们无法分辨色彩,他们的视觉所感知的世界只有黑、白、灰;
- 到3—4月龄时:他们开始能够分辨彩色和非彩色;
- 到6月龄时:他们的彩色知觉已经和成人相当;
- 在4—8月龄时:他们会喜欢暖色(如红、橙等),不喜欢冷色(如蓝、紫等);他们也喜欢明亮色,但不喜欢暗淡色;
- 到1—3岁时:他们对色彩的辨识已经基本形成。

因此,根据不同月龄段的视觉发展水平,我们应当依据月龄选择色彩适龄的图画书。

(二)图形知觉发展对早期阅读的影响

婴儿很早就表现出对特定图形的偏好。出生两天的婴儿就能够分辨规则与不规则图形,他们偏爱条纹、棋盘等图案,而不太喜欢简单的正方形或圆盘,但也不喜欢太复杂的图案,尤其是4月龄以下的婴儿。因此,对于4月龄以下和以上婴幼儿需要选择不同图形的图画书。

(三)面孔识别发展对早期阅读的影响

婴儿从出生起就能识别人脸,2个月就能模仿成人的表情,如吐舌头、张大嘴巴等。所以,婴幼儿能够识别图画中的面孔,能感知成人在讲故事时的表情和状态。这提醒我们成人,讲故事时,应当注意自己的面部表情与图画内容的对应和联系。例如,你可以在讲到生气的表情时假扮生气的样子。

(四)视觉的聚焦和缓解疲劳的能力对早期阅读的影响

3岁以下婴幼儿视觉的聚焦和缓解疲劳的能力较差。他们无法长时间将注意力集中在图画书上。平均来讲,婴幼儿阅读时:

- 4月龄内注视图画的时间不超过2分钟;
- 4—12月龄注视图画的时间不超过5分钟;

- 1—3 岁幼儿注视图画的时间不超过 15 分钟。

因此,幼小的孩子不能安静听完一个故事实在是正常不过的事情,所以,家长不需要焦虑,也不需要着急,只需要每天坚持和孩子阅读,容许孩子在阅读时四处活动、你会发现,慢慢地,孩子就能够更长时间地专注于图画书的讲读了。

(五)听觉发展对早期阅读的影响

婴儿自出生起就具备听力了,他们喜欢声调较高、抑扬顿挫、富于变化的声音。因此,成人在阅读时应当注意到这一点,例如,在讲到小动物的时候,可以模仿小动物的叫声,让声音充满变化,提起婴幼儿听故事的兴趣。

但是,1 岁以内婴儿的选择性倾听能力较差,也就是说,他们很难从多种同时发出的声音中,选择更有意义的声音(如讲故事的声音),从而来保持持续的倾听。因此,面向 1 岁以内婴儿的阅读,需要特别注意选择安静的环境进行阅读。

三、从语言发展来看婴幼儿阅读特点

0—3 岁婴幼儿的语言发展经历了以下几个阶段:

- 自出生开始:处于简单音节阶段。他们会发出一些简单的音节,如 a、n、m、b 这些简单但没有意义的单音节。
- 6—9 月龄:处于咿呀学语阶段。在这个阶段,他们开始模仿听到的声音,但是他们模仿得还很不像,只能发出一些咿咿呀呀的声音。
- 9 个月开始:进入最初的词语和句子的阶段。一般在 12 个月时开始使用第 1 个字,并结合手势或姿势表达自己的意思。
- 18—21 月龄:进入词汇爆发和简单句阶段。这时他们的表达开始出现 2 个以上不同单词的组合,比如,吃饭、妈妈抱等。

因为语言是一个从输入到输出的过程,因此,即使婴幼儿还处在没有用语言表达和语言回应的阶段,成人也应坚持给婴幼儿进行图画书阅读,多和他们说话,对于婴幼儿非语言的表达,如咿咿呀呀的表达做出回应。

四、认知发展对早期阅读的影响

(一)注意力的发展对早期阅读的影响

- 2 岁时:幼儿的平均注意力集中时间为 7 分钟;

- 3 岁时：幼儿的平均注意力集中时间为 9 分钟。

因此，对于 3 岁以内婴幼儿不要过分苛求他们保持长时间的注意力。

（二）思维发展对早期阅读的影响

从阅读理解的角度来看，1—2 岁幼儿阅读时以单个形象为主，很难理解图画形象之间的关系。如果成人注意引导幼儿观察画面，理清逻辑关系，那么，幼儿在 2 岁时就能逐渐将图画中的形象联系起来进行理解。

从词语概括能力来看，他们对图画书中形象的认知并不准确，因此有时候会混淆一些词汇的概念，从而影响他们的理解。因此，成人应当给幼儿足够的时间去表达，并在他们表达以后做出肯定或者扭转错误认知的回应。

综上所述，影响婴幼儿图画书阅读发展的特点很多。这些因素交织起来，使得 0—3 岁婴幼儿在阅读图画书时呈现出繁复的阅读特点。而成人应该了解这些发展特点，只有这样，才有助于自己在与婴幼儿阅读图画书时，更具针对性地指导他们。

第二章

早期阅读的媒介
——图画书

我们在前面提到,早期阅读的材料是十分丰富的,不仅仅包含图画书,还包含一切含有符号、图画和文字的书面材料。但是图画书仍然是早期阅读最主要的材料。早期图画书阅读对儿童的词汇能力、认知能力、情感和社会性发展有着积极的促进作用。因此,选择合适的图画书,让0—3岁的婴幼儿在良好的阅读环境中来认识图画书,和书玩起来是阅读发展的必要条件。

图画书主要是由成人来选择和提供,然而如何选择适合儿童的图画书是许多父母面临的一道难题。在选书这一件事情上,父母的意识中也存在着许多的困惑和误区。例如,有的父母认为字太少的书不值得读,不是好的阅读材料;父母自己读不懂或感觉过于简单的,就不给孩子买;或者是让手机、平板或电视给孩子讲故事等。

本章将帮助父母以及陪伴儿童进行早期阅读的专业人员对图画书的相关概念、分类以及如何选书有进一步的认识,以解决不知道如何给儿童选书和读书的困境。

第一节　认 识 图 画 书

在这一节中,我们将介绍什么样的书才是图画书,为什么图画书是适合婴幼儿进行早期阅读的材料。

一、什么样的书是图画书

很多的书都是由相关的图画和文字构成的,但是仅仅有图有文不一定就是图画书。例如,连环画(又称连环图画、连环图、小人书、小书、公仔书等),它是以连续的图画来叙述故事、刻画人物的通俗读物,读者通常是青少年和成人,通常为小开本、手掌大小,但是由于其内容和开本大小都不是针对儿童进行设计的,因而不能算作图画书。再比如漫画,图画通常用简单而夸张的手法来描绘生活情境或时事;一个页面通常被切割为很多个画格,一个画格组成一个场景,串联起来看就会形成像看动画的感觉;文字主要是以对话形式呈现。但是这类图书的内容和设计并不是针对儿童进行的,因此,漫画(卡通)也不算作图画书。

因此,仅仅有图有画还不能算是图画书。那么图画书(也称绘本,picture book)的定义是什么呢?关于图画书的大多数论述都强调图文关系的重要性,但是要找到一个恰当的定义却非常困难(马图卡,2017)。例如,评论家凯瑟琳·霍宁(Kathleen Horning)认为,图画书是一种专门为儿童设计的艺术形式,它是将文字和图画巧妙而完美结合形成的只有32页的艺术作品。所以，在过去几十年的时间里，图画书一直被认为只有 32 页。但是事实上，很多图画书不只 32 页。学者劳伦斯·西普(Lawrence Sipe)认为，图画书是一部由文字和图画共同构成的艺术作品，从封面到封底，每一个细节的设计，都为儿童提供了一个整体的审美体验。但其实也并不是所有的图画书都有图有文，比如，大卫·威斯纳的《疯狂星期二》就是一本无字图画书，这本书没有一个完整的句子，只有区区 23 个英文单词。

关于图画书的定义，本书采用凯迪克奖①界定的图画书标准来定义(马图卡，2017)。

> 儿童图画书与其他图文并茂的图书不同，它旨在为儿童提供视觉的体验。它依靠一系列图画和文字的互动来呈现完整的故事情节、主题和思想。简单来讲，图画书就是指图很多，字很少，甚至只有图没有文字，通常需要用文字和图画一起讲故事的书。

在这个定义中，文字和图画的互动关系是非常重要的要素。那么，我们如何理解图画书中文字和图画的互动关系呢？在图画书中，文本被删减到只有叙述功能，插图填补了具体描述，并可能包括无言的次要情节。因此，读者想要充分理解故事，就必须同时阅读插图和文本，没有图像单靠文字是不足以理解整本图画书想要表达的内涵和思想的。

我们以《爷爷变成幽灵了》这本图画书为例来理解文字与图画的互动关系。这个故事的大意是小艾斯本的爷爷因心脏病突发离世。小艾斯本非常伤心，他不相信爷爷真的离开了。当晚，小艾斯本发现爷爷竟坐在房间的橱柜上，原来爷爷变成幽灵回来了！爷爷变成幽灵后每天晚上陪小艾斯本一起玩耍，小艾斯本开心极了。可是爷爷却有些沮丧，他不想一直是幽灵。小艾斯本想起书上说，如果一个人在世的时候忘了做一件事，他去世后就会变成幽灵。他心疼爷爷，决定帮助爷爷想起忘记了什么事。接下来的几天，祖孙俩一起去了爷爷过去的家，又在镇子上转来转去，一起回忆过去的点点滴滴，幸福而愉快。最后爷爷终于想起来了。

"啊，对了，"爷爷说，"是这件事。"

"什么事？"

"我想起来了，我想起来我忘记什么事了。"

爷爷说着，不再笑了。

"我忘记对你说再见了，我的小艾斯本！"爷爷和小艾斯本都哭了。

---

① 凯迪克奖又称凯迪克大奖，是美国最具权威的绘本奖，为纪念 19 世纪英国著名的绘本画家伦道夫·凯迪克(Randolph Caldecott)而设立。伦道夫·凯迪克是第一个运用插图来补充和延伸文字的人，被许多史学家称为"图画书之父"。在过去一个多世纪里，凯迪克开创的图画书技法已经被世界各地的作家和插画家所完善和创新。——编者注

最后小艾斯本不舍地看着爷爷离开了,他把爷爷的照片挂在了墙上,找到了思念爷爷的方式。

《爷爷变成幽灵了》这本书中的图画和文字的互动也设计得非常好。我们截取了书中的一页内容(如图2-1-1所示)。

"哇塞,爷爷!"艾斯本说,"你真的变成了一个幽灵,这太好玩啦!"

图2-1-1 《爷爷变成幽灵了》

在这幅图里,文字表达为:"哇塞,爷爷!"艾斯本说,"你真的变成了一个幽灵,这太好玩啦!"而图画中的形象、动作和状态则细致地描述了爷爷变成幽灵后究竟是一个什么样子,而且将语言转换成儿童可以想象的画面,可以为儿童提供丰富的想象空间。例如,画面通过描绘爷爷能够穿越墙壁这样的信息来告诉我们爷爷确实变成幽灵了,同时儿童也可以很好地理解幽灵的特点。图画中爷爷和小艾斯本的表情也是愉快的,反映出爷爷变成幽灵后,每天晚上陪小艾斯本一起玩耍,小艾斯本开心极了的场景,眼神中可以看出小艾斯本的期待,儿童可以从小艾斯本的眼神中体会到对爷爷的期待和喜欢。因此,我们可以说本书的图画与文字起到了很好的互动作用。我们可以想象,当成人和幼儿在读这个故事的时候,除了理解文字传达的意思,还可以通过一起指着图画来理解图画所补充描绘的内容。换言之,图画使得我们能够更加形象地理解文字的内容,也得到超出文字所要表达的内容。同时,我们也可以仅通过图画就基本理解故事的大概意思。因此,图画书通过文字和图画共同表达故事内容,而图画是故事最主要的表达媒介。

我们再来看看《母鸡萝丝去散步》这本书,这是一本适合2—3岁幼儿阅读的故事。故事内容轻松有趣、角色鲜明,故事情节简洁。如果你要和孩子讲读图片里的这一页(图2-1-2),你会如何讲读呢?

图 2-1-2 《母鸡萝丝去散步》

　　这一页的文字只有一句：母鸡萝丝出门去散步。你准备只念读这一句就翻页，继续读下一页的文字么？但是如果你再看看，你会发现，这一页的图画其实表达了比这句话多得多的内容。所以我们可以这样讲：先指着母鸡说："母鸡萝丝出门去散步。"然后，指着后面的狐狸说："可是，它一点也没发现身后有一只狐狸在悄悄跟着它。"关于狐狸跟着母鸡，而且是悄悄地跟着母鸡的这个内容完全是由图画传递出来的。

　　因而我们说，在幼儿的图画书阅读中，图画与文字是互相补充的，在讲解故事的时候，要注意用手指文字和图，引导幼儿通过"看图画和听文字的讲述"，来更好地理解故事的内容。

　　除了图文关系而外，图画书还有一点值得关注。那就是很多图画书不仅仅是儿童的读物，而且还是适合所有人的。就像著名图画书作者和插画家莫里斯·桑达克所说："是的，没错，我们是童书插画家和作家，可是，我们的作品是适合所有人的，难道不是吗？当严肃的作品被认为只是哄小孩子的玩意儿时，那简直是对我们的羞辱，怎么能不令人恼火呢！"比如，刚才我们提到的《爷爷变成幽灵了》，这是一本成人看了也会哭的绘本，与其说这是给儿童看的，不如说是给儿童和成人的共同的心灵读物。它指导我们怎样面对亲人的离世。因此，图画书是为儿童创作的书籍，但它并不是儿童的专属，它可以也应该为所有年龄的人群喜爱和欣赏。再比如，我们刚才提到的《母鸡萝丝去散步》，这本书是很多成人和儿童都共同喜爱的图画书。

二、图画书为什么适合作为儿童的早期(0—3岁)阅读材料

　　图画书为什么是适合儿童的早期阅读材料呢？我们可以从儿童阅读发展规律和图画书的内容及设计来理解。首先，我们引用两项研究来说明儿童阅读发展的规律。

　　研究一：美国早期阅读专家伊利莎芭·莎尔兹比(Elizabeth Sulzby)研究了低龄儿童的早期阅读能力的发展过程。该研究通过调查 24 名样本儿童进入幼儿园、幼儿园毕业以及 2

岁、3 岁和 4 岁这些时间节点尝试阅读的表现,总结出了早期阅读能力发展的五个阶段 (Sulzby,1985):

- 只注意单个画面,脑海中还没有形成故事;
- 注重图画,形成口语故事;
- 注意图画为主,可以看着图画念读,好像在读书;
- 注意图画,能形成书面故事;
- 开始注意文字。

从这五个阶段我们可以看出,随着年龄的增长,儿童的阅读能力逐渐成熟,而这一成熟过程是从图画阅读逐渐过渡到文字阅读的。

研究二:汉语儿童的阅读发展特点也得到了类似的结论。一项通过眼动观测的方式对学龄前儿童(3—6 岁)图画书阅读研究(周兢和刘宝根,2020)发现:

- 3 岁儿童在阅读图画书时,有 86.52% 的儿童只阅读图画书的图画区域,仅有 13.48% 的儿童阅读了文字;
- 3 岁儿童读图时主要以理解图画中的角色形象为主。例如,幼儿会观察到《好饿的毛毛虫》第 5 页的画面中有"蛋"这个角色形象。但是幼儿对事件行动(例如,蛋是躺在叶子上的)和角色状态(蛋是小小的)的理解不足。

因此,从以上研究我们可以延伸出这样的结论,3 岁的儿童主要是阅读图画,且以理解图画形象为主。

基于 0—3 岁婴幼儿阅读图画为主的阅读特点,图画书的设计正是以图画作为主要的叙事媒介的。同时,因为 3 岁幼儿主要是理解图画书中的角色的形象为主,因此图画书中的角色形象通常也非常鲜明突出。因此,图画书的这一特性符合儿童阅读发展的特点,是适合 0—3 岁婴幼儿的早期阅读材料。

此外,我们在第一章中提到了儿童的感知觉发展与阅读的关系,因此,我们在后面的内容中还会看到,图画书的设计在色彩、材质和可玩性上也符合儿童发展的普遍规律。因此,从设计上来看,图画书也是适合 0—3 岁婴幼儿的阅读材料。

三、图画书的结构

下面我们简要介绍图画书的结构[①]。理解图画书中不同结构所包含的信息将有助于成人进行选书和讲读。图画书的结构通常包含:护封、书形开本、前后附页、文字设计和插图。

[①] 本书基于马图卡的《图画书宝典:图画书阅读推广手册》对图画书的结构进行汇总简介。——编者注

（一）护封

一般精装图画书都有护封，即书本外面一张厚实的图纸（如图2-1-3所示）。护封一般使用铜版纸印制，左右有两个勒口，是用于登载图画书内容介绍和作者简介的一种特殊设计，属于图画书整体设计中的重要组成部分。

护封最早出现在19世纪30年代，当时的护封就是一张普通的褐色包装纸，目的是在图画书的运输过程中保护书本，人们买到书后通常就会将其丢掉。19世纪末，出版商意识到护封的潜在价值，因此护封成为了一种营销手段。

图2-1-3　护封

护封为读者提供了许多有用的图书信息，如画家和作者简介、出版商信息、价格、适合阅读的人群建议、故事简介等，这些信息能够帮助我们选择图书。《出版人周刊》早前的一项研究表明，普通读者更关注护封上的简介和内容提要，并基于此做出选书的决定。

护封一般由以下几个部分组成（如图2-1-4所示）：

勒口

书脊

画面

图2-1-4　护封结构

- 两个勒口：前勒口通常包含故事简介、内容提要等信息；后勒口包含作者和插画家的简介、图画书所获得荣誉、出版商信息等。
- 书脊：书脊是当把书排成一列竖着放在书架上时，读者唯一能够看到的部分。上面的字和颜色通常是护封设计的一部分，包含信息通常有书名、作者和出版商信息。
- 画面：护封一般是连续的画面（即从正面一直环绕到背面，如果拆下护封展开它，就可以仔细研究故事中的细节和人物线索）或者单图画面，又或者双图画面。

护封是对图画书故事的延伸，而且有很多护封是经过非常多精巧设计形成的，一张图胜过千言万语。因此护封不仅可以帮助读者选书，还可以引导读者在进行阅读时对护封上的图画给予关注,使其成为讲读故事的一部分。例如,护封可以作为讲读故事的引入或者与结尾的呼应。以《柠檬不是红色的》(如图2-1-5所示)这本书为例,它的护封是镂空的设计,与书页里的内容是呼应的,因此讲读时可以以此为线索开始故事。

图2-1-5 《柠檬不是红色的》

图2-1-6 《神秘的夜晚》

(二)书形、开本、材质

书形一般是长方形和正方形,当然还有异形书。例如,《神秘的夜晚》(如图所示2-1-6)就是一本异形书,而且是一本有趣的游戏立体书,是法国童书大师艾克多·戴可赛的力作,每一页都不规则,每一页都相连,整书全部展开有2米长。

开本最常见的是16开、32开。通常来讲,开本小的书更适合低龄幼儿的小手,以便幼儿能够更好地翻阅;开本大的书更加适合进行集体阅读活动的分享。

在材质方面,幼儿的图画书设计还特别关注了安全性和耐用性。例如,低幼图画书基本都是进行了圆角设计的,通常都使用了像纸板书这样的厚实纸张的设计,并采用了符合儿童安全标准的材质。成人在给幼儿选书的时候,也需要关注这些方面,从而给幼儿提供一个可以安全探索的阅读材料。

(三)前后附页

前附页是一本图画书开始的部分。前附页可以是一个揭示故事内容的机会,好的图画书设计师会充分利用这个机会。因此,讲读者可以在讲读图画书前关注前附页中对故事讲读有用的内容。

前附页一般包括以下几个部分(如图2-1-7所示):

- 环衬:一般出现在封面之后,是用来突出故事主题的一种艺术设计,经常与故事主题紧密相连。例如,有的环衬只是体现书中插图的主色调,有的则是一些故事场景的画面。

前附页——增强图画书的阅读体验

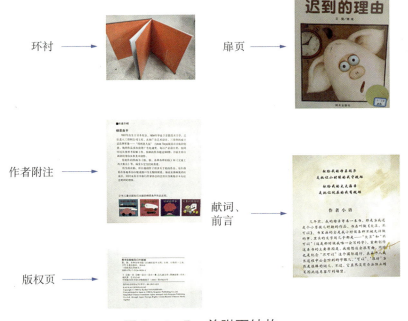

环衬

扉页

作者附注

献词、前言

版权页

图2-1-7　前附页结构

- 书名页：图书正文之前载有完整书名信息的书页，包括主书名页和附书名页。主书名页包括扉页和版本记录页。扉页印有图书的书名、作者（含插画家）和出版者，位于主书名页的正面，版本记录页印有图书的版权说明、图书在版编目数据和版本记录，位于主书名页的背面。
- 献词：也称致谢，通常是作者或画家用于感谢对本书的创作出版提供过帮助的人。
- 前言：一般是由作者或了解这本图画书内容的著名专家所写。
- 作者附注：是作家或插画师提供的关于图画书创作过程及其特点的说明，是一些附加信息，不影响图画书的整体设计和故事情节。

后附页是图画书正文后的附属部分。一般包含：

- 后记：通常由作者或插画师撰写，有时候是与本书有关的其他专家所写。内容可以是更多的关于图画书的信息等。
- 索引：按照字母顺序排列的关键词索引，并会标注出其所在的页码。通常只在认知类图画书和传记类图画书中出现。
- 出版信息：通常在图画书的最后一页，包括排版和印刷的信息，有时还有设计师和排版员的名字以及印刷厂的信息等。另外，出版信息也会与版权信息一起放于版权页。

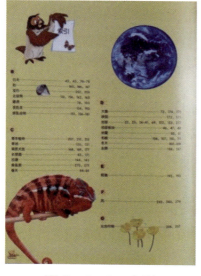

图2-1-8　后记

图2-1-9　索引

图2-1-10　出版信息

四、图画书的分类

对图画书进行分类，可以从其物理特征（类型）和内容特征（体裁）两个方面入手（马图卡，2017）：

- 图画书的物理特征（类型）：强调的是书的物理特征（或外在形式），包含画面和文字的排版等物理属性。例如，图画书的页数、文字和图画的比例、画面大小、材质、色彩等。图画书的类型让它与其他的儿童文学作品真正地区别开来。

- 图画书的内容特征（体裁）：强调的是内容特征，包含故事的风格、题材或其他内容属性。

图画书在类型和体裁上虽然存在区别，但也具有一定联系。图画书鲜明的物理特征（类型）也决定了它的故事同时具有某些共同的内容特征（体裁），因此，类型和体裁共同构成一本完整的图画书。例如，图画叙事和文字叙事都需要一定的故事节奏，因而图画书被当作一种儿童文学的特殊体裁。此外，图画书的故事往往都有一个圆满的结局，能够吸引大多数读者。因此，从类型和体裁解读图画书是必要的，是对图画书整体观的描述，这种整体观将有助于成人进行选书和用书。

关于图画书的分类目前还没有统一的标准，存在很多不同的分类方法。

《图画书宝典》（马图卡，2017）按照图文比例的物理特征将图画书分为：图画书、插图书和插画故事书；按照物理特征还将图画书分为：桥梁书、认知图画书、电子图画书、玩具书和歌谣书；按照内容特征则将图画书分为：幻想文学、写实文学、历史故事、传统故事，以及动物故事和玩具故事。

《零岁起步：0—3岁儿童早期阅读与指导》（周兢，2016）按照物理属性将图画书分为：布书、洗澡书、触摸书、声响书、嗅觉书、立体书和洞洞书等游戏玩具书。在内容属性方面，这本书又从不同标准进行了划分。按照主题将图画书分为：爸爸妈妈与家的主题、日常生活主题、同伴与游戏主题以及自然与认知主题；按照体裁将图画书分为：儿歌、童话和故事；按照文本结构将图画书分为：叠罗汉式、多米诺骨牌式（平行式）、黑白式和回环式结构。

《1000天阅读效应》（陈苗苗和李岩，2019）没有特别按照物理和内容属性进行分类。但其按照图书主要类别分为：儿歌、认知书、图画故事书和玩具书；同时按照玩具形态将低幼启蒙书分为：触摸书、闻闻书、洞洞书、立体书、翻翻书、拉拉书、异形书、玩偶书、贴纸书、AR书和发声书。

需要指出的是，图画书的分类界限并不是完全非此即彼的，许多图画书包含了多种物理和内容特征。虽然分类界限并不完全清晰，但是总的来说还是各有侧重。以下我们将主要按照《图画书宝典》的分类进行介绍，这本书基本涵盖了0—3岁主要的图画书类型，以便大家能够更充分地认识图画书分类。

（一）图画书物理特征分类

1. 图画书物理特征分类——图文比例

将图画书按照物理特征（类型）进行分类的一种常用标准是"图画—文字"的比例关系。按照这个标准，《图画书宝典》将图画书分为图画书、插图书以及插画故事书。

（1）图画书（图画重于文字）

图画书主要通过"图画"来讲故事，具有以下特点：

- 图画重于文字,文字一般都很短小,每一页都有插图;
- 图画主导叙事。

换言之,图画书中,图画表达的内容远比文字要多,插图对于图画书来说至关重要,文字只起到必不可少的辅助支撑作用。而这类图画书是真正意义上的图画书,与我们口头经常表达的"图画书"不一样。

这一类别中还包括无字图画书,其可以仅依靠细致的插图来讲故事。例如,《纽约时报》最畅销书的作者和插画师莫·威廉斯(Mo Willems)所创作的系列丛书《开心小猪和大象哥哥》,该系列丛书就是典型的文字极少的图画书。故事中有两个主角,大象和小猪,他们性格非常不同:大象很细心,但是小猪不是;小猪总是微笑,但是大象不是;大象总是担心小猪不会担心的事情,但是他们是好朋友。以该系列中的《要不要分享冰激凌?》为例,大象有一个很大的决定要做,它需要决定是否和它的好朋友小猪分享它的冰激凌。

从故事的图文比例来看,文字非常少,有的页面甚至没有任何文字,有的页面就像图例中一样,只有很少的几个字。这本书可以说主要是依靠图画来叙事,例如,图例中的画面(如图 2-1-11 所示),文字只有"好的,我要分享我的——冰激凌?",但是从画面中我们可以理解到,大象在说前半截话的时候冰激凌正在融化掉落,而大象并没有发现。当它说到冰激凌三个字的时候,才意识到冰激凌已经融化了,因此冰激凌已经不再是一个冰激凌了,作者在冰激凌三个字后面加了一个问号。那么对于这些信息的理解主要是基于画面中体现的角色动作、表情以及道具。我们是真正在看图讲故事。低龄的幼儿也非常喜欢这样的形式,幼儿可以从大象的表情中体会故事的发展,比如,第一张图片,大象很开心地说我要分享,等到了第二张,大象表情的变化,可以让幼儿充分体会到故事发生了变化。

图 2-1-11 《要不要分享冰激凌?》

再比如，桑达克的《野兽国》（如图2-1-12所示）这本书，通常被认为是一本真正的图画书。桑达克擅长用留白的方式有效地推动故事向前发展。这部作品中既有纯文字页面，也有四分之三版的跨页图画，还有整幅跨页的无字图画。通过不同类型的呈现方式，可以让幼儿充分体会到故事情节的变化，文字和图画书可以很好地起到互补的作用。

图 2-1-12 《野兽国》

还比如，2008年出版的优秀的中国绘本《安的种子》（如图2-1-13所示）。故事以本、静和安三个小和尚各自在冬天获得一枚种子后的不同想法和做法，来讲述一个有关大自然规律的寓言故事。故事里的小和尚本，他想第一个把种子种出来。种子是否发芽、他的做法是否违背自然规律已经不重要了，他只想要争第一。结果他太急躁了，最后自己一怒之下把种子给毁掉了。另一个小和尚静则想要种出千年莲花，他买来书籍、金花盆、名贵的药水，把种子罩在金罩子里，放在温暖的屋里。结果种子因为缺乏阳光和氧气死掉了。静只是以自己想要的方式来爱它，而不是以种子需要的方式去爱它。只有小和尚安，他静静地等待春天的到来，在合适的时间和环境里种下了种子。最后种子发芽了，并在夏天迎来了千年莲花的盛开。这个故事有着很深的寓意，但是故事的文字非常少，很多时候，我们仅仅从图画中就能看懂故事。因此，这也是一本非常好的图画书。

图 2-1-13 《安的种子》

(2) 插图书（文字为主，图画为辅，含桥梁书）

相比图画书，另一个"极端"的图画书类型是插图书，它具有以下特点：

- 文字处于中心地位；
- 图画是次要的，多数图画只起着装饰性的辅助作用。

如图2-1-14，页面有大篇幅的文字，有时候整页都是文字。插图书的故事情节不是由插画来推动，因此不会产生翻页过程中的戏剧效果。而我们可以看到，这个画面中的图画也非常简单，仅仅是草丛中有只苍蝇，除此之外，图画并没有更多地表达出文字想要表达的内容，我们也很难仅仅通过图画理解故事的内容。

图2-1-14　插图书

桥梁书也属于插图书的一种，旨在让儿童从听读图画书过渡到独立阅读故事书，因此桥梁书相比图画书有更多的文字，而图画起辅助作用。因为是帮助儿童从读图过渡到读文字，因此，桥梁书更多是3岁以上儿童使用。桥梁书具有以下特点：

- 插图一般在上半部分，每页都有文字，文字行数基本一致，行数不多，段落和文字间距较大。与一般图画书相比，桥梁书的词汇往往更简单，语句通常更短，这种设计旨在帮助正在过渡到独立阅读过程中的儿童能够更好地识别文字，培养儿童的阅读技能。
- 以故事见长。因为这个特点，所以儿童不会觉得自己是在"学习如何阅读"，而是在享受阅读的过程中学会阅读。

在这里也列举一些比较有名的桥梁书。例如，艾诺·洛贝尔（Arnold Lobel）创作的系列桥梁书的第一本《青蛙和蟾蜍：好朋友》（如图2-1-15所示），曾获得了凯迪克奖的银奖。

部分桥梁书还体现了分级设计，即按照儿童年龄或年级进行了分阶段的阅读设计。其中一个代表是兰登书屋出版社出版的《阶梯式阅读》系列书（如图2-1-16所示）。

"我能阅读"系列的《亲爱的小熊》（如图2-1-17所示），也是一套非常经典的桥梁书。

图 2-1-15 《青蛙和蟾蜍：
好朋友》

图 2-1-16 《阶梯式阅读》
系列书

图 2-1-17 《亲爱的小熊》

此外，苏斯博士创作的《戴高帽子的猫》(如图 2-1-18 所示)也是一本桥梁书，全书不超过 250 个单词，非常受欢迎，被称作"第一本适合幼儿阅读的桥梁书"。

（3）插画故事书（文字和图画比例均衡，共同叙事）

处于图画书和插图书中间地带的就是插画故事书，具有以下特征：

- 文字和插画的比重相对比较平衡；
- 页面中文字占比也较多，一般都是叙事文，图画则起到对文本的补充作用。

如果是以图画书类型来表达同样一个故事，"插画故事书"

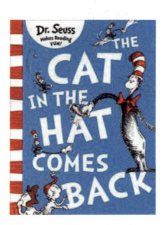

图 2-1-18 《戴高帽子的猫》

中的1—2个页面将被分配到"图画书"中的至少6—7个页面上。例如,深受欢迎的法国童话故事——《大象巴巴的故事》(如图2-1-19所示),也是一本插画故事书。我们可以从下图中看到,文字和图画在页面上的占比比较均衡,并且具有共同完成叙事的功能。

再比如,余丽琼的《团圆》(如图2-1-20所示),这是一本关于中国人过年主题的优秀图画书,在2010年获得"丰子恺儿童图画书奖·优秀儿童图画书首奖",2011年被评为美国《纽约时报》年度优秀儿童图画书。

巴巴高興地坐在媽媽的背上一起散步。這時,有一個壞心的獵人躲在樹叢後方,朝著他們開槍。

巴巴的媽媽被獵人殺死了?!猴子嚇了起來,鳥兒飛走了。巴巴哭了。獵人跑出來,想捉住可憐的巴巴。

图2-1-19 《大象巴巴的故事》

图2-1-20 《团圆》

2. 基于图文比例的选书建议

依据3岁前婴幼儿主要是阅读图画的特点,以上几种类型的图画书中,"图画书"更加适合低龄儿童,它的图画重于文字,儿童可以通过阅读图画来理解书中大部分的内容。当然,每个儿童的发展速度不同,而且不同类型的图画书可以使儿童在不同年龄关注不同的内容,因此,成人也可以用其他图文比例的图书给低龄儿童读故事,但是阅读时可以着重引导儿童关注图画来理解故事内容。

3. 图画书物理特征的其他分类

（1）认知图画书

认知图画书旨在帮助儿童认识动物和事物,学习大小、形状、颜色等基础知识,但它并不能代替儿童的直接经验来学习抽象概念,它只是儿童学习的一种有效工具。这一理念我们认为可以推及其他所有绘本图书上。认知图画书一般应用于儿童的学习环境中,儿童在成人的帮助下,通过阅读图画书进行学习并建立起与直接经验的关联,从而拓展对概念的理解和认知。也就是说,任何绘本只是一个工具或者对象,成人借用这个媒介与儿童进行亲子陪伴和互动,成人引导儿童建立书中知识与生活之间的联系才是核心。

认知图画书根据儿童的认知能力进行分类可以分为:

- 分类（排序和分组能力）;
- 排序（识别事物关系并能正确排列的能力）;
- 计数（对数量的理解）;
- 时间概念（对时间连续性的认知）;
- 空间概念（对人和事物的位置或位移的认知,也包括空间中的相对关系）。

认知图画书一般有字母、数数、颜色、形状、大小、相对概念、时间概念、空间概念、排序和分类等几类。而很多认知图画书是属于综合认知书,涉及多个概念的综合,比如,同时介绍颜色和形状、数字和字母等。例如,《绿绵羊在哪里?》、《123到动物园》、《亲爱的动物园》、《神奇变变变动物园》、《猜猜是谁的屁股?》等。

图 2-1-21 《绿绵羊在哪里?》

图 2-1-22 《123到动物园》

图 2-1-23 《亲爱的动物园》

图 2-1-24 《神奇变变变动物园》

图 2-1-25 《猜猜是谁的屁股?》

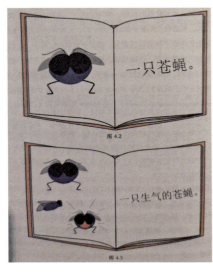

图 2-1-26 《图画书宝典》(马图卡,2017)

认知图画书好坏的判断标准包含以下两个要点:

- 是否有清晰的概念。在设计中,书中的物品、文字和数字都应该非常容易进行辨识。因此,好的图画书中的物体间(物品、文字、数字等)均应留有足够的空间,以便儿童能够区别理解。
- 图文数字等的主题是否连贯统一。如图 2-1-26 中的绘本,对于图 4.2,一个正在学习数数的孩子很容易发现画面中是一只苍蝇,并理解"一只苍蝇"所代表的含义。但是图 4.3 就比较容易令人产生误解,因为图里画了三只苍蝇,而文本说的是"一只生气的苍蝇"。如果儿童无法辨识哪一只是生气的苍蝇,他就会产生误解(来自《图画书宝典》第 124 页)。

（2）玩具书(也称创意图画书)

儿童早期发展的研究指出,游戏是所有儿童在成长的最初几年需要的关键经历之一,因此,玩具书是 0 岁儿童阅读起步的可选读物。

玩具书也被称为创意图画书,这类图画书在材质和设计等方面进行了特殊处理,提高了这类书的安全性、趣味性以及耐用性,因此非常适合低幼儿童阅读和玩耍。

正是由于玩具书需要儿童亲自动手翻页和触摸,书和儿童之间可以产生非常多的互动,使儿童在游戏中学习,符合儿童喜爱游戏的天性,因此,低幼儿童都很喜欢玩具书。

玩具书一般包含布画书、纸板书、洗澡书、触摸书、声响书、嗅觉书、立体书、翻翻书以及洞洞书。下面我们将简单地介绍每个类别的相关特征。

布画书

布画书是用布制作的图画书。布画书一般内部填充了棉花或海绵,可以给刚出生不久的婴儿提供一个安全、可咬、可撕、可触摸和玩耍的玩具书,如图 2-1-27 所示。有的布画书还嵌入了发声、照镜子、触摸等功能,可以吸引出生不久的婴儿的注意力,增加玩耍的乐趣。研究发现,布画书是婴儿和学步儿比较适合的阅读材料。

图 2-1-27　布画书

图 2-1-28　纸板书

纸板书

纸板书的书皮和内页都是由多层纸张压制而成的厚纸板,四角都是浑圆的,非常适合婴幼儿用来当玩具。例如,《表情》(如图 2-1-28 所示)这本书就属于典型的纸板书。纸板书经得住婴幼儿的撕扯、啃咬、乱扔。纸板书的内容通常分为颜色对比书、触摸书、自动发声的歌谣书、概念书(简单概念)等几类。

洗澡书

洗澡书也是一种具有互动游戏特征的图画书,是专门为婴幼儿洗澡时玩耍而设计的。洗澡书防水、撕不烂、不伤手,通常可以漂浮于水面,因此很适合婴幼儿在洗澡时阅读和玩耍。

触摸书

触摸书一般采用硬纸板制作,图画色彩丰富,书中有与图片形象相匹配的填充材料,让婴幼儿通过触摸体验有关图画形象的触感。例如,在《小鸡球球》(如图 2-1-29 所示)这本触摸书里,有软绵绵的花蕊和小猫爪垫、毛茸茸的小熊身体、光滑冰凉的小熊鼻子、皱皱巴巴的大象鼻子以及一根根凸出来的狮子胡须。

图 2-1-29　触摸书

图 2-1-30　声响书

声响书

声响书会通过成人或婴幼儿的按压、触碰发出与图画形象对应的声音。如图 2-1-30 中的这本《花园里边谁在唱》，主要描述了花园里出现的一些动物或大自然里的事物。通过触摸按压每个页面的圆形按钮开关，可以发出绘本上卡通形象的声音，比如，小鸟"啾啾""喳喳"的声音，小蜜蜂采蜜挥着翅膀的"嗡嗡"声，蚱蜢振动翅膀的"唨唨"声，花园里雨滴落下的"滴答"声以及猫头鹰"咕咕"的叫声等。

嗅觉书

嗅觉书中添加了与图片形象对应的气味。当婴幼儿阅读时，他们可以闻到特别的味道，发展感知觉能力中的嗅觉。例如，在这本《闻闻大自然的味道》（如图 2-1-31 所示）的嗅觉书中，有闻起来甜甜的草莓和香蕉、有些刺鼻的洋葱、清新的薄荷、有花香的玫瑰以及辛辣中带点甜的桂皮等事物形象。

图 2-1-31　嗅觉书

立体书

立体书通过三维的插画设计，翻页时会弹出立体插画，一般手工完成。例如，"神奇生命"立体书系列中的《小恐龙的心愿》（如图 2-1-32 所示）就是一本非常有趣的立体书。这个系列丛书采用多种立体工艺，让阅读具备最直观的立体参与感与体验感。

图2-1-32　立体书

翻翻书

翻翻书内嵌的翻动功能通常隐藏着插画的某个部分，婴幼儿不但可以通过翻开前的猜测和翻开后的验证获得愉悦感，还可以发展推理等能力。例如，在《猜猜是谁的屁股？》（如图2-1-33所示）这本翻翻书里，婴幼儿可以通过折页前各种各样小动物的屁股猜测"这是谁的屁股"，通过翻开折页，图画书会展现完整的小动物形象并告诉婴幼儿每页分别都是哪些动物以及每个动物都有哪些特征。

洞洞书

洞洞书依靠挖洞和翻页来隐藏或者展示故事内容。书中的洞洞可以很好地引导婴幼儿跟着故事的发展，理解故事的内容。例如，《走开，绿色大怪物！》（如图2-1-34所示）这本书，它通过挖洞设计，循序渐进地引导婴幼儿完成对五官的认识，经历一场视觉盛宴和心理起落的奇妙之旅。

图2-1-33　翻翻书

图2-1-34　洞洞书

成人在选择玩具书时要注意以下几个方面的要求：

- 材料的安全性。材料要做到无毒、柔软、撕不烂、咬不破和容易清洗，使婴幼儿可以安全地咬书和撕书。针对婴童文化用纸品，中华人民共和国国家标准《婴童用纸品基本安全技术规范》规定了纸质中的可迁移元素、邻苯二甲酸酯、甲醛、丙烯酰胺、挥发性有机化合物及可分解致癌芳香胺染料的国标规范，且婴童用纸品的包装标志应包含"婴童用"、"婴幼儿用"及"儿童用"等表示适用人群或适用年龄的中文信息。
- 色彩要较为鲜艳，画面形象要较为简单突出，要能够容易吸引婴幼儿的注意力（摘自《零岁起步》）。

（3）歌谣书（含各类韵文）

歌谣书包括童诗、藏头诗、字画诗、自由诗、俳诗、打油诗、童谣和其他类型的韵文。欢快的节奏和韵律能激发婴幼儿参与其中并进行互动，朗朗上口的节奏可以对婴幼儿的语言、运动和认知等能力的发展起到促进作用。例如，《和我一起唱》《费雪宝贝自己听童谣—森林音乐会》《我的小小音乐厅》《儿歌三百首》等。

在儿童早期阅读中，借助歌谣书进行律动、吟诵和歌唱是非常好的阅读活动。

（二）图画书内容特征（体裁）分类

目前基于图画书体裁通用的划分标准，可以把图画书划分为：

（1）动物故事和玩具故事；

（2）幻想文学；

（3）写实文学；

（4）历史故事；

（5）传统故事。

其中，分类（2）—（5）是传统的文学体裁形式，分类（1）则是儿童图画书延伸出的特别的体裁。虽然分类（1）这个体裁可能与其他体裁重合，但在儿童图画书中占据很大的比例，因此我们也将其划分为单独的体裁。实际上，图画书故事很多都综合了不同的故事体裁。我们这里将对这五类分别介绍，希望尽可能帮助大家理解这些文学形式。

1. 动物故事和玩具故事

"动物故事和玩具故事"类型的图画书讲述的是现实主义故事，主角是动物或无生命的物体，例如，《彼得兔的故事》（如图2-1-35所示）。儿童对动物都非常感兴趣，借助动物讲述日常生活中的故事，吸引儿童的注意力，让儿童通过动物的故事联想现实的生活，增加趣味性和感受力。

2. 幻想文学

"幻想文学"类型的图画书融合了现实和想象,一切皆有可能! 例如,《勇敢者的游戏》(如图 2-1-36 所示)。通过想象和幻想的一些场景和故事,激发儿童的想象力,让儿童可以接触到现实中接触不到的场景和故事。

图 2-1-35 《彼得兔的故事》

图 2-1-36 《勇敢者的游戏》

3. 写实文学

"写实文学"类型的图画书的主人公都是儿童容易亲近、理解和感知的事物或人物,例如,《外公的旅程》(如图 2-1-37 所示)。将生活中儿童接触到的人物,在书中通过熟悉的故事展现出来,加深儿童的印象,激发儿童的兴趣,促进儿童语言和认知等能力的发展。

4. 历史故事

"历史故事"类型的图画书中的故事发生在过去,主题广泛。绘本类历史故事通常插图内容丰富,有助于儿童形象地理解历史人物和故事,理解过去与现在的联系等,如图 2-1-38 所示。

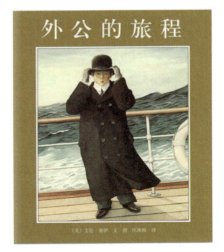

图 2-1-37 《外公的旅程》

5. 传统故事

"传统故事"类型的图画书指人类世代口口相传留下来的民间故事、神话故事、寓言故事等。传统故事对儿童的思维、想象、创造力,以及情感、意志、性格、品德发展都有着积极的作用。例如,《穿靴子的猫》(如图 2-1-39 所示)。

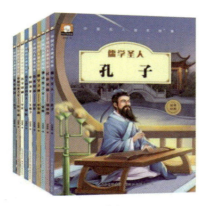

图 2-1-38 《中国名人故事
绘本——孔子》

图 2-1-39 《穿靴子的猫》

五、什么是好的图画书

在了解了图画书的概念、结构和分类之后,我们接着来介绍什么样的图画书才是好的图画书。

好的图画书通常具有以下五大特征:

- 故事和语言好;
- 与生活相联系;
- 图画好;
- 图画与文字具有合奏关系;
- 版式和设计精良。

(一)故事和语言好

对于故事类的图画书,好的故事和好的语言很重要。

好的故事具有文学性。人物形象鲜明,情节生动,富有童趣,富有想象和思考的空间,或是体现了对人性的关怀。

好的故事还具有语言性。例如,有典型的重复性语句,可以促进阅读内容的表达;有相似的段落结构,可以提供更多表达的机会,帮助儿童进行猜测和预期;有生活化的可以听得懂的词汇,能够使得儿童将听到的词汇与看到的抽象图案相联系,符合倾听的习惯(刘宝根,《图画书阅读教学:研究与实践》)。

(二)与生活相联系

3 岁以前的幼儿,他们尤其擅长无意记忆,即他们事先没有预定的阅读目的。就像我们看电影、聊天、看报,我们没有明确要求自己记住什么,但是有些人、事、物就保存在了我们的记忆中。他们只记得那些他们感兴趣的、好奇的、印象深刻的、能够引起共鸣的事物,而且这些记忆占了他们全部记忆的主导地位。因此,如果将那些与幼儿生活经验密切相关的、能够引起共鸣的、有趣的事物反映在图画书中,那么幼儿就能记住,这时候阅读对幼儿发展的积极影响就会越大(周兢,2016)。

(三)图画好

好的图画能够帮助我们一眼看明白图画形象像什么、带给读者什么感觉,好的图画关键在于利用字和画的设计进行"传情达意"(叶嘉青,2019)。例如,图 2-1-40 中的这幅画面如何体现小老虎的大屁股的? 除了大,还有压弯的木条。画面上还有什么信息? 画面上还有旁边嘲笑它的小猫,但是小老虎它知道别人在嘲笑它吗? 它不知道。这些都是通过画面可以体会到的内容,画面传递给我们除了文字以外所表达的信息。

图 2-1-40 《小老虎的大屁股》

(四)图画与文字具有合奏关系

日本图画书之父松居直先生在《我的图画书论》中利用了非常多的图画书实例展现了文字与图画的合奏以及幼儿如何从图和文中提取到丰富的信息和感受。因此,图画和文字不是相加的关系,是一个乘法的关系。我们在前面定义图画书时提到的《爷爷变成幽灵了》这本书的图文关系的描述中也展示了这个关系。

(五)版式和设计精良

3 岁左右是幼儿的色彩敏感期,幼儿开始时会特别喜欢某一种颜色,例如,每天起床就会说今天要穿红色的衣服和红色的鞋子、用红色的牙刷、带红色的杯子等。交流的语句中也会带上各种颜色的词语,比如,"我想吃红色的苹果","我想喝白色的牛奶","我要吃粉色的冰激凌"等,而好的图画书中精良的版面色彩和设计中就体现了不同的颜色。

儿童的世界很丰富但也很简单,所以好的图画书除了有色彩等设计之外,还要有简洁和清晰的版式。

第二节　如何为0—3岁适龄婴幼儿选书

儿童的经验有限,他们的感知觉在与外界互动的过程中不断发展,而图画书是儿童与外界互动的一种普遍方式。但是到底应该从何入手为0—3岁婴幼儿选择图画书呢?我们可以从婴幼儿的阅读特点来入手,选择他们感兴趣、能够理解的、具有一定挑战性的书,从而达到帮助婴幼儿学会阅读的目的。

下面我们将列举不同月龄段婴幼儿的阅读需求[①],并根据阅读需求给出一些选书示例。

一、0—6月龄婴儿的阅读需求与选书示例

我们先来看看0—6月龄婴儿的阅读需求是什么?参见表格2-2-1。

表2-2-1　0—6月龄婴儿的阅读需求

月龄段	阅 读 需 求
0—6个月	视觉: 0—2个月: -喜欢对比度高的图片,比如,可以提供黑白图片; -喜欢看人脸图案、中等复杂图案,不喜欢高度复杂的图案。 3个月: 大部分婴儿可以追视画面,将视线固定在某个画面,提供床挂书是不错的选择。 4个月: -偏爱曲线; -享受红、黄、蓝等颜色鲜明的图片。
	触觉: 3个月婴儿的触觉越来越敏锐,喜欢各种探索,可以考虑开始提供如布书、塑料书等能够进一步发展婴儿触觉的图画书。

---

① 本书分月龄阅读需求和特点是参考陈苗苗和李岩编写的《1000天阅读效应:0—3岁阅读启蒙及选书用书全攻略》进行提炼和总结的。——编者注

月龄段	阅 读 需 求
	听觉： -婴儿天生就对优美音乐十分敏感，建议给婴儿多听优美音乐； -婴儿对妈妈的声音最敏感，喜欢听妈妈的声音，建议这个阶段由妈妈给婴儿讲读图画书。

1. 视觉发展

0—2月龄的婴儿虽然能分清彩色和非彩色，但是如果色差小，婴儿就分不清了，所以婴儿喜欢对比度高的图片，比如，黑白的图片。婴儿也喜欢中等复杂的图案，但是过于复杂的图案则不适合给婴儿看。此外，婴儿还喜欢看人脸的图案。一张有人脸的黑白画，很容易让大多数2个月大的婴儿频繁发出微笑。

当婴儿3个月时，视觉继续发展，头部控制能力增强，大部分婴儿可以追视画面，将视线固定在某个画面，因此，能够帮助婴儿追视的床挂书是一个很好的选择。

当婴儿4个月时，他们能够辨别越来越复杂的图形，偏爱曲线。此时条纹、棋盘格、曲线图也是婴儿喜欢的。此时婴儿还喜欢红、黄、蓝等颜色鲜明的图片，但婴儿还不能辨认像浅黄和深黄这样只有细微差别的颜色。因此需要给婴儿选择颜色清晰鲜明的图画书。

2. 触觉发展

3个月婴儿的触觉越来越敏感，能够分辨物体的不同质地和硬度。此时，纸板书、布书、塑料书、触摸书等能进一步发展婴儿的触觉能力，给婴儿带来很多惊喜！

4个月大的婴儿还喜欢探索和啃咬东西，所以给婴儿提供图画书时，需要注意材质是否安全、健康环保、方便啃咬。

3. 听觉发展

此外，婴儿从出生时就喜欢听儿歌，而且对妈妈的声音最为敏感，听到妈妈的声音就高兴。因此，妈妈给婴儿念儿歌会让他十分愉快。对应0—6月龄婴儿的阅读需求（如表2-2-1所示），本书选择了以下这样几本图画书（如图2-2-1所示）作为示例：

《月亮，晚上好》这本图画书中主角的形象是一个形似婴儿脸的月亮，同时画面本身属于中等复杂图案，因此该绘本符合0—2月龄婴儿的阅读需求；

《表情》这本书里面全部都是婴儿因为各种情绪而产生的脸部表情，比如，"开心"、"伤心"、"生气"、"调皮捣蛋"等，这正好满足了0—2个月婴儿想要看人脸的阅读需求；

《摸一摸，软绵绵》这本书里的动物都是色彩鲜明的，因此满足了婴儿喜欢红、黄、蓝颜色鲜明的图片的需求。

《月亮，晚上好》　　　　　　《表情》　　　　　　《摸一摸，软绵绵》

图 2-2-1　适合 0—6 月龄婴儿的图画书示例

二、7—12 月龄婴儿的阅读需求与选书示例

7—12 月龄婴儿的阅读需求是什么呢？参见表格 2-2-2。

表 2-2-2　7—12 月龄婴儿的阅读需求

月龄段	阅 读 需 求
7—12 个月	动作：从口到手，手指能力发展，让婴儿翻页，提供能满足小手探索的书，开始涂鸦。
	视觉：看清 3.5 米内的物体，关注细节，认识更多颜色，感知物体形状。颜色和图形丰富的书很适合。 听觉：识别语调，理解言语。注意讲述的语气语调。 感觉：主动重复地探索物体质地。提供触摸书。
	认知：记忆力增强，善于识别面孔、表情，并模仿表情和动作；搜寻物体能力增强。提供"表情书""藏猫猫书"和"发声书"。
	语言：交流能力发展，提供促进婴儿表达的书。例如，儿歌和童谣等。

1. 动作发展

这个时期，婴儿从用"口"过渡到用"手"来探索世界：

- 其手部精细运动也进一步发展，能够用拇指和食指对捏来拿取物品，但力量相对薄弱，动作协调能力也未发育完全。因此我们可以在这个时期让婴儿来一起翻书。
- 同时也需要准备一些中小开本同时兼顾外形圆滑、容易翻动的图画书。
- 还可以给婴儿提供一些满足小手探索的书，如触摸书、洞洞书、推拉书等。
- 让婴儿开始涂鸦也是一项有益的活动。

2. 感知觉发展

7—9月龄的婴儿视力继续发展,他们可以看清3—3.5米内的物体,开始关注事物的细节,认识了更多颜色,并开始感知物体的形状。婴儿的听力也继续发展,他们能够辨别语调,从而识别成人的情绪。婴儿的感觉也更加灵敏,会主动和重复地探索物体质地。因此,在这个时期,我们可以继续给婴儿:

- 提供满足他们小手感觉的触摸书、洞洞书、洗澡书等;
- 给婴儿看图形更加复杂的、颜色更加丰富的、带有形状元素的图画书;
- 在讲读的过程中,我们还要注意变化语气和语调,使其与故事内容匹配;
- 此时,婴儿也开始理解语言的意义,认识了较多事物与动作的名称,我们需要为婴儿提供与此相关的认知类图书。

3. 认知发展

这个时期婴儿的记忆力增强,善于识别人的面孔和表情,并开始模仿表情。此时,表情类的图画书是非常适合婴儿阅读的。

这个时期婴儿的搜寻物体的能力也加强,因此藏猫猫书也非常适合婴儿阅读。

我们还可以提供给婴儿帮助他们理解事物之间因果联系的书,特别是与眼和手行为相关的书。比如,一按就发声的书、带有简单机械连接的书等。

对应7—12月龄婴儿的阅读需求(如表2-2-2所示),本书选择了以下这样几本图画书(如图2-2-2所示)作为示例:

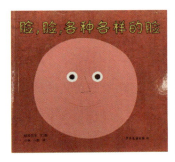  

《脸,脸,各种各样的脸》　　　　　《蹦》　　　　　　《亲爱的动物园》

图2-2-2　适合7—12月龄婴儿的图画书示例

《脸,脸,各种各样的脸》这本图画书满足了7—12个月婴儿识别面孔和表情的需求。

《蹦》这本图画书描绘的都是各种动物"蹦"的动作,不断重复的"蹦"字,可以帮婴儿开始理解"蹦"这个动作的名称和意义,并听到"蹦"字的发音,这将有助于增加婴儿的词汇量,促进语言的发展。

《亲爱的动物园》这本图画书带有可以开合的装大象的箱子、装蛇的竹篓、装猴子的盒子等简单的机械连接,可以让婴儿理解事物之间的因果联系,契合这个阶段婴儿的发展需求。

三、13—18月龄幼儿的阅读需求与选书示例

13—18月龄幼儿的阅读需要又是什么呢?参见表格2-2-3。

表2-2-3　13—18月龄幼儿的阅读需求

月龄段	阅读需求
13—18个月	动作: 手眼协调,手部操作能力明显提高。能够用更多的动作去探索,给幼儿提供暗藏机关更复杂的玩具书。给幼儿提供纸板书满足他"折页"的乐趣。 开始蹒跚学步,喜欢搬书。
	注意力:时长增加;听到物品名称会注意它,找出它;对书上的图片产生浓厚兴趣。提供带有熟悉物品图片的图画书。书不要太厚,幼儿也需要阅读成就感(10页足够)。 思维:初级的想象力,让幼儿重演故事。理解数量1—10,提供更多数数类的认知图画书。
	语言:储备期。提供动词和名词重复的图画书,画有幼儿熟悉物品的书,儿歌和童谣。
	社会情感:遵从简单的行为规则和规范;物权意识增强,自我意识增强。提供规则意识的图画书。

1. 动作发展

该阶段幼儿的手眼协调能力、手部操作能力明显提高,并且还能用更复杂的动作去探索世界。此时,给幼儿提供暗藏机关更复杂的玩具书,能够满足"手—眼协调"发展的需求。此时的幼儿由于手部动作的发展,也喜欢翻书,但是翻书翻不好就可能变成了撕书,而撕书的声音对幼儿来说很有趣。所以该阶段可以给幼儿更多纸板书满足他们折页的乐趣,同时也增加书的耐用性。

13—18月龄的幼儿也开始蹒跚学步,有时候比起看书,他们会更想要将书搬来搬去。大家不用觉得幼儿不爱看书,这只是他们的一种独特的阅读行为。

2. 认知发展

该阶段幼儿的注意力时长增加,听到物品名称就会注意它、找出它;对书上的图片产生浓厚兴趣。此时可以给幼儿提供带有熟悉物品的图片的图画书。但是图画书不要太厚,大

概 10 页就可以。这样幼儿能够完整看完,会很有成就感。

思维方面,该阶段幼儿具有了初级的想象力,成人可以让幼儿重复表演故事来促进发展。此时,幼儿还能够理解 1—10 之间的数字的大小顺序,因此还可以给幼儿提供数数类的认知图画书。

3. 语言发展

该阶段幼儿进入语言储备期,为之后的语言输出奠定基础。我们可以给幼儿提供带有重复的动词和名词的图画书。画有幼儿熟悉物品的书也对他的语言发展很有帮助。同时,儿歌和童谣也是很好的选择。

4. 情绪与社会性发展

此时的幼儿可以遵从简单的行为规则和规范;他们的物权意识也增强,对自己的东西有着强烈的占有欲。此外,幼儿自我意识开始增强,会有意识去尝试一些被禁止的行为,以测试自己是不是能够做主。在这个时期,我们可以给幼儿提供关于规则意识的图画书。

对应 13—18 月龄幼儿的阅读需求(如表 2 - 2 - 3 所示),本书选择了以下这样几本图画书(如图 2 - 2 - 3 所示)作为示例:

《躲猫猫》　　　　　　《从头动到脚》　　　　　《猜猜是谁的屁股?》

图 2 - 2 - 3　适合 13—18 月龄幼儿的图画书示例

《躲猫猫》这本图画书里有小熊、小猫、小狗等动物用前爪捂着自己眼睛躲猫猫的场景,可以帮助 13—18 个月幼儿通过暗藏的机关接触更复杂的玩具书,满足该阶段幼儿对"手—眼兴趣"的阅读需求。

《从头动到脚》这本书描绘了包括大猩猩在内的各种各样动物做的各种动作,包括"转头"、"弯脖子"、"耸肩膀"、"摆胳膊"等,动作涉及头、脖子、肩膀等幼儿熟悉的身体部位,对幼儿这一阶段的语言学习很有帮助,同时也可以帮幼儿理解不同动作的名称和意义。

《猜猜是谁的屁股?》对小老鼠、小兔子、小鸭子、小猴子、小猪等动物的屁股进行了折页设计,幼儿翻开折页后就可以看到整个动物的正面,满足了该年龄段幼儿对"折页"的兴趣。

四、19—24 月龄幼儿的阅读需求与选书示例

当孩子到了 1 岁半到 2 岁的时候,他们的阅读需求参见表格 2-2-4。

表 2-2-4　19—24 月龄幼儿的阅读需求

月龄段	阅 读 需 求
19—24 个月	语言:爆发期。提供词性、语句更丰富的书,每页有 3—4 句文字;句式重复的书;童谣和儿歌。
	动作:精细运动能力和手眼配合能力进一步提高,可提供认知贴纸书;活动范围更大。
	认知:幼儿能够比较事物的异同,对物品进行分类,进行搜索的认知游戏是不错的选择。
	社会情感:对抚养人有强烈的依恋和依赖,提供亲情题材的故事书。

1. 语言发展

幼儿进入语言爆发期。语言表达的积极性和能力逐渐增强。他们会越来越爱提问题。他们词汇量也快速增加,除了名词外,还能听懂很多形容词。因此,成人可以给幼儿提供包含不同词类的图画书,比如,有更多形容词的书,语句更复杂的书,每页可以有 3—4 句文字的描述。同时,句式重复的故事书也是很好的促进语言发展的图画书。也别忘了给幼儿读童谣,一方面他们对节奏感强、韵脚平整的诗歌特别敏感,另一方面诗歌中的词语对幼儿的语感培养和词汇的积累都大有裨益。

2. 动作发展

随着精细运动能力和手眼配合能力的进一步提高,成人可以给幼儿补充提供一些认知贴纸书来满足幼儿的阅读需求。

3. 认知发展

幼儿能够比较事物的异同,会对不同物品进行分类,此时,提供给幼儿一些像大侦探一样进行搜索的认知游戏书就是不错的选择。

4. 情绪和社会性发展

这个时期,幼儿对抚养人有强烈的依恋和依赖,此时,亲情题材的故事书变得很重要,尤其是跟爸爸有关的书,因为他们越来越喜欢和爸爸玩了。

对应 19—24 月龄幼儿的阅读需求(如表 2-2-4 所示),本书选择了以下这样几本图画书(如图 2-2-4 所示)作为示例:

《小金鱼逃走了》　　　　　　《我爸爸》　　　　　《爷爷一定有办法》

图2-2-4　适合19—24月龄幼儿的图画书示例

《小金鱼逃走了》这本图画书的主角是小金鱼,它藏在不同的情境里,满足了19—24月龄幼儿能够比较出事物异同的阅读需求。

《我爸爸》这本图画书以孩子的口吻描绘了一个温柔而强壮的爸爸,表达了对父亲诚挚的热爱和崇拜,满足了该月龄段幼儿表达对爸爸强烈的喜爱之情的需求。

《爷爷一定有办法》里描绘的是爷爷在小约瑟还是娃娃的时候亲手缝制了一条毯子,随着小约瑟的长大,爷爷依次将毛毯改制成外套、背心、领带、手帕、纽扣,但是纽扣最后丢了,小约瑟却将它写成了一个奇妙的故事。绘本里的画面形象,发生的情节也很简单,同时有着"爷爷一定有办法"这样不断重复的句式,可以加深幼儿对绘本内容的印象。

五、25—36月龄幼儿的阅读需求与选书示例

2岁半到3岁的幼儿,他们的阅读需求参见表格2-2-5。

表2-2-5　25—36月龄幼儿的阅读需求

月龄段	阅读需求
25—36个月	语言: 短句表达,词类更加丰富,理解力与日俱增,提问更加多元。但还是爱看情节简单、短一点的故事书,适合分角色扮演的更棒。短小有趣容易模仿的童谣和故事也不错。
	认知: 注意、记忆、思维都更上一层楼,注意细节。可提供关于形状、大小、颜色等的认知类图画书。 想象力大增,可提供情节有趣、题材涉及面更广的故事书。可提供字少、图大、细节清晰型的科普书。

月龄段	阅 读 需 求
	社会情感： 学会情绪管理的重要阶段。情绪认知书是贴心的礼物，能帮幼儿积累情绪词汇，还能帮助幼儿学会表达自己的情绪。 越来越能吸纳"有益的道理"，多阅读有趣又有益的故事书，奠定幼儿良好性格的基石。

1. 语言发展

幼儿出现更长的短句表达，比如，三词句、四词句、甚至五词六词句。幼儿在表达的词类方面，除了名词、动词外，形容词、副词、代词约占了 35%，还出现少量连接词等。在这个时期，幼儿对所有事物都要刨根问底问个没完没了，提问也更加多元化。他们不仅会问"为什么"，还会用什么、谁、什么时候、哪儿等疑问词。这表明幼儿的语言理解能力进一步提高了。虽然幼儿理解力与日俱增，但是还是爱看情节简单、短一点儿的图画书，适合角色扮演的图画书就更棒了！此外，一些短小有趣容易模仿的童谣和故事也是不错的选择。

2. 认知发展

该阶段幼儿的注意、记忆、思维都更上一层楼，能够注意到微小的细节，能发现事物之间的一些差异。此时，我们可以提供更多关于形状、大小、颜色等的认知类图画书给幼儿阅读。

在这个时期，幼儿想象力大增，因此我们可以提供情节有趣、题材涉及面更广的故事书。此时，如果图画书中潜藏着幽默感，画面有趣甚至荒诞，幼儿就会非常喜欢。

此外，可用字少、图大、细节清晰型的科普书，引导幼儿学会探索，保持旺盛的求知欲。

3. 社会情感发展

这是幼儿学会情绪管理的重要阶段。情绪认知书是很好的选择，能帮幼儿积累情绪词汇，还能帮助幼儿学会识别和表达自己的情绪。此外，幼儿需要成长主题的故事书，故事里的经验能让幼儿产生共鸣。

对应 25—36 月龄幼儿的阅读需求（如表 2-2-5 所示），本书选择了以下这样几本图画书（如图 2-2-5 所示）作为示例：

《好饿的小蛇》这本图画书描绘的是一条好饿的小蛇遇到各种各样好吃的东西都一口吞掉，并且身体也被撑作了对应食物的样子，满足了 25—36 个月幼儿想象力大增，非常想读情节有趣、题材涉及面更广的故事书的需求。

《好饿的小蛇》　　　　　　《大卫，不可以》　　　　　《是谁嗯嗯在我的头上》

图2-2-5　适合25—36月龄幼儿的图画书示例

《大卫，不可以》这本图画书里描绘了大卫在家里各种捣乱都被妈妈呵斥"大卫，不可以"的故事。这个阶段的幼儿可以记住大人一些简单的委托，小嘴也特别巧，非常适合读一些短小有趣且容易模仿的故事。

《是谁嗯嗯在我的头上》描绘的是"嗯嗯"掉在了一只小鼹鼠的头上，它寻找各种各样的动物询问"是谁嗯嗯在我的头上"并最终找到了主人的故事。故事中的小鼹鼠在寻找的过程中发现了不同动物嗯嗯的形状不同。该绘本文字少、图大、细节清晰，正契合了该月龄段幼儿对所有事物都要刨根问底问个没完没了的特点，有利于引导幼儿学会探索、保持旺盛的求知欲。

第三章

如何践行早期阅读

我们在前面章节提到，早期阅读的根本目的是让儿童爱上阅读，培养阅读兴趣，养成阅读习惯，并使儿童能够理解成人所说的话和所讲故事的含义，能够意识到书面文字其实就是我们说的话被写了出来。当儿童喜欢阅读了，他就能学会阅读，并最终从阅读中学习。这一章我们将介绍如何做才能让阅读变得有趣，如何做才能将阅读变成像吃饭睡觉一样自然的事情。

具体来讲，本章将从硬件环境和软件环境两个方面入手来介绍践行早期阅读的理念和具体方法。早期阅读的硬件环境包含购买适龄的书和创设专属的阅读空间；软件环境包含建立阅读习惯和进行成人伙伴式的亲子共读。

第一节　早期阅读硬件环境的创设

儿童的注意力很容易被分散，他们的阅读习惯也还没有养成，因此营造一个合适的阅读环境非常必要。我们将在本节介绍在家庭和集体环境中开展阅读的硬件环境创设。

一、家庭阅读硬件环境创设

家庭阅读硬件环境是指照养人在家庭中与儿童进行早期阅读时的物理环境，包含为儿童选择适龄图画书和打造家庭专属阅读空间。由于在第二章我们已经介绍了选书，因此这里将着重介绍如何创设专属的阅读空间。

（一）安全

阅读环境首先要安全，确保儿童的生命安全得到保障。比如，家庭中要确保：

- 家具没有尖角，如果有尖角，可用防撞条等柔软的材质进行包裹，避免儿童因为磕碰而受伤；
- 书架不宜过高，且应保证不易倾倒，以免压伤儿童；
- 由于婴幼儿喜欢用嘴巴去啃咬和探索书本或环境中的其他物品，因此，家具、地垫和书本等材料需要环保无毒，符合婴幼儿使用标准。

（二）舒适明亮

阅读环境需要舒适明亮。舒适使人放松、愉悦，明亮则有利于看清内容、保护视力。因此，阅读环境中的自然光和灯光要明亮且柔和，要避免过强的光线，例如，户外直射的阳光。

而舒适的氛围则可以通过在房间的阅读角铺上地垫、放上小沙发等来营造。例如，以下两幅图中，无论自然光或者灯光下，光线都是明亮柔和的，同时环境也是舒适的。

图 3-1-1①

图 3-1-2②

（三）场所安静、固定

阅读场所需要安静和固定。在 1 岁以前，婴儿的选择性倾听能力较差，即他们很难从多种同时发出的声音中，选择出更有意义的声音来持续倾听。换言之，环境中如果有太多的声音，婴儿则很难将精力集中到图画书阅读上来。因此，选择的阅读角应该相对安静，没有其他声音来打扰。它可以是家里客厅中安静的角落，也可以就是家里的小床。

同时，在相对固定的位置阅读也有助于儿童将阅读视为惯例和常规，使儿童一来到这个区域就能知道阅读要开始了。

（四）图画书的摆放可及

为了让儿童随时随地可以拿到图画书，以提供充分接触图画书的机会，家庭中的图画书应该摆放在显眼的位置。同时，图画书的摆放高度不超过儿童的可及高度。这样的摆放可以让他很容易关注到图画书，同时图画书也是触手可及的。有些家庭很怕儿童将书乱翻，所以将书摆放在很高的、儿童拿不到的地方。这样摆放的结果是：书摆放得很整齐、很干净，但是却让儿童失去了接触书籍的机会，阻碍了儿童阅读兴趣的发展。

（五）图画书的选择适龄

照养人可以基于儿童的发展特点，并结合儿童接触书籍的时间和频次，来选择适合的图

---

① 照片由蒋将提供。
② 照片由郭紫薇提供。

画书。建议定期更换阅读角的图画书，以满足儿童在不同阶段的阅读需求和兴趣。具体的选书建议，请参看第二章。

二、集体阅读硬件环境创设

这里所指的集体阅读硬件环境是指在托儿所或养育中心等公共场所的阅读环境，包含成人带多个儿童进行自主阅读，以及举办集体故事会的环境。

同家庭阅读环境类似，集体阅读环境需要考虑安全、光线等这些因素，注意做到动静分区，将阅读这样安静的活动放到更加安静的位置，减少来往人员的干扰。

（一）图画书的设置

- 数量设置上，由于来到公共场所的儿童数量和年龄层更多，因此，集体阅读环境中需要储备更多的分月龄图画书，并对图画书的月龄进行标注和进行分月龄的摆放。但是在进行集体故事会讲读时，讲读师身边只放置本场故事会要讲的绘本即可，以免儿童被过多的绘本分散注意力。

- 在进行集体故事会阅读时，除了要选择适龄的图画书，也要选择大开本的图画书（同一绘本的开本有大小之分，也可定制尺寸），以便孩子们可以看清楚；同时还要选择互动性高的书籍，以增加故事的趣味性、维持他们的注意力。

（二）环境的设置

与家庭环境创设类似，集体阅读环境需要保证安全、明亮舒适、动静分区。

集体故事会的空间布局需要有一个开阔的场地，且要注意空间的布局。以图 3－1－3 为例，这是一张集体故事会开展现场的空间布局图。

从空间位置来看，参与故事会的幼儿及家长围坐在舒服的地垫上，形成一个半圆形。而讲读师则坐在面对半圆形的中间位置。这样的布局有助于大家把精神集中到讲读师的身上。此外，幼儿之间需要一定的距离，这样的安排有助于孩子们互不打扰地听故事，并参与律动等身体活动。同时，幼儿与讲读师之间也不宜太远，距离选择的原则是有利于所有的幼儿看到讲读师的表情、动作以及绘本，并听清讲读师的声音。

从坐姿来看，对于年龄较小的幼儿，妈妈可以抱着幼儿坐着，当幼儿可以自由坐立时，妈妈则可以选择坐在幼儿身后；当然如果幼儿第一次来听故事会，他可能会比较胆怯，那么家长也可以让幼儿坐在怀抱里。同时讲读师一般是坐在一个小凳子上，讲读师的高度稍微高于参与的幼儿和家长，也有助于大家将精力集中到讲读师身上来。讲读师的身旁通常还会有一张矮小桌子，便于讲读者坐在小板凳上时可以随手拿到当天要讲的几本绘本和音频

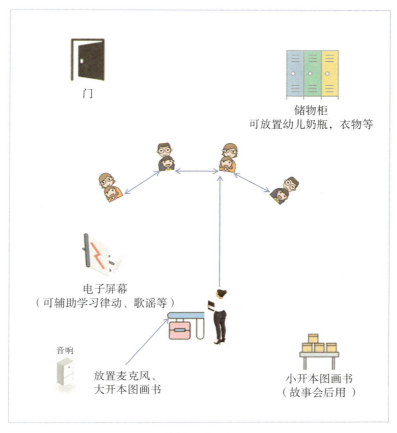

图 3-1-3

设备。

  我们还可以看到,这个空间图里的门是在幼儿身后的,这样的设置是为了避免人员进出打扰故事会的节奏,将幼儿的注意力吸引到故事之外。

第二节　亲子共读的理念和践行方法

  除了要创设阅读的硬件环境外,早期阅读中软件环境也很重要。软件环境包含本节介绍的促进儿童阅读兴趣的亲子共读理念和方法,以及下一节将要介绍的促进儿童养成阅读习惯的方法。

一、理念：伙伴式的亲子共读

（一）早期阅读为什么需要家庭的参与

根据图画书的定义可知，图画书包含了文字语言和图画语言两种媒介，而这两种媒介都需要通过视觉来认知。但是，3岁以下的幼儿不只是不认识图画书中的文字，要准确理解图画所描述和表达的内容对他们来说也是不容易的。所以，幼儿要独立读懂图画书很困难。

那么，成人是如何帮助婴幼儿欣赏和理解图画书的呢？当成人"读出文字"并"用手指引幼儿看图画"时就发生了一件重要的事情，那就是阅读的媒介变了。图画书中的文字语言因为是成人讲述的，并由成人来解释，因而幼儿的听觉是媒介之一；而图画书中的图画在成人的指引下，需要幼儿自己来看，因而幼儿的视觉是另一媒介。也就是说，共读时，幼儿用耳朵接收成人的语言，用眼睛阅读图画书的图画，阅读理解就变得更容易了（河合隼雄，松居直，柳田邦男，2011）。

由于3岁以前的幼儿主要是以家庭照料为主，因此，家庭中的成人与幼儿进行互动式的、伙伴式的共读是非常自然而又极其重要的方式。也就是说，家庭是儿童早期阅读发展的重要影响因素。阅读活动过程中，成人与幼儿之间的共读和互动传递着情感纽带，这将激发幼儿的阅读兴趣，培养他们的阅读习惯，促进他们语言和阅读能力的发展。

（二）互动关系的类别

互动是早期阅读的关键，那么图画书共读的过程中通常有哪些类型的互动关系呢？哪一种互动关系更加有利于儿童阅读能力的发展呢？研究者（周兢，朱从梅，2006）分析了3—6岁儿童与母亲共读图画书的过程，发现了三种亲子阅读的互动关系，分别是平行式、偏离式、伙伴式。我们可以通过母亲和孩子共读同一本书的例子来理解这三种互动关系。这些互动关系的分类同样适用于0—3岁的婴幼儿。

1. 平行式的互动关系

我们首先来看第一个案例。一位妈妈给孩子读《柠檬不是红色的》这本书。

妈妈：你看这里有一个红色的柠檬。

妈妈：是红色的，对吧？

妈妈：可是柠檬不是红色的。

妈妈：是不是呢？

妈妈：哇，看这里，我们翻开一看，果然不是红色的。

妈妈：那是什么颜色呢？

妈妈：原来是黄色的，不是红色的。

从这个案例中我们可以看到，这位妈妈在读故事的时候不关注孩子对图画书的反应，而是自顾自地说话和朗读，基本没有给孩子提问题，即使提了问题也没有给孩子预留思考和给出回应的时间，而是直接就说出了答案(周兢，2016)。所以平行式的亲子互动关系的特点是成人自顾自地讲读，缺少与幼儿的互动。

2. 偏离式的互动关系

我们仍然以《柠檬不是红色的》为例。

妈妈(指着柠檬说)：这上面是什么？自己想一想。

孩子：桃子。

妈妈：是桃子吗？桃子的形状要圆一些。

妈妈(随意指着一个背景问孩子)：这是什么颜色？

孩子：黄色。

从上面的对话中我们可以看到，妈妈并没有跟孩子就这本书的内容来开展一个有效的对话。所以简单来说，偏离式的亲子互动关系的特点是成人讲读不围绕故事主题，存在很多随意的、过多的无意联想。

3. 伙伴式的互动关系(也称合作式的互动关系)

我们依旧以《柠檬不是红色的》为例。

孩子(拿起书，快速翻着)：故事、故事(孩子想要听故事)。

妈妈：嗯，妈妈讲给你听噢。

妈妈：这叫什么故事，你知道吗？

孩子：柠檬，变变变。(可能孩子不能准确地回答，这时需要妈妈给出答案，以下所有的都一样，如果孩子不能回答，妈妈需要给出答案。)

妈妈：对，这是关于柠檬的，还有好多其他的水果，他们的颜色是什么样的呢？

妈妈：我们来看看，咦，柠檬怎么是红色的呢？

孩子：红色的柠檬。

妈妈：我们一起翻开下一页来看看，好不好？

妈妈(和孩子一起翻书，并说道)：哇，原来柠檬不是红色的，柠檬是……(读到这里时，妈妈停顿了下来，看着孩子，指着黄色的柠檬，留给孩子时间进行反馈。妈妈用停顿的方式鼓励孩子说出下半句话，两人合作完成一个故事。)

孩子：黄色的，是黄色的。

孩子：柠檬都是黄色的吗？(说完停下来，没有说话，期待妈妈给出回应。)

妈妈：不一定，你还记得上一次妈妈给你做柠檬水，是不是还用过其他颜色的柠檬呀？

孩子：是的，绿色的。

妈妈：是的，所以柠檬还可能是绿色的。宝贝平时观察得很仔细，宝宝真棒！（妈妈结合孩子的经验，围绕主题，将故事拓展。）

妈妈：我们再一起看看下面会是什么吧。

孩子：好！

妈妈（和孩子一起翻页，并说）：原来，苹果才是红色的。

妈妈（接着翻页到一个橘色的空白页）：胡萝卜不是紫色的，那胡萝卜是什么颜色的呢？（这里出现重复的语句，妈妈鼓励孩子进行预测。）

从上面的案例中我们可以看到，妈妈与孩子共读的过程中：

- 鼓励孩子做出积极反应，鼓励孩子表达；
- 观察孩子的表情和肢体动作来判断他对故事的理解，并及时调整讲故事的语气和语调，或讲故事的方式；
- 当相同的语言表述结构出现不止一次时，会提前让孩子预测即将发生的事情；
- 协助孩子将主角发生的事件与平时的生活经验相联系。

那么，在这三种互动关系中，哪一种更加有利于儿童早期阅读能力的发展呢？研究表明，伙伴式的亲子互动关系中，家庭中的照养人能够给予儿童适宜的指导，这对儿童良好阅读习惯的形成、阅读兴趣的激发、阅读能力和认知能力的培养方面均具有促进作用（周兢，朱从梅，2006）。

（三）伙伴式共读的践行原则

了解了伙伴式共读这种互动关系的特点后，我们如何践行呢？践行陪伴式的亲子共读需要遵循三个原则。

原则一：以幼儿为中心，跟随幼儿的兴趣，并且和幼儿成为伙伴。

关于伙伴的含义，简单来讲，伙伴指双方在沟通过程中是一个轮流进行发问和回答的一个对等关系（李坤珊，2020），即使幼儿不会说话，伙伴在沟通的过程中也需要发问，且等待幼儿对问题做出自己特有的回应。例如，在和幼儿共读的过程中，当幼儿流露出疑问或者微笑的表情时，我们应该想一想：

- 他可能喜欢这一页的内容，想多看一会儿；
- 或者他想和我们分享他的感受；
- 又或者是幼儿有疑问，我们可能需要猜测幼儿存在疑问的地方。比如，如果有一只小熊与其他的小熊不一样，幼儿伸手去指，这时，我们可以停下来，说："这个小熊怎么和其他的小熊不一样呢?"然后引导幼儿思考,和幼儿一起给出可能的猜测。再比如,前面的合作式共读的案例里,当妈妈说出柠檬是黄色的时候,孩子问道:"柠檬都是黄色的吗?"显然孩子之前有别的经验,看到过不是黄色的柠檬,他想要从妈妈这里得到确认,等着妈妈来验证他的想法,他在等待妈妈回应。妈妈这时可以说:"不全是啊,我们还看到过其他颜色的柠檬。"当听到妈妈的回应后,孩子心中的疑问得到了回答。

以上这样的互动中,成人与幼儿之间的交流是有来有往,相互聆听并回应,互为倾听者和表达者的,可以促进幼儿对图画书内容的理解和大脑的发育,这就是回应式抚育学习。

对于0—3岁的婴幼儿来说,他们展示的方式更多是通过表情和动作等流露出来的,比较少是通过语言来展示的。因此,在和婴幼儿进行伙伴式共读时,成人需要多关注幼儿的反应,从倾听、观察和等待中理解幼儿的表情和动作等。当成人这样与幼儿互动时,自然就能跟随幼儿的兴趣,给出合适的回应。

原则二:给幼儿机会参与阅读

在伙伴式的共读过程中,成人的任务是给幼儿提供机会,即给幼儿机会去倾听、去猜想,去验证他的猜想,以及去表达;成人的任务还包含给幼儿鼓励,鼓励他们从书里面发现问题并找到解决问题的办法(李坤珊,2020),使幼儿在阅读时,大脑里有这样的想法:

- 哦,书里说的事情和我想的是一样的,为什么是一样的呢?
- 咦,书里说的事情和我想的是不一样的,为什么是不一样的呢?

原则三:等待、观察、跟随

为了让幼儿有足够的机会去思考和表达,成人应当通过等待、观察以及跟随(Hanen Early Language Program,2011;Girolametto et al.,1986),去发现并激发幼儿的兴趣,从而进行愉快地阅读。

(四) 伙伴式共读的践行方法

1. 如何践行"等待、观察、跟随"原则

伙伴式的亲子共读就是轮流倾听、轮流表达,形成发球—回球式的轮流交流的方式。那么我们如何践行这个原则呢?

成人要清楚地记得,语言最重要的功能就是沟通。在沟通中,等待、观察和跟随是非常重要的原则。在伙伴的关系里,成人的角色是鼓励和给幼儿很多很多的机会。成人的做法是轮流倾听,轮流表达,让亲子共读成为发球—回球式的亲子互动。

第一，在共读的过程中，成人应该有意识地停下来，给予幼儿足够的时间去思考和做出反应，这样才能实现伙伴式的共读，即和幼儿之间建立轮流交流的模式。如果成人还没有建立这样的习惯，那么成人可以在共读前提前看一下图画书，提前设定一些停下来等待的时刻。

第二，在共读的过程中，当我们停下来等待的时候，该观察或倾听些什么呢？我们可以：

- 观察幼儿的眼睛在看什么。比如，幼儿眼神停留较久的地方是他感兴趣的地方；幼儿可能会看向你，这表明他可能有想要分享或者想要向你确认的事情；幼儿可能已经不感兴趣了，那么他的眼睛会看向书本之外。

- 观察幼儿嘴角有没有动作。比如，幼儿可能在笑，说明幼儿正在享受阅读；幼儿的小嘴动了动，说明他可能想说点什么。

- 观察幼儿的动作。比如，幼儿的手指可能指向感兴趣的图画或者文字；幼儿可能会高兴得手舞足蹈等。

我们只有基于观察，才能判断幼儿是否对眼前的图画书仍然有兴趣，幼儿是否还能跟得上，是否理解得了，并且基于以上的观察及时调整讲故事的节奏、语气和内容。

第三，在观察和倾听后，成人应该如何回应？当幼儿表达想法或者提问以后，成人首先应该给予回应，回应就是对幼儿表达最好的鼓励。在进行回应时，对于不同年龄儿童的回应方式也应有所不同。

（1）如何回应年龄小的婴幼儿

在和年龄小的（通常1岁半以下）婴幼儿交谈时，成人经常需要自问自答（周兢，2016），因为很小的婴幼儿还不能自我表达，或者他此刻就是不想表达等。但是，即使他还不能表达，他也会努力去理解你说的话。比如，一起玩过家家的游戏时，你可以问他：你给妈妈吃的是什么呀？然后你可以自问自答：哦，你给妈妈做了好喝的汤，还有好吃的胡萝卜。

（2）如何回应年龄稍大的幼儿

对于大一点的幼儿，成人首先需要在幼儿做出动作和说出语言后，用丰富的语言来重复、补充、肯定或纠正。比如，当看到图画书里有一只小猫，你可以问他："这是什么呀？"然后不要说话，观察他，等待他来回答。幼儿可能会用动作模仿小猫洗脸，用声音模仿小猫叫，或者说出小猫的名字来回应你。对于幼儿给出的任何反应，我们都可以给出回应，比如，模仿幼儿的动作和叫声，再比如，重复说出："是的，是小猫，是一只漂亮的黄色的小猫。"

其次，反馈是有区别的。如果幼儿的问题用几句话就能说清楚，那么可以简单说出来。但是如果幼儿的问题需要比较长的解释，那么成人可以说"我知道你的问题了，等一下讲完我们来讨论"（周兢，2016）。这一点在进行集体阅读时需要格外注意。

当我们不急于给出答案，而是做到等待、观察与跟随，那么我们就能给予幼儿思考和表达的机会,我们也才能够更好地回应幼儿的兴趣和需求,我们也就能实现伙伴式的亲子共读,做到以幼儿为中心,和幼儿成为伙伴,并让幼儿觉得阅读是件有趣的事情。

2. 如何把握重复阅读同一本书时成人和幼儿的角色关系

如果你有和幼儿共读的经验,你可能会发现,幼儿经常喜欢反复地阅读同一个故事。首先,这个现象非常正常。而且,在不同遍数的阅读中,幼儿对故事的理解水平会有很大的差异。成人在这个过程中,关键在于要准确地把握第一次阅读和后续多次阅读中成人与幼儿角色的关系。

在第一次讲新的故事时,成人的作用是发起阅读和维持阅读。在这个过程中,切记不要过多提问,以免影响故事的连贯性和流畅性,影响幼儿对故事的理解(周兢,2016)。

在后续阅读同一个故事时,成人则应该更多地以幼儿主动发起为主,成人后退到配角的角色(周兢,2016)。成人可以根据幼儿的兴趣和幼儿提出的问题增加互动,帮助幼儿理解讲读书中的内容,并将这些内容尽可能地与幼儿自身的生活经验相连接,加深幼儿对故事的理解和印象。

二、理念:以儿童发展规律为基础

(一) 早期阅读为什么需要以儿童发展规律为基础?

我们在前面了解到,阅读是个体依靠头脑中的原有知识,积极主动地获取信息的过程,是从文字(图画)中构建意义的过程。而思考是一个将新的信息和内容,与自己长期记忆中的知识或经验用新的方法组合起来,形成新知识/经验的过程。因此,阅读对于儿童来说是一个思考的过程。

但是,认知学原理告诉我们:"人生来就有好奇心,但我们不是天生的思考者,除非我们的认知环境符合一定的要求,否则我们会尽可能地避免思考"。(威林厄姆,2010)

如果说我们不擅长思考,那么我们如何处理日常生活中的很多问题呢? 其实,在日常的生活中,我们更多是依靠记忆里面储存的程序和知识来完成任务。也就是说:"当我们能够侥幸地依靠大脑里已经有的经验和知识来完成一个任务时,我们就不去思考,反而依赖记忆,即我们大多数时候做的事情都是我们经常做的"。(威林厄姆,2010)总的来说,大脑有两种方式来避免个体进行思考:

- 一种是一些功能(如视觉和动作)的发挥不需要思考;
- 另一种是人们倾向于用记忆而不是思考指引行动。

尽管大脑不是为了高效率的思考(需要消耗能量)而存在的,但是人们其实喜欢进行智力活动。就如同有的大人喜欢玩填字游戏一样,儿童对一切新奇的东西一样充满好奇,他们想要了解那些他们不了解的东西，想要解决一些对他们来说有难度的问题。在阅读活动中，你同样会发现，儿童对于一些图像和文字会充满好奇，当他们好奇某个东西的时候，不仅愿意思考，还会有意识地寻找思考的机会。为什么是这样呢？这是因为，解决问题或者理解一个原本不懂的内容，会给自己带来极大的愉悦感，而且这种愉悦感来源于思考的过程。所以，如果儿童知道解决一个问题或理解一个新的东西能够带来愉悦感，那么他就会非常愿意投入精力去倾听、思考。

因此，人们天生好奇与人们避免思考并不矛盾——好奇心使得人们去寻找新的主意和问题，但是又会很迅速地分析解决问题需要多少脑力劳动，如果太多或者太少，在允许的情况下，人们就会停止努力。（威林厄姆，2010）

由此可见，保持好奇心的关键在于问题的困难程度，那么怎样的困难程度是合适的呢？教育学中经常提到的维果茨基（2003）的"最近发展区"的概念可以回答这个问题。通俗来讲就是"垫垫脚，够得着"。

"垫垫脚"是指我们思考的内容或者问题具有一定的挑战性。在跟儿童一起阅读的过程中你会发现，当儿童看图画书中某些他已经知道的内容的时候，他不会在那一页停留太久，但是如果图画书的内容是他没有见过的或者还没有理解的，他就会在那一页停留更长的时间。"够得着"则是指进行一定的思考，我们就能够理解或者解决感兴趣的问题，从而获得愉悦感和满足感。

因此，保持阅读兴趣的关键点是要基于儿童心理发展的规律，这样我们才能做出适合儿童年龄和发展水平的选择，让儿童垫垫脚，够得着。

（二）"适龄"的践行方法

要做到适龄，成人需要：

1. 了解儿童早期发展规律

为了使早期阅读的实践"适龄"，成人首先需要了解儿童生命早期的感知觉、语言能力、认知能力、运动能力、社会情感能力的发展与阅读发展特点的关系的内涵。

同时，成人需要理解儿童早期发展的"普遍规律"和"个体差异"。理解"普遍规律"是指了解大多数同年龄的孩子能够做到一些什么样的事情，成人基于此来判断自己的孩子处于一个什么样的水平，以此来制定短期的阅读目标；理解"个体差异"是指了解同龄的孩子之间不同能力的发展速度和水平具有很大的差异性，因此需要尽可能地根据孩子的发展速度来调整阅读活动的内容和方式以适应自己孩子的发展需求。

2. 选择适龄的图画书

在理解儿童发展规律的基础上，成人需要选择适龄的图画书。首先，适龄的图画书需要具有一定的挑战性,即儿童垫垫脚能够得着。如果书的内容越丰富,儿童理解内容需要一定的思考,那么儿童就会感受到挑战性,就越会更感兴趣。因为,没有挑战性的东西,儿童反而会生厌,正如大人也会生厌一样。其次,如果阅读的内容对儿童来说不熟悉,语言和结构非常高深,不在儿童的理解程度里面,那么他就会读不懂、不能掌握,就会逐渐失去对阅读的兴趣。因此,阅读材料需要分段分级,充分契合儿童身心发展规律,与儿童智力、情感和语言发展水平相适应。也只有适龄的书籍才能符合兴趣动机,其相关主题更能够接近儿童的生活,符合儿童的经验和需要,易于理解。

比如,《小声大声》这本书,是一本适合给 1 岁左右的幼儿阅读的"习惯养成"类的图画书,该内容与这个阶段幼儿的生活经验紧密联系。因为他在生活里,已经能明白什么是小声,什么是大声。所以在和成人共读时,他不仅深有体会,也能完全理解,还可以回忆自己什么时候会小声说话,什么时候会大声说话。这样的阅读就可以调动他脑袋里储存的个体经验,用来解释他现在看到的书里的内容。这样的内容是适龄的,因为这些内容来自儿童在生活中积累的经验,他能够对应生活理解书中的内容。

再比如,《雷欧玩滑梯》这本书。儿童都有玩滑梯、爬楼梯的经验,那么在看这本书的时候,他的身体会有感觉,因为有动作的记忆,他会回忆起玩滑梯、爬楼梯的动作以及从上面滑下来时的喜悦。如果成人选择这样的书籍,同时在共读时指着图片,将图片和儿童有关玩滑梯的记忆相联系,那么他会在这一页停留更久,有时候会"咯咯咯"地笑起来,这是为什么呢?因为成人从书里引发儿童回忆了真实的经验,唤出了儿童对真实经验的理解、感受以及认知。

所以,儿童的阅读不是机械性的,而是有很多过往的真实经验、认知和情感从大脑里涌现出来,帮助儿童理解他所看到的画面的。当阅读跟儿童的认知、感受以及情感息息相关时,儿童就会喜爱阅读。

因此,要想有好的阅读体验,我们需要有适龄的书,同时儿童早期真实的生活经验是非常重要的。因为这可以帮助儿童理解阅读,保持对阅读的乐趣。

3. 给予适龄的解释

在亲子共读时,如果遇到儿童不懂的内容,成人需要给予适龄的解释。成人要用儿童能够理解的语言,联系儿童的生活经验,带领他去理解新的内容,让他在阅读中感受到喜悦。

比如,《宝宝的肚脐在哪里》这本书,对 0—3 岁的婴幼儿来讲,发现自己身体的部位,是为了发展对自我的认知。在阅读这本书的时候,成人可以指一指书上的肚脐,然后拉着孩子的小手指一指他自己的肚脐,并解释说这就是肚脐。当一个具有生活经验、知道自己的肚脐在哪里的儿童看到这本书里的内容时,他就有了第一层的阅读理解:哦,这本书说的这个肚脐是我懂的,它说的是我身体的一个部位,是我的肚脐。

三、理念：促进早期读写能力发展的活动范围和形式是多样的

为了促进儿童早期读写能力的发展，家庭可以开展的活动范围和具体形式其实是十分宽泛的。例如，美国和英国很多图书馆和儿童早期教育机构提出了能够促进早期读写能力发展的五类活动建议，分别是说话、吟唱、共读、涂鸦和玩耍（Parlakian et al.，2008；Bellingham Public Library，2015）。

（一）说话的好处及践行方法

1. 说话的好处

多和孩子说话是你能和孩子做的最重要的促进其早期读写能力发展的事情之一。说话可以帮助儿童理解这个世界并积累词汇，儿童通过听大人说话和参与谈话来学习语言。当他们听口语时，他们可以学到：

- 字和词的发音；
- 词的含义；
- 如何将词语组合在一起来表达思想、信息和感受。

因此，和孩子说话能够促进儿童语言的发展，继而发展儿童阅读的能力。

2. 说话的践行方法

在生活和阅读中，成人可以参考以下做法来和孩子说话。

第一，成人可以通过随时随地和孩子说话，来谈论你所看到的以及正在做的事情，比如：

- 在你和孩子读图画书的时候，你可以谈论图画书中的角色形象、动作和状态。例如，《好饿的毛毛虫》这本书的开头讲了一只绿色的小毛毛虫（角色形象），它刚从蛋里爬出来（角色动作），它又小又饿（角色状态）。

- 在你和孩子玩游戏的时候，你可以和孩子说话。比如，如果你和孩子在玩过家家的游戏，你可以让孩子假装去开玩具的水龙头，此时，你可以问他，哪一边的开关是热水呀？当他用手指，或者说出相应的开关时，你可以假装打开水，并发出水流的"哗哗"声。

- 当你在做事情的时候，你也可以告诉孩子你在做什么。比如，如果你要给孩子端食物，你可以说："我现在要把盘子里的好吃的放到桌子上咯。"

- 在对话中，成人要有意识地多给孩子表达和说话的机会。比如，成人说话要留白，让孩子补充完成句子；鼓励孩子回忆和讲诉故事的内容等。

第二，经常问孩子问题。问问题也是很好的谈话。为了做到启发拓展式的提问，成人可以注意以下原则（周兢，2016）：

（1）根据发展情况，选择问题

在进行阅读时，对于低龄儿童，成人需要多问促进理解的问题。例如，图画是什么形象，主角在做什么等。对于年龄大一些的儿童，成人则需要增加思考性的、启发性的问题，鼓励儿童表达，让儿童从输入转变为输出。例如，为什么小熊会这么做呢？接下来还会发生什么呢？你觉得小熊的东西被抢了，它很难过，它该怎么办呢？

（2）少问封闭式问题，多问开放式问题

封闭式的问题通常是以"是不是？好不好？"为形式，儿童只需要回答是与否，或者重复故事的内容。而开放式的问题多以"猜一猜，这次是谁来了？假如……会怎么样？你看看这两个有什么区别？"为形式。开放式的问题更多地引发儿童去猜想，去对比，去联想。我们可以在阅读的谈话中有意识地多向儿童提问一些开放式的问题，促使儿童从阅读中构建意义。

（3）少问知识性的问题，多问经验性的问题（帮助儿童记忆深刻）

什么是知识性的问题呢？以《好饿的毛毛虫》为例，知识性问题可以是：这是什么颜色、毛毛虫吃了什么等。为什么建议少问知识性的问题呢？因为这种提问方式会把阅读变成看图说话，变成纯认知类的活动，更多地是检查儿童对阅读内容的理解，儿童对阅读的感觉更像是在考试，而不是享受阅读的乐趣。

我们可以提知识性的问题，不过需要转变提问的方式。一种好的转换知识性问题的提问方式是"留白"，即成人说出一个句子的一半，等待儿童补充句子剩余的部分。这样可以促进儿童的表达，使成人和儿童共同去完成一个故事。例如：你看，毛毛虫吃了一个……（留白，等孩子补充）。面向儿童的图画书中有许多语句都是重复性的，因而即使比较年幼的儿童，也能在多次阅读之后，记住这些重复的表达，继而说出下半句话。

什么又是经验性的问题呢？经验性的问题是指能够联系儿童亲身经验的问题。比如，当看到画面中的毛毛虫吃了苹果，成人可以引导儿童回忆："我们今天吃过苹果吗？""你的苹果是什么颜色的呀？"将图画或故事与生活相联系，能够帮助儿童更好地记住这些内容。之前我们讲过，3岁以前婴幼儿的记忆是以无意记忆为主，即没有明确或者刻意要求自己记住什么，但在这些过程中仍然会有人、事、物保存在大脑中。他们只记得那些让他们感兴趣的、好奇的、印象深刻的、能引起共鸣的事物，而且这些记忆占据了他们全部记忆的主要地位（周兢，2016）。因此，如果讲读过程中可以将图画书与儿童的生活经验密切联系，能够引起他们的共鸣，以及将儿童感兴趣的事物反映在图画书中，那么儿童就能够记住内容，这时阅读对儿童发展的影响也会越来越大。

（4）少问教育性的问题，多问情感性的问题

教育性问题通常是这样的：这样做对不对？你长大以后会不会这样做？

许多成人喜欢选择一些教育性很强的图画书,希望儿童在阅读后获得知识,明白一些道理。但是如果教育性问题不是儿童的切身体验,不是儿童的真实想法,那么在阅读这类图画书时提出教育性的问题其实对儿童的发展并没有太大作用,而且容易让儿童丧失兴趣。

要想产生教育效应,成人可以多问一些情感性的问题,就图画书中角色的感受、情绪和想法进行提问。比如,你觉得小猩猩现在的心情会怎么样?鼠小弟看到大象摘了一个苹果,他心里会怎么想?当成人这样提问时,儿童更能够联系自身的体会去了解故事中的教育意义。

(5)少给儿童提问题,多让儿童提问题。

随着儿童年龄的增加,我们可以把提问的主动权更多地交给儿童,鼓励他们去猜测、质疑、思考以及表达。当我们鼓励儿童去表达时,要注意耐心等待他表达完,而不是很快打断。这样儿童才有足够的时间去尝试表达,表达的自信心才不会被打击。在儿童表达结束后,成人也应该给出回应,比如,重复、补充、肯定或纠正儿童的表达,从而帮助儿童精准学习更多表达的词汇和句子。

对于儿童给出的任何反应或者提出的任何问题,成人也应该给予相应的回应,比如,模仿儿童的动作和叫声,再比如,重复儿童说的内容。当你的孩子发出声音时,如果你也用同样的声音回应他们,这会让他们很开心。因为他们能感觉到你在回应他们,你和他们在一起很开心。你还可以制造一些很傻的声音,让你的孩子听到不同的音量、音调和音高。当然在学孩子说话和制造搞笑声音之后,你还需要给予有实际意义的表达,以此促进孩子的语言发展。

（二）吟唱的好处及践行方法

1. 吟唱的好处

吟唱是儿童学习语言的一种自然而有趣的方式。当儿童吟唱有韵律的歌曲或童谣时,他们可以:

- 听到语言的不同部分,听到较小的声音单位和词语;
- 注意到语言的节奏和韵律。

此外,在阅读活动中,吟唱也是维持儿童注意力和兴趣的重要方式。因为婴幼儿能够专注图画书的时间有限,2岁以上的幼儿静态专注力最多维持7分钟,1岁前最多2分钟,所以给婴幼儿讲读的每个故事最好不超过10分钟,同时,成人可以在故事之间穿插歌谣和律动以维持儿童在阅读活动中的兴趣。

2. 吟唱的践行方法

- 我们可以更多关注与童谣、韵律和歌曲有关的图画书,储备自己的"歌曲和童谣库"。

- 挑选与故事内容或主题相关的童谣、歌谣和律动操,在讲读前后穿插进行。

- 当吟唱时,成人还可以跟着童谣和歌曲的节奏拍手,帮助儿童听到音节。

- 在日常活动(比如,换尿布、洗澡、喂奶等)中也可以加入吟唱的形式。还可以自己编一首关于自己家庭的常规或传统的歌曲或童谣,尽可能多吟唱,让它变得有趣。

(三)共读的好处和践行方法

1. 共读的好处

和儿童共读是帮助儿童爱上阅读和做好阅读准备的一个重要方法。和儿童共读可以:

- 提高他们的词汇量和理解力;

- 培养他们对阅读的热爱,并激励他们想要学习阅读;

- 展示书籍和书面语言是如何讲故事的,例如,故事有开头、中间和结尾等。

2. 共读的践行方法

成人需要运用各种活动让共读变得更加有趣。在共读中,你可以和孩子一起尝试以下活动:

- 分享你们喜欢的故事;

- 让你的孩子翻页;

- 幽默有趣的语言表达。比如,发出一些看起来傻傻的声音,做出夸张的表情和有趣的动作,语气语调要有变化;

- 用图片谈论故事中正在发生的事情;

- 为你的孩子准备大量的书,让他们可以接触和阅读。给年幼的孩子准备一些纸板书,这样他们的小手就能更容易地进行翻页,并建立良好的运动技能;

- 当你阅读时,谈论单词的意思。例如,当你读到膝盖摔破了,你可以问:"膝盖摔破了是什么意思?"等待孩子回答。对于还不会说话的孩子成人则需要自问自答。

- 让孩子复述一个故事或"读"图片给你听也是一个很好的阅读扩展的方式;

- 让阅读成为生活的一部分,不仅仅可以阅读图画书,生活中的路牌、广告牌等都可以进行阅读。

此外,理解故事是阅读的主要目的(National Research council,1998;Elish-Piper,2010),也是阅读的五项重要技能之一(Alonzo, Basaraba, Tindal & Carriveau, 2009)。因此,成人需要发展儿童进行预测、提问、解释、总结以及反思的能力,帮助儿童理解阅读内容。以下是阅读理解的策略(周兢,2014):

(1)猜一猜:结合原有的知识经验,利用线索预测故事(预测);

(2)问一问:就故事内容和不懂的字词/画提出质疑(质疑);

（3）找一找：故事中能直接找到解释（解释）；

（4）想一想：故事中不能找到解释，自己动脑筋（解释）；

（5）说一说：用自己的话讲述故事（总结，反思）。

（四）涂鸦的好处与实践方法

1. 涂鸦的好处

大概从 15 个月开始，幼儿就会涂鸦了。虽然可能是一些看不懂的线条和一团乱麻，但这是孩子最初的书面表达。涂鸦可以帮助 0—3 岁的婴幼儿学习如何用涂鸦来代表口语的表达。通过涂鸦和写字，幼儿可以：

- 加强手指肌肉锻炼，让手指变得强壮和协调，并足以拿起蜡笔。先是涂鸦，然后开始画画，最后进行书写；
- 发展手眼协调的能力；
- 建立印刷意义（即书本上的字是有意义的）的意识。

2. 涂鸦的践行方法

你可以和孩子一起尝试以下活动：

- 让你的孩子有机会捏和揉皱纸，帮助增强手指肌肉；
- 鼓励孩子涂鸦，和孩子一起画画；
- 用手指或棍子在沙子或泥土上留下痕迹；
- 鼓励孩子在画上签名，或在不同的部分贴上标签；
- 当孩子的词汇量增加时，成人可以帮助孩子把他说的故事画和写出来，以此来表明写作代表思想，单词是有意义的。

（五）玩耍的好处与践行方法

1. 玩耍的好处

玩耍是儿童的天性，儿童通过玩耍来认识和了解世界、学习读写能力。游戏是玩耍的重要形式。比如，想象游戏有助于儿童发展语言和叙事技能，可以帮助儿童把想法用语言表达出来，用象征性的方式思考。同时，游戏也能让儿童感到安全和快乐，可以帮助成人和儿童建立亲密关系和信任感。

当儿童玩耍时，他们：

- 通过想象游戏发展叙事技巧；
- 把真实的情景表演出来；
- 学习交流、合作、建设和更多。

2. 玩耍的践行方法

我们可以将图画书阅读与儿童的游戏结合起来，借游戏之名行阅读之事，以此培养儿童的阅读兴趣，养成儿童的阅读习惯。你可以和孩子一起尝试以下活动：

- 合理利用游戏书的游戏功能进行游戏和阅读理解。
- 给孩子提供和图画书有关的玩具，还可以使用日常用品——棍子、盒子或锅碗瓢盆，孩子可以用它们做很多事情。换言之，玩游戏时的玩具不需要太贵，可以是房间里的简单物品。
- 鼓励孩子把阅读内容以游戏形式表现出来，鼓励情节内容的再现和表现，以增进理解，加强记忆。例如，扮演书中的表情，做做书中的动作，说说书中的对话，玩玩书中的游戏，演演书中的故事。

第三节　养成阅读习惯的方法

我们在第一章中讲到，0—3岁婴幼儿阅读的核心目标是培养婴幼儿对阅读的兴趣和养成阅读习惯，要让阅读变成像吃饭睡觉一样自然的事情。那么如何做才能培养良好的阅读习惯呢？本节将介绍几种养成阅读习惯的方法。

第一，（时间）每天坚持阅读。对孩子来说，例行程序（routine）是养成阅读习惯的要点。我们都知道，为了养成吃饭、睡觉或者起床的习惯，我们总是在做这些事情之前做一些相同的例行程序。例如，每次睡觉前的例行程序是让家庭环境安静下来，可以听轻柔的音乐、洗澡等。同样，我们需要为每天的阅读制定一个例行程序。你可以根据自己的舒适度选择晚上睡觉前的时间或其他任何时间进行阅读。每一次阅读前都先做一些安静的活动，让孩子安静下来，然后再阅读图画书。从经验来讲，很多家庭都认为睡前是坚持阅读的黄金时间。

习惯的养成，贵在坚持。一些双职工家庭的父母可能有时感到难以坚持睡前阅读，但是如果父母转变认识，那么睡前十多分钟到半小时的阅读时间总是能够挤出来的。而且当你坚持一段时间后，你会发现，孩子会主动要求睡前阅读，并且这将成为你和孩子都非常喜欢的亲密时光。当然，其他的任何时间都可能让孩子养成阅读习惯，照养人需要为孩子养成阅读习惯制定一个例行程序。

第二，（地点）家庭要有专属的阅读空间。就如同我们在前面提到的，在家庭的某个光线良好、舒适安静的角落，成人定期在可以随时随地拿取的地方，摆上适合孩子月龄的图画书，让其成为一个极好的用来阅读的小天地。

第三,(人)家庭中谁都可以和孩子一起阅读。不管是爸爸妈妈、爷爷奶奶、外公外婆,都可以和孩子共读。重要的不是谁来共读,而是在孩子想要阅读的时候,有人陪伴,营造快乐的氛围。

第四,(人)做孩子的阅读典范。如果父母不喜欢读书,那么要让孩子读书就不容易。作为父母,在孩子面前阅读是我们的责任,这样就可以树立榜样让孩子来模仿学习。孩子们看到什么就做什么,家庭中良好的阅读习惯总是值得赞赏的。

第四章

分月龄早期阅读指导

通过第三章我们已经了解了践行早期阅读的三大方面——"阅读环境创设"、"亲子共读的三大理念和践行方法"以及"养成阅读习惯的方法"，但是很多读者对于具体如何实施早期阅读依旧存在一些疑问，主要聚焦于不同月龄段儿童的早期阅读是否存在明显的差异性。本章将介绍分月龄亲子共读和集体故事会的侧重点以及针对不同月龄段的早期阅读示例。需要说明的是，本章第一节共读示例统一采用"妈妈"的口吻进行描述，只是为了全文表述一致，不代表早期阅读这件事情只能妈妈做，而是任何人都可以。

第一节　分月龄亲子共读指导

一、0—6 月龄亲子共读指导

（一）共读的人选——母亲或者主要照养人

0—6 个月的早期共读中，母亲或者主要照养人是最合适的共读人选。

从出生至 3 个月，与陌生人的声音相比，婴儿更喜欢听母亲的声音或者主要照养人的声音，也更喜欢看这些人的脸，看到这些人时就高兴；4—6 个月时，婴儿开始认识亲近的人，见陌生人就哭，有明显的害怕、焦虑、哭闹等反应。因此，我们建议针对 0—6 月龄婴儿的亲子共读由婴儿的母亲或者主要照养人发起和完成。

（二）共读的姿势

出生至 3 个月（躺）：婴儿的头只能够从一边转向另一边。因此，该阶段共读的姿势可以有如下两种选择：

- 婴儿躺着、成人在旁边躺着；
- 婴儿斜躺在成人的胸前。

4—6 个月（趴/抱/靠）：婴儿能翻身，靠着东西坐或者部分婴儿能独坐。因此，该阶段共读的姿势可以选择：

- 成人与婴儿一起趴着；
- 成人抱着婴儿；

图 4-1-1　独自坐立的 6 个月婴儿[1]

---

① 照片由刘炜彤提供。

- 婴儿靠着东西坐，成人在旁边与之共读。该姿势下，成人需时刻注意婴儿，避免婴儿没坐稳导致磕碰或者受伤。

（三）图画书的选择

与 0—6 月龄的婴儿共读时，建议侧重选择：

- 嗅觉书。出生至 1 个月的新生儿就能分辨味道，喜欢甜味；对气味有感觉，当闻到难闻的气味时会转开头。

《来闻闻水果的味道》《来闻闻大自然的味道》

图 4-1-2

- 黑白硬纸卡片、人脸图画书和彩色图片。0—2 月龄的婴儿比较喜欢黑白或对比度高的图片，喜欢看中等复杂图案，也喜欢看人脸图，因此，可以为这个月龄段的婴儿选择《黑和白》《表情》或者《月亮，晚上好》等图画书。4—6 月龄的婴儿很喜欢看颜色鲜艳的东西，如红、黄、蓝的图片，因此也可以为该月龄段的婴儿提供色彩鲜明的图片。

《黑和白》

《表情》

《月亮，晚上好》

图 4-1-3

- 床挂书。对于还不能够稳坐的小月龄婴儿，我们建议将床挂书置于婴儿前面，略高于视线高度，同时鼓励婴儿抬起头、伸手拿它，比如，可以选择《叽叽叽，你好！》。这样不仅可以锻炼婴儿的追视能力，还能够引起婴儿对图画书的好奇心。不过，由于出生至1个月的新生儿的目光只能追随距离眼睛20厘米左右的物体，因此建议不要将床挂书挂得太高、太远。

《叽叽叽，你好！》

《笑脸》

图 4-1-4

- 方便啃、抓、拍、撕等的图画书。1岁前的婴儿，尤其是4个月左右的婴儿，主要通过啃、抓、拍、撕等动作对图画书进行摸索、摆弄和熟悉，将图画书当作玩具。因此，建议为这个阶段的婴儿提供具有以下特征的图画书：

-厚纸板书，可以防止图画书被撕烂咬破；

-圆角设计的图画书，保护婴儿不因图画书而受伤；

图 4-1-5　圆角设计的厚纸板书[1]

-触摸书、布书、塑料书等材质的书可以给婴儿提供丰富的触觉感受，例如，《翻一翻，哇》这本书，除了可以提供丰富的触觉刺激，里边还有小月龄婴儿特别喜欢的夸张的模仿拟声词，以及重复的拟声词，这可以为共读创造很多互动的机会，让共读活动变得很有趣。

需要特别提醒的是，0—3岁婴幼儿处于口欲期，希望通过嘴巴来探索和认识世界。因此，给儿童提供的任何图画书、玩具、玩偶或者其他材料，首要注意材质安全、健康环保、方便啃咬，同时做好消毒工作。

---

[1] 该图片由养育未来团队提供。

（四）共读的方式

总的来讲,亲子共读应该是随时随地、不限时间的,我们提倡将阅读变成像吃饭喝水那样日常的事情,成为儿童的习惯。为了使共读的效果更好,接下来将介绍与 0—6 月龄婴儿共读时可以选择的互动交流方式以及不能忽视的注意事项。

1. 互动交流

- 随时随地与婴儿说话。6 个月之前,由于婴儿的视觉较为模糊,主要是听觉感受式阅读,因此成人应随时随地与婴儿说话。通过说话可以帮助婴儿建立初步的生活经验,有利于婴儿将图画书中的图画符号与自己的生活经验进行联结,对应现实生活中的人、事、物,从而获得对图画书的更好理解。

- 唱歌。唱歌在儿童整个发展过程中都起到非常重要的作用,在婴儿醒着的任何时间都可以唱儿歌,同时可以在唱儿歌的时候,让婴儿的身体随着儿歌的节奏一起摆动,体会儿歌的节奏,加深对儿歌的印象。另外,由于出生至 1 个月的新生儿在听到轻音乐、人的说话声时就会安静下来,因此我们建议与婴儿共读图画书之前,可以有意识地先播放一些轻音乐,待其平静下来后再共读图画书。

- 模仿或重复婴儿的声音,但同时给出配有婴儿声音的回应和解读。比如,婴儿发出声音时,成人应该先是用同样的声音回应婴儿,然后尝试解读婴儿的声音,猜测婴儿是不是想要说话,同时用简单而明确的语言说出婴儿想要表达的意思。

- 和婴儿一起看图,当婴儿盯着看图中的某个事物时,指着它并谈论它(如图 4-1-6 所示),并尽可能提供相关的实物,加深婴儿对图画书和口语的理解。当婴儿盯着一个苹果看时,成人可以问他是不是很喜欢这个苹果,它是红色的、圆圆的,一定很好吃;成人还可以拿出一个真的苹果,让婴儿用手触摸,感知苹果的存在和形状等。

图 4-1-6　成人指着婴儿看的部分并谈论它[①]

- 当婴儿发出声音并"阅读"时,成人应给出及时而具体的鼓励,且尝试解读婴儿的意思,说出婴儿希望表达的意思,跟婴儿进行交流。

- 通过玩耍丰富互动交流。通过与婴儿开展一定的游戏活动,丰富和婴儿交流的语言

---

① 照片由养育未来团队提供。

类型，比如，在玩耍的过程中成人问婴儿"你是不是很开心呀，宝宝害怕吗"，而且可以将语言和动作或者发生的事情联系起来，来加深婴儿的理解。在儿童早期，我们还可以通过以下的玩耍活动与婴儿进行互动交流：

- 看镜子认识人脸和自己：在婴儿床上放一面对婴儿安全的镜子，以便婴儿可以看到自己，这个游戏同时也符合0—2个月婴儿喜欢看人脸的需求；
- 玩玩具或摇响器：在婴儿6个月时，将玩具或摇响器放到婴儿手中，并帮助他拿着；当他的玩具掉在地上，捡起来还给他。这个游戏可以帮助他了解原因和结果；
- "交互"游戏：当他笑时，你也笑，当他发出声音时，你模仿这些声音，而且正如前面提到的，成人不仅需要模仿这些声音，而且还要对婴儿的意思进行猜测和有意义的回应。

2. 注意事项

- 需要有开始和结束语。成人一开始和婴儿进行共读时，就需要有意识地告诉婴儿这本书叫什么，从书的封面开始，和婴儿一起共读整个内容，然后告诉婴儿这个故事结束了，让婴儿从阅读开始就知道一个完整的故事是有开始和结尾的，也可以让婴儿养成良好的阅读习惯。
- 朗读时声音要大、语速要慢、语调柔和、富有情感。
- 给婴儿安全的书让他们尽情地放嘴巴里"吃"，而不是阻止，当然成人要注意保证定期清洁这些书。

（五）儿童可能的表现

共读过程中，儿童可能通过一些表现来表明自己在享受阅读或者是有其他需求。比如，当0—6月龄的婴儿享受阅读时，可能会表现出：

- 抓握和咀嚼书籍；
- 平静地听着或看着；
- 睁大眼睛或微笑；
- 踢腿等。

当然，这个阶段的婴儿还可能出现其他表现，成人需要时刻关注婴儿的需求，根据不同情况进行不同处理：

- 如果发现婴儿移开视线了，那么他可能是对别的事物感兴趣了，建议成人讲读的同时，观察婴儿的状态来判断是哪种情况，如果婴儿希望和成人一起开展其他的活动，建议跟随婴儿的兴趣中断阅读；
- 如果婴儿弓起背了，那么也许是他的坐姿需要调整，但也可能是有其他需求；

- 如果遇到婴儿闭上眼睛不再看图画书了，那么也许是他开始困了；
- 如果婴儿看着看着就哭了，那么可能是饿了，可以先给他吃奶，吃完再观察他的状态是否适合继续阅读。

总之，我们建议按照总原则来应对共读过程中儿童出现的各种问题，即分析原因并满足儿童的第一需求，再观察是否适合继续阅读。

（六）阅读环境创设

该阶段的共读，不需要刻意创设一个阅读区域，只需要保证阅读时光线柔和不刺眼、周遭环境安静不喧闹、婴儿心情愉悦就可以。

（七）0—6月龄实操案例

小鸡球球触感玩具书之《翻一翻，哇！》

➢ 适用月龄段：0—6月龄

➢ 推荐原因：这是婴儿的第一本触感玩具书，通过翻一翻的设计，吸引婴儿的注意力，培养婴儿阅读的兴趣。此外，这套纸板书咬不坏、撕不烂，而且还设计了立体的折页，便于成人和婴儿讲读时候进行动手猜谜。

➢ 讲读目标

- 发展婴儿的感知觉能力。
- 认识动物：书中的动物通过折页的设计隐藏在卡片底下，通过翻卡片，可以让婴儿认识动物。
- 语言能力：全文通过一个不断重复的"哇"字和一些象声词，锻炼婴儿说话能力。
- 精细运动：通过卡片的翻一翻设计，可以锻炼婴儿手指精细运动能力。

➢ 讲读步骤

1. 妈妈让宝宝平躺着或者舒适地靠坐在自己怀里。妈妈拿起图画书，指着封面上的小鸡球球，声音放慢对宝宝说："宝宝，妈妈今天给你介绍一个新朋友，就是这只黄色的、毛茸茸的小鸡，它叫球球。我们一起来玩一个'翻一翻，哇'的游戏。咦，小鸡球球怎么一直在看四叶草呢？我们来翻一翻。"边说边拉起宝宝的手一起缓缓地翻一翻。翻开后，在第一时间指着画面上的七星瓢虫并提高嗓门说："哇！原来草下面藏着一只七星瓢虫。"说的同时望向宝宝，随时观察宝宝的状态。"我们跟着小鸡球球看看还有什么吧！"边说边翻页。

2. 翻页后，妈妈放低声音，指着红色玫瑰花说："沙沙沙，沙沙沙。小鸡球球看着这个红色玫瑰花说：'谁在那儿？'宝宝，是谁发出沙沙沙、沙沙沙的声音呢？"同时，妈妈望向宝宝。接着，一边说一边拉起宝宝的手共同翻一翻，翻页后，在第一时间指着画面上的蚂蚁并提高嗓门说："哇！原来是一只蚂蚁，它在花里边动啊动，动啊动，发出了沙沙沙的声音。"

3. 妈妈接着往下翻，提高声音，指着右边青菜说："咔嚓咔嚓，咔嚓咔嚓，小鸡球球伸长脖子往前看，'咦，谁在那儿？'宝宝，是谁发出咔嚓咔嚓、咔嚓咔嚓的声音呢？"望向宝宝说。接着，一边说一边拉起宝宝的手共同翻一翻："我们来翻一翻。"翻页后，在第一时间指着画面上的毛毛虫并提高嗓门说："哇！原来是一只绿绿的毛毛虫正在咔擦咔嚓地啃青菜呢。"

4. "小鸡球球继续往前走。"边说边翻页。翻页后，妈妈一边用手指指画面上的衣服，一边望向宝宝说："飘呀飘，飘呀飘，谁在那儿？"接着，一边说一边拉起宝宝的手共同翻一翻说："我们一起翻一翻。"翻页后，在第一时间指着画面上的蝴蝶并提高嗓门说："哇！原来是一只黄色的蝴蝶，它在呼扇着自己的翅膀飞呀飞。我们宝宝也飞一飞，呜……"妈妈可以边说边张开宝宝的胳膊假装飞呀飞，让宝宝更多地参与到共读中。

5. 接着翻页，妈妈一边用手指画面上的窗帘，一边对宝宝说："摆啊摆，摆啊摆。小鸡球球好奇地说，'谁在那儿？'这里还有一个尾巴呢！"妈妈说的同时望向宝宝。接着，一边说一边拉起宝宝的手共同翻一翻，翻页后，在第一时间指着画面上的小猫咪并提高嗓门说："哇！原来是一只小猫咪正在打呼噜。宝宝，猫咪正在睡觉，我们不要吵到它。"接着翻页。

6. 翻页后，妈妈对宝宝说："哗啦哗啦，嘎嘎！小鸡球球说，'谁在那儿？'"接着指着右边画面继续说："宝宝你看，这里是一大片黄色的向日葵，向日葵上还长着大大的绿色的叶子。咦，这是谁的大屁股？谁躲在了叶子下边呢？"妈妈望向宝宝说。接着妈妈和宝宝一起翻开叶子说："哇！原来是一只鸭子。嘎嘎嘎，嘎嘎嘎。"模仿鸭子的叫声，吸引宝宝的注意力。

7. 接着翻页，妈妈指着画面说："咦？小鸡球球不见了。它去哪儿了？宝宝，小鸡球球不见了，它在那儿吗？我们翻一翻。"拉着宝宝的手从左到右依次翻一翻，"噢，不是小鸡球球，这儿有一只屎壳郎。这儿也不是，是一只蜗牛。这个呢？我们再来看一看，哇！这儿有一只小鼹鼠。都不是小鸡球球，它去哪儿了呢？"

8. 接着翻页，妈妈指着画面对宝宝说："鸭子、小猫咪、蚂蚁、蜗牛、七星瓢虫、蝴蝶都来找小鸡球球了。呼噜，呼噜，呼噜，谁在打呼呢？宝宝我们来翻一翻。"边说边拉着宝宝的手一起翻一翻，"哈哈，原来小鸡球球在这儿呢！它实在太累了。宝宝，那我们也不要打扰小鸡球球了，和它说再见吧。再见，小鸡球球，明天见！"一边说，一边可以拉着宝宝的手挥一挥。

➢ 提示
- 讲故事时，语速要慢，读到动物不同的声音时要变换声音、拉长音调并重读。
- 要善于引导婴儿翻一翻，锻炼婴儿手指部位，让精细运动得到更好的发展。

➢ 延伸阅读
- 可以在晚上给婴儿讲这个故事，讲完故事后告诉婴儿，小鸡球球睡觉了，宝宝也应该睡觉了，让宝宝安然入睡。
- 如果是在白天讲故事，可以光线不太强的时候带宝宝在室外读，并尽可能联系室外的动物进行互动，比如，蚂蚁、蝴蝶等，将图画书与现实事物联系起来，帮助婴儿更好地理解图画书中的动物。

《黑和白》

➢ 适用月龄段：0—6 月龄

➢ 推荐原因：低幼婴儿比较喜欢黑白或对比度高的图片，本书通过黑色和白色鲜明的对比引起婴儿对事物的兴趣，同时让婴儿听到更多的事物名称和相关属性，增加婴儿对事物的认知。

➢ 讲读目标：通过简单明了的画面，可以帮助婴儿认知和分辨黑色和白色、大与小、相同与不同，各种事物的属性，发展婴儿的认知和逻辑思维。

➢ 讲读步骤

1. 妈妈让宝宝平躺着或者舒适地靠坐在自己怀里。妈妈拿起图画书，对宝宝说："宝宝，今天妈妈给你介绍很多不同种类的好朋友。"

2. 接着翻到第 2 和第 3 页，从左到右指着画面对宝宝说："它是小白豆，它是大黑豆，这个小白豆好小呀，黑豆好大呀。"接着翻页说："这里有好多豆子，它们都是豆子。不同大小的豆子。豆子都在说'我们是好朋友'。"妈妈切换一种声音，假装以豆子的口吻说，并望向宝宝。

3. 接着翻到第 6 和第 7 页，从左到右指着画面对宝宝说："它是小白扣，它是大黑扣，白扣子真的很小，黑扣子真的很大。"接着翻页说："它们都是扣子。扣子都在说'我们是好朋友'。"妈妈指着大黑扣，假装以大黑扣的口吻说。如果宝宝或者妈妈衣服上也有扣子，妈妈可以指着宝宝或者自己身上的扣子对宝宝说："我们身上也有扣子，宝宝摸一摸。"用宝宝的手摸一摸自己或者妈妈的扣子。

4. 接着翻到第 10 和第 11 页，从左到右指着画面对宝宝说："它是小白球，它是大黑球，小白球很小，黑球好大呀。"接着翻页说："这里有好多球，它们都是球。这些球都在说'我们是好朋友'。"妈妈切换一种声音,假装以球的口吻说。如果家里有球,妈妈也可以提前把球拿出来放在旁边,随时和宝宝进行互动。

5. 接着翻到第 14 页和第 15 页,从左到右指着画面对宝宝说:"它是小白鱼,吹着小泡泡,它是大黑鱼,吹着大泡泡,白鱼好小呀,黑鱼好大呀。"接着翻页说:"这里有好多鱼,它们都是鱼。这些鱼都在说'我们是好朋友,生活在水里,都会游啊游'。"妈妈边说,边用手握住宝宝的手做出游啊游的动作。

6. 接着翻到第 18 页和第 19 页,从左到右指着画面对宝宝说:"它是小白鸭,嘎嘎!它是大黑鸭,嘎嘎!白鸭子好小呀,黑鸭子好大呀。"妈妈以大小不一的音调模仿小鸭子和大鸭子的叫声,接着翻页说:"这里有好多鸭子,它们都是鸭。这些鸭子都在说'我们是好朋友,都有着扁扁的嘴巴'。"妈妈切换声音,假装以唐老鸭的口吻说。

7. 接着翻到第 22 页和第 23 页,从左到右指着画面对宝宝说:"它是小白狗,汪汪汪!它是大黑狗,汪汪汪!白狗好小呀,黑狗好大呀。"同样,妈妈以大小不一的音调模仿小狗和大狗的叫声,接着翻页说:"这里有好多狗呀,它们都是狗。他们都会汪汪汪,这些狗都在说'我们是好朋友'。"妈妈切换声音,假装以狗的口吻说。如果家里有小狗,妈妈也可以指着小狗对宝宝说:"我们家也有狗狗。"

8. 接着翻到第 26 页和第 27 页,从左到右指着画面对宝宝说:"它是小白牛,哞!它是大黑牛,哞!白牛好小呀,黑牛好大呀。"同样,妈妈以大小不一的音调模仿小牛和大牛的叫声,接着翻页,"宝宝看,这里有好多牛,哞哞!它们都是牛。这些牛都在说'我们是好朋友,我们都吃草'。"妈妈一边指指草,一边假装以牛的口吻说。

9. 接着翻到第 30 页和第 31 页,从左到右指着画面对宝宝说:"这边是各种肤色的小朋友,这边是各种肤色的大朋友。"接着翻页说:"他们都住在地球上,他们都是好朋友。"接着,妈妈也可以看向宝宝说:"宝宝是小朋友,妈妈是大朋友,我们也是好朋友。"

10. 最后翻到封面,指着小白兔和大黑兔对宝宝说:"这里也有一对好朋友,它是小白兔,它是大黑兔,它们都是兔子,都是爱吃胡萝卜的兔子。宝宝,今天的故事就讲到这里,我们和兔子说再见吧,再见!"握着宝宝的手挥一挥。

➢ 提示

● 讲故事时,一边读,一边要观察婴儿,声音要大,语速要慢。

● 每次说到"我们是好朋友"时,都可以切换不同声音,以吸引婴儿的注意力。

● 这个阶段婴儿的注意集中时间很短,不用非要一次给婴儿讲完整个故事,可以多次或者在婴儿感兴趣的时候再跟他一起看书。

《月亮,晚上好》

➤ 适用月龄段：0—6月龄

➤ 推荐原因：婴儿从出生就喜欢看人脸,喜欢看红、黄、蓝颜色鲜明的图片,还可以感受到妈妈的情绪变化。这本书故事中月亮的形象恰恰符合这个阶段婴儿的阅读需求,故事情节也很简单,起承转合得恰到好处,能够给几个月的婴儿带来强烈的情绪波动。

➤ 讲读目标：通过倾听和观察月亮在"出来—隐藏—出来"这个过程中的情绪变化,发展婴儿的观察能力和感受别人情绪的能力。

➤ 讲读步骤

1. 妈妈让宝宝平躺着或者舒适地靠坐在自己怀里。妈妈拿起图画书,指着封面上的月亮对宝宝说:"宝宝你看,这是月亮,它和你的脸一样。"这时妈妈可以用手指一指宝宝的脸,"都是圆圆的,不过它好像睡着了,你看,它的眼睛是闭着的。宝宝睡觉的时候,眼睛也是闭着的对不对?"这时妈妈可以用手指一指月亮的眼睛,等待宝宝的反应。"今天我们要讲一个月亮的故事。"

2. 翻到扉页,妈妈指着画面对宝宝说:"宝宝你看,左边这里有一只黑色的猫,右边有个房子,天黑了,房顶上也有一只猫,它在上面舒服地睡觉。其他人好像也睡觉了。"

3. 妈妈翻开第一页,指着画面对宝宝说:"现在晚上了,哎呀! 天好黑,好黑呦! 宝宝你看,这里有个房子,天黑之后房子的灯就亮起来了,像我们的房子一样亮。刚才的小猫也来找房顶上的小猫了,他们要一起玩耍吗? 我们一起来看看。"

4. 接着翻到下一页,妈妈对宝宝说:"咦? 怎么屋顶上也亮起来了?"妈妈一边说一边指给宝宝看看。接着翻页,指着月亮说:"哦,原来是月亮,一到晚上,它就出来了,而且特别亮。"妈妈接着翻页,指着画面说:"宝宝你看,月亮现在完全出来了,它睁开了自己大大的眼睛。让我们和月亮打个招呼吧,'月亮,晚上好'!"这时妈妈可以握着宝宝的手向月亮挥挥手。妈妈对宝宝说:"我们看这两只小猫也在房顶看月亮呢。"

5. 妈妈接着往下翻,妈妈对着宝宝说:"宝宝快看,来了一团黑黑的东西,宝宝知道这是什么吗?"妈妈等待宝宝的反应和回答。妈妈接着说:"是乌云,它要挡住月亮的脸了,不行,不行! 乌云,你别过来,别过来,月亮会哭的。""宝宝你看,月亮真的不高兴了,皱着眉头,委屈巴巴的,好像很不开心。"妈妈做出一个委屈的表情,给宝宝时间观察并体会月亮情绪的变化。指着小猫接着说："宝宝看这只小猫也好像很担心月亮。"

6. 妈妈接着往下翻页,指着乌云说:"宝宝看,乌云已经完全遮住了月亮,我们要对乌云说,'乌云,快走开,我们看不到月亮的脸了'。"妈妈可以握着宝宝的手做出赶乌云的样子。同时妈妈也可以告诉宝宝小猫的反应,小猫也想赶走乌云。

7. 妈妈接着边翻页边告诉宝宝:"宝宝你看,我们是不是又可以看见月亮了。乌云对我们说,'对不起,对不起,刚才我和月亮说了一句话,那么,我走喽,再见!'宝宝看这两只小猫是不是跟妈妈和宝宝一样呀,也在看着月亮和乌云。"

8. 妈妈翻到下一页,指着月亮并开心地告诉宝宝:"哇,太好了,月亮和妈妈一样笑了,还露出了自己的牙齿。我们再和它打个招呼吧!'圆圆的月亮晚上好,晚上好'。"妈妈同样可以握着宝宝的手向月亮挥挥手。

9. 妈妈翻到封底,指着封底对宝宝说:"哈哈,月亮太开心了,伸出舌头也跟我们打招呼呢!"妈妈再次翻到封面,告诉宝宝:"宝宝,这个故事就讲完啦,让我们和月亮说再见吧,'圆圆的月亮,再见'。"可以握着宝宝的手向月亮挥手再见。

➢ 提示

• 讲故事时,声音要大,语速要慢,讲的同时还要指认对应画面,一是确保婴儿能够清晰地听到并看到画面,二是帮助婴儿建立口头语言与画面的联系,促进婴儿对图画书内容的理解。

• 每次与婴儿互动的时候,要等待并观察婴儿,给他反应和思考的时间。

• 顺着婴儿的兴趣,婴儿看哪里就给他讲哪里。

• 翻到月亮的不同神情时,尽可能对着婴儿做出相应的神情。

• 这个阶段婴儿的注意集中时间很短,不用非要一次给婴儿讲完整个故事,可以多次或者在婴儿感兴趣的时候再跟他一起看书。

《摸一摸,软绵绵》

➢ 适用月龄段:0—6 月龄

• 推荐原因:该月龄段婴儿感知觉进一步发展,本书通过让婴儿触摸不同材质的物品,发展婴儿的认知能力,而且该年龄段的婴儿喜欢与成人玩"藏猫猫"的游戏,通过引导婴儿猜测可以锻炼婴儿的思维能力。

➢ 讲读目标

• 认知动物:通过藏猫猫的形式,引导婴儿去猜测和认知动物。

• 练习触觉:通过引导婴儿去摸不同的绒布、皮料、透明塑料细线等触摸材料,给予婴儿丰富的触觉感受,发展婴儿的感知觉能力。

> 讲读步骤

1. 妈妈让宝宝平躺着或者舒适地靠坐在自己怀里。妈妈拿起图画书,指着封面上的小鸡球球说:"宝宝,你还记得这只黄色的、毛茸茸的小鸡球球吗?"提问吸引宝宝的注意力。"小鸡球球它有着尖尖的嘴巴,黑色的眼睛,全身都是黄色的。今天我们要和小鸡球球玩一个'摸一摸,软绵绵'的游戏。摸一摸,软绵绵。"妈妈一边说一边握着宝宝的手摸一摸封面上的绒布花蕊,让宝宝感受这个游戏的玩法。

2. 妈妈翻开第一页,模仿小猫叫"喵—喵",接着指着小猫说:"宝宝,它软软的、胖乎乎的,还用爪子挡住了自己的眼睛,它是谁呢?"提问给宝宝思考的时间。妈妈接着边说边翻页,翻开的第一时间,提高嗓门说:"喵!哈,原来是小猫。宝宝,这是小猫的爪子,我们来摸一摸。"妈妈接着一边握着宝宝的手摸一摸猫的爪子,一边说:"摸一摸,软绵绵。"

3. 妈妈接着边翻页边说:"滑滑的、圆乎乎的,是什么? 宝宝,摸摸这里,是不是滑滑的、圆乎乎的,宝宝猜一猜是谁在草丛里呢?"妈妈握着宝宝的手摸小熊的鼻头,说:"滑滑的、圆乎乎的。"妈妈接着翻页,翻开的第一时间,提高嗓门说:"哦! 原来是小熊的鼻头。宝宝看,小熊的毛软绵绵,小熊的鼻头圆乎乎、滑溜溜。宝宝,我们再来摸一摸。"妈妈握着宝宝的手依次摸一摸小熊的毛和鼻头,边摸边说:"小熊的毛软软的,鼻子滑滑的、圆圆的。"

4. 接着翻页,妈妈对宝宝说:"'ou',小鸡球球抬头看到了什么呢? 它发出了吃惊的声音。宝宝你看,这里有一个长长的、皱巴巴的东西,你摸一摸,是什么呢?"鼓励宝宝自己摸一摸,或者帮助宝宝完成。"让我们拨开绿色的叶子看看吧。"边说边翻页,"呀,原来是大象在这里。大象有着长长的、皱巴巴的鼻子,宝宝摸一摸。长长的、皱巴巴的。"同样,妈妈边说边握着宝宝的手比划大象鼻子的长度和感受它的触感。

5. 接着翻页,妈妈对宝宝说:"咦,小鸡球球跑到谁的屁股上去了? 它的鬃毛好威风啊。宝宝你看,这个粗粗的、硬硬的,是什么呢? 你来摸一摸。"同样鼓励宝宝自己摸一摸,或者帮助宝宝完成。"这么硬,我们打开看看吧。"边说边翻页,翻开的第一时间,妈妈模仿狮子的叫声,并把嘴张大说:"'嗷呜'。哦,原来是一头狮子,粗粗的、硬硬的是狮子的胡子! 宝宝再来摸一摸,粗粗的,硬硬的。"再次边说边握着宝宝的手感受狮子的胡子。

6. 最后翻到封面,妈妈指着封面对宝宝说:"宝宝,这个故事讲完啦,它叫'摸一摸,软绵绵'。"边说边握着宝宝的手摸一摸封面上的绒布花蕊。

➢ 提示

● 讲故事时,要一边读一边手指画面,将语言与画面进行对应,声音要大,语速要慢。

● 可以握着婴儿的手去感受不同的触摸材料,发展婴儿的触觉。

二、7—18 月龄亲子共读指导

(一)共读的人选——熟悉的家庭成员

图 4-1-7　妈妈离开时表现不安的 12 个月婴儿①

在与 7—18 月龄婴幼儿的早期共读中,婴幼儿熟悉的家庭成员(相对陌生人)是最合适的共读人选。婴儿 9 个月时,他可能害怕陌生人,也可能缠着熟悉的成年人;婴儿 12 个月时,他会对陌生人感到害羞或紧张,妈妈或爸爸离开时也会哭;幼儿 18 个月时,在新的环境中他也会依赖照顾者,会对熟悉的人表达感情,父母在近旁时会独自探索。也就是说,由熟悉的人发起共读才会让该阶段的婴幼儿感觉到安全和放松。因此,我们建议针对该阶段婴幼儿的亲子共读由婴幼儿亲近而熟悉的家庭成员发起。

如果家庭中加入了新的照顾者,也没关系,不过需要给婴幼儿一些时间,以让他熟悉新的照顾者,父母和新的照顾者可以带上婴幼儿喜欢的玩具帮助他适应和安慰他。

(二)共读的姿势

7—12 月龄(抱/坐):此月龄段婴儿基本都可以独坐,可以不用支撑就坐好。因此,该阶段共读的姿势可以选择:

● 婴儿与成人并排坐着;

● 抱着婴儿坐在成人的腿上共读,该阶段婴儿喜欢被人抱着。

13—18 月龄(不限,舒适就可以):该阶段幼儿可以独自站立,甚至独立走路或者爬楼梯,因此,该阶段共读的姿势不做限制,以双方舒服的姿势就可以,可以是成人抱着幼儿,也可以是成人与幼儿并排坐着,甚至一起趴着共读。

---

① 该照片由刘韦彤提供。

 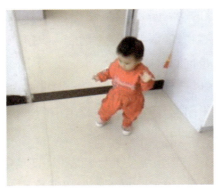 

图 4-1-8　自主坐立的 7—9 个月婴儿[1]　　图 4-1-9　蹒跚学步的 13 个月幼儿[2]　　图 4-1-10　手膝并用爬台阶的 18 个月幼儿[3]

（三）图画书的选择

0—6 月龄婴儿适合的图画书都适合此阶段的婴幼儿，除此之外，还可以选择：

- 体现因果关系（眼—手行为）的图画书：该阶段婴幼儿喜欢并能够理解基本逻辑关系的图画书，可以为其选择一些一按就发声的书、带有简单机械连接的书。

- 满足小手探索的图画书：随着视觉与触觉的发展，手部动作的进一步细化，6 月龄以后的婴幼儿对周围的环境和事物产生了好奇，什么都想玩一玩、摸一摸，可以在书上进行各种摸、抓、拍和按的"实验"，所以可以多选择一些触摸书、洞洞书、翻翻书、推拉书等，能够满足其探索的图画书，同时兼顾外形圆滑、容易翻动，且适合其小手翻阅的

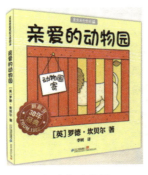 

《亲爱的动物园》　　　　　《洞洞翻翻纸板书》

图 4-1-11

---

① 该照片由刘韦彤提供。
② 该照片由刘韦彤提供。
③ 该照片由刘韦彤提供。

小开本图画书。如《亲爱的动物园》、《真好吃呀》这类图画书,活泼有趣的翻页设计不仅可以帮助婴幼儿认识事物,锻炼手指翻书的能力,还能够帮助他们建立对事物的认知,学习相关的形容词、量词和名词。

- 认知类图画书:该阶段婴幼儿开始理解语言的意义,认识了较多事物与动作的名称,家长可以选择一些认知类图书,使得婴幼儿将书中的事物与现实中的事物联系起来,认识更多的事物。

- 数数书、形状游戏图画书:该阶段婴幼儿已经表现出理解顺序和掌握数字的能力,形状知觉也进一步得到了发展,大部分可以识别出圆形、三角形以及正方形,所以可以考虑为该阶段婴幼儿提供数数书、形状游戏书。

《0—2岁宝宝早教撕不烂纸板书》

图4-1-12

- 藏猫猫类图画书:7—9个月的婴儿喜欢藏猫猫的游戏,所以可以提供一些藏猫猫的书,如《藏猫猫》。它不仅可以让成人和婴儿愉快互动,还能够锻炼婴儿的记忆力。

- 洗澡图画书：随着婴幼儿认知意识的提高，在给他们洗澡的过程中可以用洗澡书进行互动，这样不仅能够增加他们洗澡的乐趣，同时还能够创造温馨的亲子时刻。

《乔比玩水》《乔比去游泳》
《乔比去海边》《乔比洗澡》
图 4 - 1 - 13

- 互动性强的图画书：1 岁以后是幼儿的语言储备期，幼儿可以开始说出图片中熟悉的名字，所以可以为该阶段幼儿提供互动性强的图画书，给幼儿创造大量接触语言的机会，比如，提供像《从头动到脚》这样里边有幼儿熟悉的身体部位、故事情节相对简单的图画书。
- 习惯养成类图画书：可以提供一些与日常习惯相关的书籍，这类图画书不仅可以让该阶段幼儿学会相应的礼貌用语，还可以锻炼幼儿的语言能力。

《从头动到脚》
图 4 - 1 - 14

比如，佐佐木洋子的两套比较经典的图画书，一套是《小熊宝宝》系列，如下图（左）所示，它涵盖了各个维度的习惯养成图画书。例如：

- 发展社会性交往类的《打招呼》、《问好》、《交朋友》；
- 健康生活类的《刷牙》、《洗澡》、《上厕所》；
- 情感情绪管理类的《谁哭了》等。

另一套是《噼哩啪啦》系列，如下图（右）所示，包括《我要拉屁屁》、《我去刷牙》、《我要洗澡》、《你好》、《车来了》、《我喜欢游泳》、《草莓点心》。

这两套书的差异主要体现在后者是翻翻书，每页都是很厚的铜版纸，很有质感，不仅仅能够让大人讲孩子看，更能让孩子自己动手"玩"，根据翻页和不翻页，图案和内容也会随之改变，十分有趣。

《小熊宝宝》系列

《噼哩啪啦》系列

图 4 - 1 - 15

（四）共读的方式

1. 互动交流

18 个月是幼儿语言爆发期，成人需要抓住语言爆发期，对幼儿进行不断的刺激。另外，时刻需要记住，阅读的形式不只是读书，还可以每时每刻谈论看到的所有事物，且用准确的语言说出事物的名称，比如，台灯、桌子、床和铃铛等；还可以谈论你正在做的事情，例如，"妈妈正在用毛巾给你洗手，看看你的小手是不是很脏，如果很脏就会有很多的细菌，洗干净了就没有细菌了"。除此之外，你还可以通过以下方式与该阶段幼儿进行互动交流：

- 以幼儿所看到或者试图说的话，又或者以他指的东西为基础，提供辅助实物并加以具体地描述。以下面这本图画书为例，画面中出现了玉米和土豆，这时我们完全可以拿家里的玉米和土豆直观地给幼儿看让他说它的大小、形状、颜色、用途等。

  又比如，如果幼儿在注意观察卡车，或者试图对着卡车发出声音，你可以说："是的，那是一辆大的、蓝色的卡车，宝宝是不是很喜欢呀？"除此之外，10—12 个月的婴儿对书中的奶瓶、衣物、玩具、食物和人等熟悉的图像也特别感兴趣，所以你可以在每次喂奶、穿衣服时谈论这些物品，帮助婴儿建立生活经验，更好地帮助婴儿将图画书内容与婴儿的生活经验建立联结，加深婴儿对事物的理解和印象。

图4-1-16 图画书中物体的辅助实物示例

- 可以引导幼儿摸书、翻书、戳洞洞,锻炼幼儿手部精细动作的同时,还可以让幼儿进一步体会到图画书带来的快乐。9个月后的婴儿已经能主动地拿起图书,并能用手指点或拍打图书封面的图画,大多能将食指与拇指插入书页中,试着翻开书页;15个月开始,部分幼儿已经能用一只手按着书,另一只手翻页,部分幼儿则用双手的拇指和食指共同翻开书页。

图4-1-17 正在翻书的幼儿

- 提问。7—9个月的婴儿已经能够按照大人的指令用手指出常见物品,因此可以通过提问的方式引导婴儿指认画面中的某一物品,吸引婴儿关注图画书中的关键信息或细节。如果指认正确,成人应给予婴儿具体的鼓励,如果指认不正确,给出正确的示范。

- 使用简单的词谈论图画和故事。12—18个月的幼儿有意愿听成人讲解图画和故事,并能在成人的提示下对简单图片进行辨认和表达,因此,成人可以使用简单的词谈论图画书中的故事或者图片的画面,引导幼儿说话。比如,看到书上的苹果树,可以问幼儿树上有什么,如果幼儿回答苹果,表示肯定,说:"苹果树上有苹果,宝宝答对了。"然后可以继续问,苹果是什么颜色的,用同样的方法引导幼儿回答。

- 当观察到幼儿存在某种情绪时,成人需要说出幼儿的情绪,让幼儿明白此刻的自己是处于什么样的情绪当中,不管是开心还是难过。例如,在幼儿拉粑粑很难过时,成人可以说:"你现在哭了,是不是因为拉粑粑很难受呀,所以你很难过,没关系,妈妈帮你清理一下,你就会很舒服,不难过了。"这样可以让幼儿明白,原来自己现在是难过,而且是因为自己不舒服难过。

- 通过绘画与幼儿互动交流。我们可以给幼儿提供蜡笔和纸,先让他随意画画,之后向幼儿演示如何向上和向下划线并穿过整个页面,当他试图这样做时,给予表扬。

2. 注意事项

- 对幼儿不正当的行为做出反应,你需要坚决说"不",但注意不要吼叫、打屁股或长篇大论地解释,暂停30秒—1分钟这样可能有助于纠正幼儿的行为。同时,建议给幼儿很多拥抱、亲吻,并表扬他的良好行为(与纠正不好的行为相比,用4倍的时间鼓励好的行为)。

- 共读过程中,注意多变换声调和表情,以吸引幼儿的注意力,同时注意时刻践行"观察、等待、跟随"的原则,跟随幼儿的兴趣共读,使阅读这件事情充满快乐。

(五)儿童可能的表现

共读过程中,7—18月龄的婴幼儿可能会有以下表现:

- 继续偶尔用嘴巴吃书;

- 一直看或者要求成人讲他最喜欢的故事;

- 在共读时跑掉,这时不要认为他停止了对书的兴趣,成人需要继续讲述书中的内容,他会继续听,他可能会回来重新连接并听到更多。

(六)阅读环境创设

建议在该阶段开始为婴幼儿创设一个专属的阅读空间,比如,读书角或者阅读区,同时注意创设的环境要满足我们在第三章提到的一些条件,包括安全、舒适明亮、场所安静和固定、图画书的摆放可及、选择摆放的图画书适龄。另外,由于这个月龄段的婴幼儿已经可以熟练地爬甚至站立、直走,所以需要注意让婴幼儿在稳定而安全的区域内活动和探索,并让他/她逐渐意识到,一到这里就可以放心且愉快地开始玩耍和阅读了。

(七)7—12月龄实操案例

《蹦》

➢ 适用月龄段:7—12月龄

➢ 推荐原因:该绘本从头到尾重复"beng"这个音,符合该月龄段婴儿语言发展的需要,而且可以给婴儿带来愉悦感。同时,该绘本色彩明朗,可以配合蹦的动作,将书变成一个小游戏,一个拿手的小节目,和婴儿共同度过一段美妙的时光。

➢ 讲读目标

- 通过不断重复"beng",鼓励婴儿发出这个音,促进儿童语言能力的发展。

- 练习粗大运动:鼓励或者帮助婴儿跟着小动物们一起做蹦这个动作,让婴儿的粗大运动得到更好发展,并通过与成人的互动带给婴儿愉悦感。

- 也可以锻炼婴儿认知动物的能力。

➤ 讲读步骤

1. 妈妈可以和宝宝并排坐着,或者让宝宝舒适地靠坐在自己怀里。妈妈拿起图画书,指着封面上的标题说:"宝宝,今天我们来玩一个'蹦'的游戏,就像妈妈这样。"说的同时,妈妈给宝宝示范蹦的动作,调动宝宝对图画书的兴趣。接着说:"你看封面这里有一只小青蛙,'呱呱呱'地叫着,好像在嚷嚷'我要蹦,我要蹦!'我们打开看看还有谁在玩这个游戏吧,我们和它们一起蹦。"

2. 妈妈接着翻到扉页,指着画面上的青蛙对宝宝说:"小青蛙,呱呱呱,预备……蹦!"注意在说到蹦的时候再翻页。妈妈接着翻到第 3 页,指着画面说:"哇,小青蛙蹦得好高! 它伸直了自己的腿,白白的肚子也完全露了出来。"妈妈可以一边说一边把故事书拿高,给宝宝以视觉上的冲击。

3. "我们来看看还有谁在玩蹦的游戏。"妈妈边说边翻到第 5 页,指着画面上的猫咪对宝宝说:"咦,宝宝你看这是……"停留一点时间,给宝宝机会自己说出动物的名称,如果宝宝说得正确,妈妈需要具体地赞扬宝宝,如果宝宝不能说出,妈妈可以指着小猫说:"这是一只'喵—喵—喵'叫的小猫。小猫预备……蹦!"同样注意在说到蹦的时候再翻页。妈妈翻到第 7 页后指着画面说:"哇,小猫也蹦起来了。它的头向上仰着,蹦得好开心呀! 它还张开了自己的 4 条腿。宝宝,小猫尖尖的指甲好像也在努力伸展,你看到了吗?"鼓励宝宝指出或者说出。

4. 妈妈接着边说边翻到第 9 页:"我们再来看看它是……"同样停留一点时间,给宝宝机会自己说出动物的名称,如果宝宝说得正确,妈妈需要具体地赞扬宝宝,如果宝宝不能说出,妈妈可以指着小狗说:"它是'汪—汪—汪'叫的小狗。小狗预备……蹦!"同样注意在说到蹦的时候再翻页。妈妈翻到 11 页后指着画面说:"看,小狗蹦起来了对不对?"看向宝宝并等待宝宝的回答。接着指着画面说:"不过,小狗好像是第一次蹦,它受到了惊吓,立起了耳朵,眼睛和嘴巴都张得大大的,四肢也有些酸软。"这时家长可以边说边模仿小狗的状态。

5. 妈妈接着往下翻页,按照上面的方法讲读完整个故事,先通过留白或者提问的方式让宝宝回答每个动物的名称,每次等待宝宝的回答,如果宝宝不能回答,就告诉宝宝是什么,通过这样的方式,让宝宝逐步认知动物。接着说"××(动物名称)预备……蹦",同时注意说到蹦的那一下再翻页,翻页后开始描述每个动物是否蹦了起来以及蹦起来的状态。在这期间,妈妈可以适时地与宝宝进行互动,比如,询问宝宝动物是不是蹦了起来,或者让宝宝指出或者说出画面上的内容。

6. 最后妈妈把两个胳膊抬高,做出蹦的动作,妈妈鼓励宝宝一起做出蹦的动作,让宝宝体会其中的快乐。

➤ 提示

- 与婴儿共读图画书时,要注意声音宏亮,语速要慢!
- 婴儿认识世界的方式有别于幼儿,最大的特点是喜欢重复,反复阅读有助于帮助婴儿建构起自己的理解。
- 讲读时,语言、表情和动作都要夸张,这样有助于婴儿模仿家长发音和做出相同的动作。
- 反复讲一个故事,是符合婴儿需求的正常现象,不仅需要爱心,还需要耐心!

《脸,脸,各种各样的脸》

➤ 适用月龄段:7—12 月龄

➤ 推荐原因:婴儿从观察人的脸庞开始认识世界,喜欢人脸图形,而且 7 个月大的婴儿越来越擅长识别大人的面孔和表情,到 9 个月时,婴儿的社交能力和社会情绪也开始发展。该绘本有利于婴儿识别脸部的各种情绪变化,促进其社会交往技能的发展。

➤ 讲读目标

- 帮助婴儿认识眼睛、鼻子、嘴巴等五官。
- 通过脸的轮廓、眼睛、鼻子、嘴巴的线条和位置的改变,发展婴儿观察脸部表情变化的能力。
- 通过表情和动作的互动,使成人与婴儿在亲子共读的过程中感受快乐,促进亲子关系,加强心灵沟通。

➤ 讲读步骤

1. 妈妈可以和宝宝并排坐着,或者让宝宝舒适地靠坐在自己怀里。妈妈拿起图画书,指着封面说:"宝宝,今天我们来逛一个主题是脸的博物馆,这个博物馆里收藏了各种各样的脸。你看这里就有一张圆圆的、微笑的脸。"妈妈可以边说边握住宝宝的小手画出封面上脸和嘴巴的轮廓。接着边翻页边说:"宝宝,我们开始逛脸的博物馆啦!"

2. 妈妈翻到正文第一页,从左到右指着相应画面对宝宝说:"这是一张脸,脸上有两只眼睛。宝宝的眼睛在哪里呢?"鼓励宝宝指出或说出自己的眼睛,如果宝宝回答正确,需要及时具体地肯定宝宝,如果宝宝回答不上来,可以放慢语速耐心地指着宝宝和自己的眼睛说:"宝宝的眼睛在这里,妈妈的眼睛在这里。"家长接着翻页,拉着宝宝的小手指着画面说:"脸上有一个鼻子,还有一张可以吃饭的嘴。"家长可以边说边问一问或者让宝宝指一指自己的鼻子和嘴巴。

3. 妈妈接着翻页,指着左边页面,笑眯眯地对宝宝说:"宝宝,每张脸都有不同的表情。你看,这张是开心的脸。开心时,嘴巴是弯弯的、张得大大的,就像这样,弯弯的,大大的。"妈妈边说边表现出开心的表情,并拉着宝宝的手指出自己嘴巴的轮廓。

4. 妈妈接着指着右边页面,嘴角朝下、用低沉的声音对宝宝说:"这张是伤心的脸。伤心时,嘴角是向下的,就像这样。"妈妈边说边表现出伤心的表情,并拉着宝宝的手描绘出自己向下的嘴巴的轮廓。

5. 妈妈接着翻页,指着左边页面,咧开嘴巴对宝宝说:"哈哈哈,这张是笑的脸。宝宝你看,笑的时候,不仅嘴巴是弯弯的,眉毛也是弯弯的!"接着指着右边页面,嘴巴朝下、佯装伤心地对宝宝说:"这张是哭的脸。宝宝你看到眼泪了吗?"鼓励宝宝指一指或者说一说,不管宝宝是否回应,妈妈都可以指着眼泪说:"他哭得好伤心呀,我们快安慰安慰他,乖,不哭了,不哭了。"妈妈可以边说边握着宝宝的手摸一摸哭脸的头。

6. 妈妈接着翻页,指着左边页面,瞪大眼睛、咬紧牙关对宝宝说:"这张是生气的脸。宝宝你看,生气时,眼睛瞪得特别大,好像嘴巴里边的牙齿也在用力,像这样。"妈妈边说边做出相应的表情,给宝宝机会观察脸部变化。

7. 妈妈接着翻页,指着右边页面,安静地对宝宝说:"这张是睡着的脸。睡着时,眼睛是闭着的,非常安静的,就像这样。"妈妈可以边说边闭上眼睛模仿睡着的样子。"宝宝睡着也是这样对不对?"询问并等待宝宝的回应,给宝宝观察脸的时间。接着妈妈边翻页边说:"他睡着了,我们不打扰他了,去看看下一个是什么样的脸吧。"

8. 翻页后,妈妈指着左右画面,稍微提高音调、加粗声音并神气地对宝宝说:"这张是威风的脸。咦,宝宝你看这张威风的脸是什么颜色呀?"观察并等待宝宝的回应,如果宝宝不回应或者回答不上来,妈妈可以说:"像巧克力的颜色对不对?"望向宝宝耐心地说。

9. 妈妈接着指着右边页面,妈妈嘴角向下、皱着眉头对宝宝说:"宝宝再看,这是一张苦恼的脸。苦恼时,眉毛会像这样皱下来,像八字形。"妈妈可以边说边拉着宝宝的手在画面上比划眉毛的样子。

10. 妈妈接着翻页,指着左边页面,甜甜地对宝宝说:"这是一张甜蜜蜜的脸。眉毛弯弯、眼睛弯弯,嘴巴也弯弯,这表示他现在特别开心、幸福。"一边耐心地说,一边做出甜蜜的表情。接着问宝宝:"宝宝和妈妈一起读绘本就很甜蜜,对不对?"观察并等待宝宝的回应。

11. 妈妈接着指着右边页面，伸出舌头、稍带吸气地对宝宝说："嘶—嘶—嘶，嘶—嘶—嘶，这是一张被辣到的脸。宝宝你看，他被辣得眼睛睁不开，鼻子都是歪扭的，舌头也变得特别特别红。"妈妈边说边握住宝宝的小手指认画面的相应五官，这个过程中也可以鼓励宝宝指出并说出自己的舌头。

12. 妈妈接着翻页，指着左边页面，嘴角稍斜、有点使坏地对宝宝说："这是一张调皮捣蛋的脸。他的眼睛在忽左忽右地看，好像是在想什么坏主意。宝宝，这张脸像不像家里的土豆呀？"观察并等待宝宝的回应，如果宝宝不回应或者回答不上来，妈妈可以说："哈哈，家里的土豆和这张脸是同样的颜色。"妈妈俏皮地望向宝宝或者拿出家里的土豆放到这张画面上形成对比，让宝宝观察。妈妈接着指着右边画面，表情没有特别起伏、严肃地对宝宝说："这是一本正经的脸。宝宝你看，这张脸的头像不像一颗鸡蛋？"一边说一边拉着宝宝的手画出画面的头部轮廓。

13. 妈妈接着翻页，指着左边画面，嘴角弯弯地、眯着眼睛对宝宝说："这是一张笑眯眯的脸。宝宝，我们也来笑眯眯。"妈妈鼓励宝宝一起做出笑眯眯的表情。

14. 接着指着右边页面，对宝宝说："宝宝，博物馆要逛完啦，最后是一张说再见的脸。宝宝，让我们也和他说再见吧，再见！"妈妈这时可以鼓励宝宝说再见，并握着宝宝的手摆一摆，做出再见的样子。

15. 妈妈最后翻到封底，对宝宝说："宝宝，你看这个是笑脸吗？"先观察宝宝的反应，如果宝宝回答正确，及时地肯定宝宝，如果宝宝回答不上来，再说出正确的答案，"这不是笑的脸，这是一张生气的脸，你看他气得牙齿咬得紧紧的，这才是笑的脸呢！"妈妈边说边再次翻到封面。

➢ 提示

● 讲故事时，要变换声调、表情尽量夸张，吸引婴儿集中注意力。

● 讲故事时，要观察婴儿的目光。当婴儿注视画面某个事物时，可以主动说出书中的事物或者做出书上的动作，帮婴儿建立语言与事物的联系。比如，当婴儿在看画面上的鼻子时，可以说"鼻子"，然后再握住婴儿的小手指放在他的鼻子上说"鼻子"。

● 讲故事时，可以对应语言捏捏婴儿的鼻子、小嘴或者模仿他的表情，让亲子关系更加亲密。

《真好吃呀！》

➢ 适用月龄段：7—12月龄

➢ 推荐原因：这是一本由创作大师打造的奇妙洞洞启蒙纸板书，反复翻看撕不烂，贴心圆角设计，安全放心；婴儿通过奇趣洞洞可以动手摸一摸、找一找，促进精细动作、手眼协调发展,培养婴儿想象力、视知觉认知能力以及审美能力。

> 讲读目标

- 认识食物和动物。
- 练习说话:本书的设计主要通过不断重复的"真好吃呀",让婴儿学习说话。
- 练习精细运动:每一个奇趣洞洞,需要成人指引婴儿动手摸一摸,锻炼婴儿手指部位,让精细运动得到更好的发展。

> 讲读步骤

1. 妈妈可以和宝宝并排坐,或者让宝宝舒适地靠坐在自己怀里。妈妈拿起图画书,指着封面对宝宝说:"宝宝,今天我们来讲《真好吃呀!》这本故事书,你看,这是一只黄色的猫咪,它张大了自己的嘴巴。"妈妈可以边说边用手指画出猫咪嘴巴的轮廓,接着说,"宝宝的嘴巴在哪里呢?"等待宝宝指出自己的嘴巴,如果宝宝不能指出,妈妈要指着宝宝的嘴巴说:"这是宝宝的嘴巴。"也可以告诉宝宝"这是妈妈的嘴巴"。接着说:"猫咪张开嘴巴是准备吃什么呢? 让我们来看看里面还有什么小动物,他们都喜欢吃什么吧!"

2. 妈妈翻到下一页,指着右边的画面对宝宝说:"猫咪喜欢吃鱼,小鱼生活在水里,就像这条。真好吃呀!"妈妈可以边说边用第一页盖住第二页,接着说:"宝宝看,猫咪把鱼吃到嘴里了,喵喵喵,吃得真香呀!"妈妈这时可以边说边拉着宝宝的小手指一指猫咪嘴巴中的鱼。

3. 妈妈接着往下翻页,指着左边画面中的奶酪对宝宝说:"宝宝看这是什么?"等待宝宝的回答,如果宝宝不能回答,告诉宝宝:"这是奶酪,可以吃的奶酪。"妈妈再指着右边的老鼠,同样问宝宝:"宝宝知道这是什么吗?"等待宝宝的回答,如果宝宝不能回答,告诉宝宝:"这是老鼠,老鼠喜欢吃黄黄的奶酪。宝宝你看,这只紫色的老鼠张大了嘴巴,已经准备好吃奶酪了。"接着往下翻页说:"啊,奶酪终于吃进嘴里了,老鼠好开心呀,还说'请多来点吧! 真好吃呀'。"妈妈可以边说边拉着宝宝的小手画一画老鼠嘴巴的轮廓,并指一指嘴巴中的奶酪。

4. 妈妈接着往下翻页,指着左边画面中的胡萝卜对宝宝说:"宝宝看这是什么?"等待宝宝的回答,如果不能回答,告诉宝宝:"这是胡萝卜,好吃的胡萝卜。"妈妈再指着右边的兔子,同样问宝宝:"宝宝知道这是什么吗?"等待宝宝的回答,如果不能回答,告诉宝宝:"这是兔子,兔子爱吃硬硬的胡萝卜。你看兔子已经露出自己的门牙准备吃啦。"妈妈可以边说边拉着宝宝的小手摸一摸兔子的门牙。

5. 妈妈往下翻页,指着兔子嘴巴中的胡萝卜说:"嘎嘣,嘎嘣。嚼呀,嚼呀。真好吃呀!"妈妈可以边说边表现出满足的表情。

6. 妈妈接着往下翻页,按照上面的方法讲读完整个故事,先问一问宝宝每个食物是什么,每次等待宝宝的回答,如果宝宝不能回答,然后告诉宝宝是什么,接着问一问宝宝这是什么动物,这个动物爱吃什么。通过这样的"问一问",让宝宝逐步建立常识,丰富宝宝的认知。然后用动物盖住食物,表示动物吃了那个食物,让宝宝在动作中感受动物的这种习性。

➤ 提示

● 讲故事时,语速要慢,读到"真好吃呀"的声音时要拉长音调并重读。

● 每次提出问题的时候,需要等待婴儿的反应和回答,并且给出正确的答案。

● 要主动引导婴儿去指一指、摸一摸画面中的洞洞。

➤ 延伸阅读

● 可以在吃饭前给婴儿讲这个故事,引发婴儿吃东西的欲望。

● 讲故事前,可以准备图画书中提到的食物,以便婴儿建立自己的生活经验或者联系生活实际,感知真实存在的事物。

《亲爱的动物园》

➤ 适用月龄段:7—12 月龄

➤ 推荐原因:该绘本以翻翻书的形式,顺应了该月龄段婴儿精细运动发展的特征,可以锻炼婴儿手指翻书的能力。

➤ 讲读目标:通过了解每种动物的特点和一些习性,丰富婴儿的认知能力和思维能力。

➤ 讲读步骤

1. 妈妈让宝宝平躺着或者舒适地靠坐在自己怀里。妈妈拿起图画书,指着封面说:"宝宝,我们今天来讲动物园的故事。我们看看动物园里都有什么动物。"

2. 妈妈翻页指着画面给宝宝说:"我给动物园写信了,请他们送给我们一只宠物,他们会送什么呢? 我们快去看看吧。"妈妈握着宝宝的手翻开黄色的卡片,对宝宝说:"哇,原来是一头大象!"妈妈指着大象说:"大象有着长长的鼻子,两个像扇子一样的耳朵,四个像柱子一样的大粗腿。大象真的很大,也特别重,他太大了,我把他退了回去。"妈妈握着宝宝的手和宝宝一边念"他太大了! 我把他退了回去",一边合上黄色的卡片。妈妈看着宝宝再次示意合上黄色卡片:"他太大了,我把他退了回去了。我们看看还有什么动物呢?"

3. 妈妈翻页,指着绿色的箱子说:"宝宝看,这里有个头,宝宝知道他是什么吗?"妈妈边说边拉着宝宝的手一起翻开卡片,妈妈指着长颈鹿说:"哦,原来是高高的长颈鹿。宝宝看,长颈鹿的脖子好长呀。"一边合上黄色的卡片,一边对宝宝讲:"他可真是太高了，我们家都放不下他，我们把他退回去吧。"做出嫌弃的表情。

4. 妈妈翻页，指着红色的箱子说："动物园又送给我们一只宠物，还提醒我们这个动物'危险！'，我们来悄悄地翻一翻，看看他是谁吧。"妈妈边说边拉着宝宝的手一起翻。翻开后，指着狮子说："哇，原来是一头狮子，他好威风呀，圆圆的脑袋上边长着长长的、深棕色的鬃毛，'啊哦'！"妈妈发出'啊哦'的声音并表现出凶恶的表情，一边合上红色的卡片，一边说："哎呀，他太凶了，宝宝，我们快把他也退回去吧。"

5. 妈妈翻页，指着画面说："宝宝你看，动物园又送来一只动物。"妈妈边说边拉着宝宝的手一起打开，指着图片说："哦，快看，这次竟然是一头骆驼，他一般都生活在沙漠，竟然出现在这里，背也都是拱起来的，像这样。"边说边比划画面。妈妈一边合上右边蓝色的卡片，一边说，"不过，这只骆驼好高傲呀，你看，他把自己的头抬得高高的，还闭着眼睛，一点都不想理我们，脾气真是太坏了，我们把他也退回去吧。"

6. 妈妈接着往下翻页，按照上面的方法讲读完整个故事，先和宝宝一起翻页了解每个动物，告诉宝宝每个动物是什么，并描述每个动物的特点和习性，每次描述的时候比画着对应画面。通过这样的"描述＋比画"，可以让宝宝清晰地看到画面，并对口头语言和画面进行很好的对应，促进宝宝对画面内容的理解。接着一边合页，一边说出把动物退回去的原因，并可以适时地匹配相应的声音，让宝宝从妈妈的语言、表情还有动作中来认知动物并发挥丰富的想象力。

➢ 提示

- 讲故事时，声音要大，语速要慢。
- 要一边读一边手指画面，将语言与画面进行对应。
- 可以扮演动物的声音，通过巧妙地变换声音来吸引婴儿的注意力。
- 要鼓励婴儿动手翻一翻，锻炼他的手部精细动作。
- 也可以鼓励婴儿说一说，刺激婴儿说话的欲望。

（八）13—18月龄实操案例

《抱抱》

➢ 适用月龄段：13—18月龄
➢ 推荐原因：这个绘本全文只有三句话："抱抱"、"宝宝"、"妈妈"，生动的画面向读者展示了独自在树林里玩耍的小猩猩看到其他动物亲子相互拥抱也想要找妈妈"抱抱"的故事。情节简单、温馨洋溢、感染力十足，能够创造很多肢体接触的机会，让幼儿感受到妈妈的爱，建立安全感。

➢ 讲读目标

● 体验小猩猩找妈妈过程中情绪的变化。

● 增进幼儿对亲人和朋友的情感,回忆和自己喜欢的人抱抱的愉悦感受!

● 锻炼幼儿说"抱抱、宝宝、妈妈"等的语言能力。

➢ 讲读步骤

1. 妈妈和宝宝选择舒适的姿势就可以。妈妈拿起图画书,指着封面上的图说:"宝宝,我们今天来玩一个《抱抱》的游戏,就像猩猩妈妈和猩猩宝宝这样,抱一抱。"边说边抱抱宝宝。妈妈接着指着画面上的猩猩说:"宝宝,你看这是谁呀? 它有个好听的名字,叫啵啵。我们跟啵啵打个招呼吧,啵啵你好!"妈妈一边说,一边带着宝宝跟啵啵挥挥小手打招呼。

2. 妈妈翻开第一页对宝宝说:"啵啵一个人在玩,妈妈不见了。"接着翻到下一页,啵啵看到大象妈妈和小象宝宝头靠头,抱在了一起,说'抱抱',它继续往前走。"

3. 妈妈翻到下一页,继续说:"啵啵走啊走,不一会儿就遇到了壁虎和蛇。它发现不管是小壁虎还是小蛇,它们都在和自己的妈妈抱抱,但啵啵没有,啵啵想我也要抱抱。宝宝,它想谁了呀?"提问引发宝宝思考,并等待宝宝表达,如果宝宝回答不上来,可以告诉宝宝是妈妈。

4. 接着翻页,妈妈指着画面对宝宝说:"大象、壁虎和蛇都在看啵啵,它们发现啵啵非常失落,想找自己的妈妈。"

5. 接着往下翻页,妈妈指着画面对宝宝说:"大象用自己长长的鼻子托起了啵啵,啵啵嘴里一直在喊'抱抱'。大象妈妈和宝宝带着啵啵去找妈妈,找到妈妈就可以抱抱了,大象妈妈让啵啵坐在自己的头上,一起去找妈妈。"

6. 接着翻页,妈妈说:"啵啵看到小豹子们也在和豹子妈妈抱抱! 啵啵控制不住说'抱抱'。"妈妈要用失落的声音说出抱抱。接着翻页,妈妈指着画面说:"它们继续往前走,啵啵看到长颈鹿宝宝也在和妈妈抱抱。"继续翻页说:"再往前走,啵啵又看到河马宝宝和妈妈在抱抱。啵啵嘴里一直喊着'抱抱',豹子,长颈鹿、蛇和壁虎都在看着可怜的啵啵。"

7. 接着翻页,妈妈对宝宝说:"啵啵开始大声喊'抱抱'。其他所有的动物都看着啵啵,觉得啵啵好可怜。"妈妈继续说:"宝宝觉得啵啵可怜吗?"等待宝宝的反应和回答。

8. 接着翻页,妈妈指着啵啵说:"啵啵越哭越伤心,一直哭个不停。嘴里还在说'抱抱'。动物们最后决定一起帮助啵啵找妈妈,大声喊着'啵啵妈妈,啵啵妈妈'。"妈妈提高嗓门说。

9. 接着翻页，妈妈指着画面说："很快，啵啵妈妈听见了呼喊自己的声音，飞一样地跑过来，大声喊着'宝宝'！"妈妈可以表情夸张一些，伸出胳膊温柔地抱抱宝宝。接着说："啵啵也开心地跑向妈妈，嘴里喊着'妈妈、妈妈'！"

10. 接着翻页，告诉宝宝："宝宝你看，找到妈妈后，啵啵又回去抱了抱谁呀？"鼓励宝宝观察画面，并让宝宝指出或者说出大象妈妈，不管宝宝回应正确与否，妈妈都接着说："对，啵啵抱了抱大象妈妈，它在感谢大象妈妈帮助自己找到了妈妈。"

11. 翻到最后一页，妈妈说："啵啵妈妈也很开心，它也向动物们说'谢谢大家，谢谢大家帮助啵啵找到了我，我也要抱抱你们'，就这样，动物们开始你抱抱我，我抱抱你。宝宝，我们也来抱抱。"边说边抱抱宝宝。最后说："如果宝宝以后想要抱抱，可以对妈妈说……"引导宝宝自己说出抱抱。

➢ 提示

• 讲故事时，需要声音洪亮，表情和动作尽量夸张。

• 要进行适时提问，引导幼儿进行思考，激发对绘本故事的兴趣和积极性。

《从头动到脚》

➢ 适用月龄段：13—18月龄

➢ 推荐原因：这本书是非常好的亲子互动载体，尤其是对于小月龄幼儿。和幼儿一起玩的过程中，不仅可以动动身体，还可以认识身体的不同部位和练习重复句式。

➢ 讲读目标：通过讲读，让幼儿认识动物，同时认识身体的不同部位，并模仿不同的动作，促进幼儿认知和运动的发展。

➢ 讲读步骤

1. 妈妈和宝宝选择舒适的姿势就可以。妈妈拿起图画书，指着封面上的图说："宝宝，今天我们来动一动。"妈妈指着封面图上的大猩猩对宝宝说："这里有一只大猩猩。"家长模仿大猩猩的动作，指着自己的头和脚说："大猩猩对我们说，今天我们一起从头动到脚。"

2. 妈妈接着翻开扉页，指着画面上的人物说："这里有个小朋友，她也说从头动到脚。"然后问宝宝："宝宝，我们也来从头动到脚好不好？"鼓励宝宝也来一起做大猩猩和小朋友的这个动作，如果宝宝做不到，妈妈可以帮助宝宝完成动作，在宝宝做动作的同时也要鼓励宝宝说："真棒，宝宝也做到了！"

3. 妈妈翻开下一页，指着企鹅的肚子告诉宝宝："这里有一只企鹅，它挺着圆圆的肚子说，'我是企鹅，我会转头，你会吗？'宝宝你看，就像我这样。"妈妈也转头，给宝宝示范。接着指着右边画面上的人物说："一个长头发的小朋友对企鹅说，'这个我会!'宝宝你看,小朋友像企鹅一样也在转头。宝宝的头在哪里呢?"鼓励宝宝指出并说出自己的头,如果宝宝不能指出并说出,妈妈放慢语速指着宝宝的头告诉宝宝:"这是宝宝的头,跟这个小朋友一样,跟妈妈的头也一样,我们一起来转转头。"如果宝宝不会转头,妈妈可以帮助宝宝完成转头的动作。

4. 妈妈接着往下翻,对宝宝说:"这个有着花纹斑点、伸着长脖子的是谁呀?"等待宝宝的回答,如果宝宝回答了,需要肯定宝宝的答案,如果不能回答,妈妈扮演长颈鹿的声音说:"我是长颈鹿,我会弯脖子,你会吗? 宝宝你看,就像我这样。"妈妈也弯一弯脖子,给宝宝示范。接着指着右边画面上的人物说:"这个小男孩对长颈鹿说,'这个我会!'宝宝你看,小男孩像长颈鹿一样也在弯脖子。宝宝的脖子在哪里呢?"鼓励宝宝指出并说出自己的脖子,如果宝宝不能指出并说出,妈妈放慢语速指着宝宝的脖子告诉宝宝:"这是宝宝的脖子,跟这个小男孩一样,跟妈妈的脖子也一样,我们一起来弯弯脖子。"如果宝宝不会,妈妈可以帮助宝宝完成弯脖子的动作。

5. 妈妈接着往下翻页,按照上面的方法讲读完整个故事,先可以就画面中的动物和身体部位进行提问,鼓励宝宝说出动物的名称,并指出和说出自己的身体部位,每次等待宝宝的回答,如果宝宝不能回答,妈妈需要告诉宝宝是什么,如果宝宝可以回答,则需要具体地鼓励宝宝的答案。接着和宝宝一起完成图画书中的动作,妈妈可以帮助宝宝完成相应的动作,丰富宝宝对身体部位和动物的认知,同时也可以锻炼宝宝的运动能力。

➤ 提示

● 讲读时,声音一定要大,语速要慢,而且对于重复的句子一定要有合适的语速语调。

● 每介绍一个新的动物时,可以变换声音说"我是××,我会××,你会吗?"以吸引幼儿的注意力。

● 要一边读,一边模仿动作,动作尽量夸张,并鼓励幼儿做动作,对于幼儿不会做的动作,可以主动帮助幼儿活动肢体。

《猜猜是谁的屁股》

➤ 适用月龄段:13—18 月龄

➤ 推荐原因:这是一本双语启蒙游戏绘本,既好看又好玩,同时兼顾动物科普认知,让幼儿在游戏中听故事。富有想象力的图画和语言让幼儿进行猜想,好玩的猜猜乐游戏既锻炼幼儿的观察力和思维能力,又能给幼儿不一样的阅读体验。

➤ 讲读目标:通过观察不同动物的屁股,了解每种动物的特性,锻炼幼儿的观察能力和联想的思维能力。

> 讲读步骤

1. 妈妈和宝宝选择舒适的姿势就可以。妈妈拿起图画书,指着封面上的标题说:"宝宝,今天我们来读一本《猜猜是谁的屁股》的图画书。宝宝的屁股在哪里呢?"鼓励宝宝说出并指出自己的屁股。如果宝宝回答对了,需要及时肯定宝宝。如果宝宝不回应,可以指着宝宝的屁股说:"宝宝的屁股在这里呀。"妈妈接着说:"小动物们也都有自己的屁股,我们一起来看一看吧。"

2. 妈妈接着翻页,指着右边的画面对宝宝说:"咦,这是谁的屁股呢?"观察宝宝的状态判断宝宝是否在关注画面,接着指着动物的部位说:"他长着圆圆的耳朵和一条又细又长的粉色尾巴,宝宝想一想哪个动物是这样的呢?"等待宝宝回答,如果宝宝回答正确,具体地鼓励宝宝,如果宝宝回答不上来,拉着宝宝的手共同翻开页面,翻页过来后指着动物说:"我们看看他是……"停留一点时间,给宝宝机会自己说出动物的名称。如果观察发现宝宝不能说出,妈妈可以接着说:"哦,是一只老鼠。他正举着小手说'××(宝宝的姓名),你好!'宝宝,我们也来给老鼠打招呼吧,老鼠,你好呀!"鼓励宝宝表达的同时,可以帮助宝宝完成挥手的动作。妈妈接着合上翻页,对宝宝说:"宝宝,老鼠的屁股是这个样子。我们再去猜猜下一个是谁的屁股吧。"

3. 妈妈翻到下一页,指着右边的画面说:"这是谁的屁股呀?"同样,观察宝宝的状态判断宝宝是否在关注画面,接着指着动物的部位说:"她长着长长的耳朵和软软的、毛茸茸的尾巴。宝宝想一想哪个动物是这样的呢?"提供更多线索让宝宝联想,如果宝宝猜不出来,拉着宝宝的手共同翻页,边翻页边说:"我们翻翻页,看看她是……"停留一点时间,给宝宝机会自己说出动物的名称。如果观察发现宝宝不能说出,妈妈可以接着说:"哈哈,她是一只小兔子,她的头上竖着两只长长的耳朵。小兔子也举起了小手说'××(宝宝的姓名),你好!'宝宝,我们也来给小兔子打个招呼吧,小兔子,你好呀!"鼓励宝宝表达的同时,可以帮助宝宝完成挥手的动作。妈妈接着合上翻页,对宝宝说:"宝宝,小兔子的屁股是这个样子。"

4. 妈妈接着往下翻页,按照上面的方法讲读完整个故事,先可以通过提问"这是谁的屁股呢? 或者谁的屁股是这样的呢"来吸引宝宝对图画书的注意力,接着按照书上的内容描述动物的耳朵、尾巴或者屁股的特点,以便宝宝通过联想来猜出动物。如果宝宝猜不出来,妈妈拉着宝宝的手继续翻页,看到动物的样子后,妈妈可以再次给宝宝机会让宝宝自己说出动物的名称,如果在等待的时间里宝宝不能回答上来,妈妈可以直接介绍动物的名称以及描述动物的特征,并鼓励宝宝向动物打招呼,完成打招呼的动作。每次讲完一个动物之后,妈妈也可以合上翻页,让宝宝再次观察每个动物的屁股,记住他们的特征。

➤ 提示

- 可以鼓励幼儿先猜一猜和想一想,以提高幼儿的想象力。
- 每次打招呼的时候,可以将幼儿的姓名融入故事中,增强幼儿的参与感。
- 也可以创造机会与幼儿互动,如果幼儿猜对了,一定要进行鼓励,如果幼儿没有猜对,家长要自问自答,进行引导。
- 讲完故事书时,可以再次返回每一页面问幼儿这是谁的屁股,通过回忆来锻炼幼儿的记忆力。

《猜猜动物园》

➤ 适用月龄段:13—18 月龄

➤ 推荐原因:这是一本躲猫猫游戏书,书籍比较小巧,正适合 0—3 岁婴幼儿的手掌大小,婴幼儿可以自己翻阅。此外,这套纸板书咬不坏、撕不烂,适合给这个年龄段的幼儿讲读。

➤ 讲读目标

- 通过认识动物的花色等特性,丰富幼儿对动物的认知。
- 通过联想的方式锻炼幼儿的想象思维能力。

➤ 讲读步骤

1. 妈妈和宝宝选择舒适的姿势就可以。妈妈拿起图画书,指着封面对宝宝说:"宝宝,今天我们来和动物园的动物们一起玩捉迷藏的游戏。你看,这里有一双大大的眼睛,这是谁的眼睛呢? 宝宝猜一猜。"观察并等待宝宝的反应,接着说:"宝宝,我们一起翻开看看吧。"妈妈这时可以鼓励宝宝一起翻页,翻过来指着画面说:"哦,原来是大象,你看它有着长长的鼻子,还有像扇子一样的耳朵。除了大象,动物园里还有很多动物。"接着指着画面中的其他动物说:"有大熊猫、袋鼠、老虎等。现在捉迷藏游戏开始啦,它们已经藏好了,我们快去找它们吧。"

2. 妈妈翻开第二页,指着右边的画面问宝宝:"这个动物有很多橙色和黑色相间的条纹,宝宝猜猜它是谁?"等待宝宝的回答,接着往下翻页,对宝宝说:"是小猫呀,身上都是橙色和黑色相间的条纹。"妈妈继续对宝宝说:"小猫怎么叫呀?"等待孩子回答,接着说:"小猫的叫声是'喵喵喵'。"妈妈指着画面上的小猫说:"宝宝你看,这只小猫它的眼睛是绿色的,有长长的胡须。它在玩红色的球! 我们去找下一个动物吧。"

3. 妈妈接着翻页对宝宝说:"咦,正在探出头来偷看我们的小家伙是谁呢? 有着长长的、尖尖的耳朵,身上的皮毛都是棕色的,好像还有一个大大的袋子,宝宝猜一猜它是谁?"等待宝宝的回答,接着往下翻页说:"哦,原来是小袋鼠和袋鼠妈妈,好神奇,小袋鼠竟然在妈妈的口袋里待着! 宝宝你看,袋鼠妈妈不仅有个大大的口袋,能放得下小袋鼠,还有一条这么长的尾巴。"边说边比划着画面。

4. "我们再去猜猜下一个动物吧。"妈妈边翻页边指着画面对宝宝说,"哇,这里有好多金黄色的羽毛,一根一根的,好漂亮呀! 会是谁的羽毛呢?"等待宝宝的回答,接着往下翻页指着画面说:"哦,原来是美冠鹦鹉。宝宝你看,美冠鹦鹉它是一种鸟,它长着翅膀呢。金黄色的羽毛是它的头冠,哈哈,这个头冠长得像不像扫地的扫帚?"妈妈开心地说并望向宝宝,等待宝宝的反应。接着指着画面说:"你看,美冠鹦鹉还有尖尖的嘴巴和爪子,爪子里边还紧紧地握着一颗草莓! 看来美冠鹦鹉很喜欢吃草莓呢。"

5. 妈妈接着翻页指着画面对宝宝说:"哇,这里有好多绿色的竹子,竹子都是一节一节的,宝宝你看,一节一节的。咦,是谁的黑眼圈这么重,躲在竹林里呢? 宝宝猜一猜。"等待宝宝的回答,如果宝宝回答不上来,接着往下翻页说:"哦,原来是大熊猫在吃竹子。宝宝你看,大熊猫它的眼睛是又黑又大的,全身也只有黑白两个颜色,还有两只圆圆的大耳朵,哈哈,是不是很可爱呀?"妈妈边说边指出大熊猫的特征,并对宝宝说:"熊猫最喜欢竹子了。"

6. 妈妈接着翻页并把图画书的内页正对着宝宝,使宝宝能够在图画书的镜子框里看到自己的脸,对宝宝说:"猜猜这是谁呀,我们给这只动物也喂点食物吧。"妈妈接着翻页让宝宝把脸放到镜子框里说:"哈哈哈,原来是宝宝你呀,宝宝你想吃什么呢? 这里有苹果、菠萝、香蕉、草莓,哇,好多吃的呀!"妈妈边说边对应指着画面中的水果:"宝宝看看想吃哪个呢?"鼓励宝宝说一说。

7. 最后,妈妈翻到封面对宝宝说:"宝宝今天的故事就讲完啦,我们和它说再见吧! 再见。"

➤ 提示

- 讲故事时,语速要慢,表情尽量夸张,读到动物的声音比如"喵喵"时要拉长音调并重读。

- 等待幼儿回答不完全是为了让幼儿说出答案,更多地是为了创造给幼儿观察画面和进行思考的时间和机会。

- 每次说到"宝宝你看"时,都要观察幼儿,确保能够了解幼儿的第一需求并满足他,同时了解幼儿是否有继续听的意愿,避免自说自话。

- 要善于引导，鼓励幼儿想一想，说一说，丰富幼儿的想象力和刺激幼儿的说话欲望，即使幼儿说错了也没有关系，鼓励幼儿大胆地表达。

➤ 延伸阅读
- 这本书最后有一面小镜子，幼儿猜着猜着就出现了自己，可以在讲完故事后带着幼儿一起照照家里的镜子。
- 可以在共读这本书之前带幼儿去动物园，帮助他建立相关的生活经验，又或者共读完之后去动物园，给幼儿机会将生活经验与图画书联系起来，感知图画书是具有实际意义的，与实际生活是紧密联系的、有趣的。

三、19—24月龄亲子共读指导

（一）共读的人选——不限

在与19—24月龄婴幼儿的早期共读中，成人不一定局限于幼儿熟悉的家庭成员，可以是任何吸引幼儿想一起共读的人。而且，如果这一年龄段的幼儿已经建立了早期阅读的习惯，那么该幼儿会自发寻找任何可以读书的成人与自己共读。另外，该阶段幼儿会学着大人的样子，也就是有样学样，这种学习包括翻书、看书等。所以，我们还建议这个阶段的共读可以先由成人发挥模范带领作用，从而吸引幼儿一起过来共读。

（二）共读的姿势

成人与此阶段幼儿共读的姿势并没有任何的标准和限制，可以坐着，也可以像下图（左）这样站着，又或者像下图（右）抱着，只要成人和幼儿都感觉舒服就可以。

图4-1-18　幼儿站着读图画书[1]

图4-1-19　成人抱着幼儿读图画书[2]

---

[1] 该照片来自"养育未来"团队。
[2] 该照片来自"养育未来"团队。

（三）图画书的选择

对于 19—24 月龄的幼儿,总体上建议选择图画多、字少的绘本图书,不建议选择字多的绘本图书,且倾向于选择一些增加了思考和探索类的图画书,如《小金鱼逃走了》等,可以让幼儿思考和观察小金鱼的去向等。

《小金鱼逃走了》
图 4 - 1 - 20

除此之外,还建议选择:

- 幼儿自己感兴趣的所有书籍:只要幼儿拿起来翻阅,表示他可能感兴趣,成人可以主动询问幼儿"我们可以一起看这本书,看看里面有什么好吗"。

- 分类主题的图画书:该阶段幼儿能够比较出事物的异同,会对不同物品进行分类,所以可以鼓励幼儿探寻暗藏了对比和分类功能的图画书的奥秘。

- 同伴或者动物类图画书:19—24 个月的幼儿喜欢那些和他们过着类似生活的幼儿或动物的故事。共读时,成人可以联系幼儿的生活讲述故事书的内容。

- 亲情题材的故事书:这个时期幼儿对主要照养人有强烈的依恋和依赖,亲情题材的故事书变得很重要,尤其是跟爸爸有关的书,因为幼儿越来越喜欢和爸爸玩了。此外,为了更好地促进这个阶段幼儿语言的发展,我们建议可以选择适当增添了形容词,并发挥了良好的语言榜样和语言示范作用的图画书,因为幼儿主要是通过模仿周围语言环境掌握语言的。

- 认知类图画书:该阶段幼儿能手口一致说出身体各部位的名称,所以在共读图画书的同时,成人可以让幼儿指认自己的身体部位或者成人的身体部位。

- 习惯养成类图画书:该阶段幼儿能主动表示大小便、能自己洗手,所以可以通过习惯养成类图画书让幼儿认识自己的大小便和其他动物的大小便以及建立一些良好的行为习惯等。

- 扮演类图画书:该阶段幼儿喜欢通过多种动作、姿势、表情和简单的词语模仿一些事物,从而来表达自己的理解,因此可以为这个阶段的幼儿提供一些扮演类的图画书。

- 情节简单、画面形象、句式重复的图画书:该阶段幼儿喜欢读短故事书。

（四）共读的方式

1. 互动交流
该阶段是幼儿语言发展非常快的一个时期,成人需要抓住所有和幼儿互动交流的机会与

幼儿进行互动,让幼儿尽可能多地表达出自己的想法,比如:

- 鼓励幼儿说出来而不是用手指。如果幼儿不能完全说出整个单词,比如"牛奶",你可以发出单词的第一个音"牛"给他提示。一段时间后,你可以提示幼儿说出完整句子,比如"我想要牛奶"。
- 可以尽可能多地让幼儿模仿大人或者自己伙伴的发音等,鼓励幼儿更多地表达。
- 当幼儿说话用词不当时,不要纠正他,相反,你应正确地说出那些话,例如"那是一头奶牛"。

2. 注意事项

- 该阶段幼儿不喜欢分享,而且会做出挑衅行为,即故意做别人告诉他不能做的事情。因此,如果幼儿和其他小朋友一起玩时,应密切关注他们,幼儿间很可能因为玩具或者其他原因打架或者争吵,此时你应进行制止,同时充分理解幼儿在这个阶段不愿意分享的心理,这是幼儿充分认识自我的过程。成人需要淡化这些不良的行为,用更多的时间表扬好的行为,而非惩罚坏的行为。

(五)儿童可能的表现

共读过程中,19—24月龄的幼儿可能会有以下表现:

- 可能会用简单的声音或单词来标记物体,例如,当他看到一头牛的照片时,大喊"哞!"
- 同上一月龄一样,可能会在阅读时跑掉,但处理方式与上一月龄一样,成人应继续讲述并观察幼儿的状态,判断是否适合继续阅读。

(六)阅读环境创设

同7—18月龄的阅读环境一样,除此之外,建议不定期更新并添置适龄的图画书,同时注意花费心思提供多样的玩具,激发幼儿对阅读区域的兴趣。

(七)19—24月龄实操案例

《小金鱼逃走了》

➢ 适用月龄段:19—24月龄

➢ 推荐原因:画面简单有趣,再现了幼儿生活中最常见的场景。针对低龄的幼儿主要以认知为主,书中有丰富的颜色还有不同的水果及生活用品,可以在读绘本的同时指导幼儿进行认知。而且通过小鱼游到不同的生活场景中,锻炼幼儿的思维能力。

➢ 讲读目标:引导幼儿在相似的图画中寻找小金鱼的身影,锻炼幼儿的专注力及逻辑思维能力。同时可以锻炼幼儿对"小金鱼又逃走了","这回躲在哪儿了呢"等句子的印象,丰富语言的储备,锻炼幼儿说话的能力。

➤ 讲读步骤

1. 妈妈和宝宝选择舒适的姿势就可以。妈妈拿起图画书,指着封面上的标题说:"宝宝,今天我们来读一本名叫《小金鱼逃走了》的故事书。"指着小金鱼说:"它是这个故事的主人公,一条红色的小金鱼,它有着圆圆的、黑黑的眼睛,一张大嘴,还有一条桃心形状的尾巴!它发生了什么故事呢?我们来看一看。"

2. 妈妈接着翻到扉页,指着画面对宝宝说:"宝宝还记得小金鱼生活在哪里吗?"等待宝宝回答,如果宝宝回答对了,赞扬宝宝,如果宝宝没有回答或者回答错误,指着鱼缸中的水对宝宝说:"宝宝,小金鱼生活在水里。它每天都在游啊游,游啊游。"妈妈边说边用手做出游啊游的动作。

3. 妈妈接着翻页,表现出惊讶的样子对宝宝说:"呀,糟糕!小金鱼游啊游,游啊游,游出鱼缸逃走了。"

4. 接着翻页问宝宝:"宝宝猜一猜小金鱼逃到哪儿去了呢?宝宝找一找。"指着右边画面等待宝宝自己找。如果宝宝找到了,肯定宝宝,如果宝宝没有找到,指着右边画面说:"宝宝,这个窗帘上面有很多和小金鱼一样颜色的图案,红红的、圆圆的,你找找小金鱼在窗帘里吗?宝宝可以指出来或者告诉妈妈。"鼓励宝宝指一指或者说一说,并等待宝宝的回答。如果宝宝回答对了,具体地鼓励宝宝,如果宝宝回答不上来,拉着宝宝的手指出并说出小金鱼的位置:"哈哈,小金鱼在这里!它藏在这些红色的圆球中。"

5. 接着翻页,一边用手做出游啊游的样子,一边说:"呀,小金鱼游啊游,游啊游,又逃走了。"

6. 接着翻页说:"这回它躲在哪儿了呢?我们来找一找它。"妈妈接着指着左边画面问宝宝:"宝宝看看这里有小金鱼吗?"等待宝宝的回答。如果宝宝回答不上来或者回答错误,妈妈可以说:"宝宝你看,这里都是绿色和橘色的花,但小金鱼是红色的,所以它不在这里。"接着指着右边的画面对宝宝说:"宝宝再看看这里有小金鱼吗?"等待宝宝的回答。同样,如果宝宝回答正确,给予具体的鼓励。如果宝宝回答不上来或者回答错误,可以拉着宝宝的手,指着这些跟小金鱼很像的花依次问宝宝:"宝宝看,这是小金鱼吗?"等待宝宝的回答和反应,轮到是小金鱼的时候指着小金鱼问:"这是小金鱼吗?"等待宝宝的回答和反应,最后告诉宝宝:"小金鱼在这里!它跟这些花很像,但是只有它有圆圆的、黑黑的眼睛,对不对?"引导宝宝思考和对比相似事物的不同。

7. 妈妈接着翻页,一边用手做出游啊游的样子,一边说:"哎呀哎呀,小金鱼游啊游,

游啊游,又逃走了,而且这次从门缝里逃走了。"接着翻页说:"小金鱼这回躲在哪儿了呢? 宝宝找一找它。"等待宝宝自己找出小金鱼。如果宝宝找到了,则给予宝宝具体的鼓励,如果宝宝找不到,妈妈可以从左到右指着画面说:"哇,这里有好多好吃的! 有脆脆的饼干、圆圆的糖果,好多像小金鱼尾巴一样的彩色糖果,还有像棍子一样的饼干。宝宝看到小金鱼了吗?"通过提供线索让宝宝再次观察画面寻找小金鱼,并等待宝宝的回答,也可以逐一询问宝宝每个罐子里有没有小金鱼。不管宝宝回答正确与否,妈妈最后指着小金鱼说:"小金鱼好聪明呀,藏在了和自己尾巴长得很像的糖果里。"说的同时,也指一指糖果的样子,可以问一下:"宝宝喜欢吃糖果吗?"

8. 妈妈接着翻页,指着左边画面对宝宝说:"哇,这里也有很多好吃的! 有香蕉、苹果、樱桃,还有草莓。"妈妈接着指着藏在草莓里的小金鱼,大笑说:"哈哈哈,小金鱼真是个小机灵鬼! 宝宝你看,小金鱼假装自己是草莓,把自己藏在了草莓堆里。"妈妈望向宝宝,观察宝宝的状态。

9. 接着指向右边画面,惊讶地说:"哎呦,不好了! 小朋友以为小金鱼是草莓,拿叉子准备吃掉它呢! 不过,小金鱼游啊游,游啊游,它又逃走了。好险呀!"变换声音保持宝宝对故事的兴趣。

10. 妈妈接着翻页,指着画面对宝宝说:"这回小金鱼躲在哪儿了呢? 我们再来找一找。"等待宝宝自己找出小金鱼。同样,如果宝宝找到了,肯定宝宝,如果宝宝找不到,妈妈从左到右指着画面说:"哇,这是一个家,有好多家具! 有装着袜子的衣柜、桌子、电视、衣架,还有好多其他的东西。宝宝看到小金鱼了吗?"同样,通过提供线索让宝宝再次观察画面寻找小金鱼,并等待宝宝的回答。不管回答正确与否,都可以指着小金鱼说:"小金鱼在电视里,也许它太渴了,需要水,以为绿色的电视是池塘了,哈哈哈。"

11. 接着翻页:"小金鱼又逃走了,躲在哪儿了呢? 我们来找一找。"妈妈从左到右指着画面说:"哇,这里是一个游乐场,有好多好玩的呀!"拉着宝宝的手从左到右指着画面说:"有小木屋、大象、长颈鹿、甜甜圈、火箭、积木,还有好多东西。"如果有宝宝非常熟悉的玩具,也可以进行拓展。接着说:"宝宝看到小金鱼了吗?"同样,通过提供线索让宝宝再次观察画面寻找小金鱼,并等待宝宝的回答。不管宝宝回答正确与否,妈妈都可以指着小金鱼说:"小金鱼在这里! 它喜欢看这些好玩的东西。它还在游啊游,游啊游! 它跟宝宝一样也想看更多的东西呢!"

12. 妈妈接着翻页,指着画面对宝宝说:"宝宝你指一指小金鱼这次躲在哪里了呢?"等待宝宝指出。如果宝宝指对了,则需要肯定宝宝,如果宝宝找不到,妈妈可以指着画面说:"小金鱼这次躲在了镜子里,哈哈,它在照镜子。宝宝你看,这是一个三棱镜,照出了三条小金鱼,一、二、三。"妈妈可以边说边带着宝宝数数。

13. 接着翻页,指着画面对宝宝说:"哇,找到了,找到了,这里有好多小鱼,原来小金鱼要找它的朋友,这里有好多它的好朋友!它们都是眼睛圆圆的、黑黑的。宝宝,小金鱼找到自己的家了,这下再也不会逃走了!那我们就和它说再见吧,小金鱼,再见啦。"

➢ 提示

● 可以鼓励幼儿观察画面,并进行开放性提问,比如,"宝宝,你猜小金鱼会去哪里呢?"

● 可以多创造一些机会鼓励幼儿自己找一找,如果幼儿找对了,一定要进行具体的鼓励,如果幼儿没有找对,成人也要自问自答,或者提供更多线索引导幼儿找出,让幼儿有成就感。

● 可以在讲的过程中,一直拉着幼儿的手做出游啊游的动作,增加幼儿的参与感。

● 共读过程中,如果发现画面中的某些事物与宝宝的生活联系紧密,可以进行拓展,加深宝宝对这个事物的印象。

➢ 延伸阅读:可以进行拓展游戏,例如,可以模拟小金鱼逃走了玩捉迷藏游戏、钓鱼游戏,还可以根据小金鱼形象进行面具创作,激发幼儿在玩中学的乐趣。

《我爸爸》

➢ 适用月龄段:19—24 月龄

➢ 推荐原因:这时期幼儿对抚养人产生强烈的依恋感,亲情题材的故事书变得很重要,尤其他们越来越喜欢和爸爸玩了,而且《我爸爸》这本书生动幽默,幼儿非常喜欢。

➢ 讲读目标

● 通过富有想象力的图画和语言塑造出一个幽默而高大的爸爸形象,培养幼儿和爸爸的感情,发展幼儿的想象力。

● 适当增添形容词描述画面,进一步积累幼儿的语言词汇。

➢ 讲读步骤

1. 妈妈和宝宝选择舒适的姿势就可以。妈妈拿起图画书,指着封面的标题和作者信息说:"宝宝,今天我们要读的绘本故事是《我爸爸》,作者是安东尼·布朗。这个人就是爸爸,宝宝看。"

2. 妈妈接着翻到正文第一页,声音要大,放慢语速地对宝宝说:"这是我爸爸,他真的很棒。"妈妈可以问:"宝宝的爸爸在哪里呢?宝宝的爸爸棒不棒呢?"等待宝宝的反应和回答。

3. 接着翻页，指着画面中的大灰狼问："宝宝，你看这是谁呀？"等待宝宝回答。如果宝宝回答正确，需要及时而具体地赞扬宝宝："太棒了！对，它是大灰狼。"如果宝宝没有回应或者回答错误，要耐心地告诉宝宝："它是坏蛋大灰狼，有着高高的个头，长长的、尖尖的牙齿。大灰狼在的地方，大家都会躲得远远的。宝宝你看，小红帽和三只小猪远远地躲在大树后边，害怕被大灰狼吃掉。但是，爸爸什么都不怕，连坏蛋大灰狼都不怕，他叉着腰把大灰狼赶走了。"妈妈边说，边一手叉腰、一手指向远处模仿图画书中爸爸的样子。

4. 妈妈接着翻页，从左到右指着画面上的月亮说："爸爸还可以从月亮上跳过去，还会走高空绳索，不会掉下去。"讲的同时，妈妈可以撑开宝宝的两只手，模仿图画书中爸爸的样子。妈妈可以询问："宝宝敢不敢走高空绳索呀？"等待宝宝的反应和回答。

5. 妈妈接着翻页，从左到右指着画面说："爸爸还敢跟大力士摔跤。在运动会的比赛中，爸爸轻轻松松地就跑了第一名。宝宝你看，爸爸跑在了最前面，他真的很棒！对不对？"时不时地与宝宝互动，观察宝宝的反应。

6. 妈妈接着翻页，指着左边画面说："宝宝快看，爸爸吃饭时就变身了。变身成什么了呢？"等待宝宝回答，如果宝宝回答正确，妈妈需要及时而具体地赞扬宝宝，如果宝宝不回答或者回答不上来，告诉宝宝："这是马，爸爸吃得像马一样多。这么多的饭菜爸爸都可以吃完。"接着指着右边画面说："爸爸游泳的时候，又变身成了一条轻盈的……"留白给宝宝表达的机会，不管宝宝回答与否，妈妈都可以说："对，是鱼，爸爸虽然吃得多，但是游起来却像鱼一样快。"

7. 妈妈接着翻页，从左到右指着画面说："举重物时，爸爸又变身成了……"同样留白，给宝宝表达的机会。不管宝宝回答与否，妈妈都可以说："对，是大猩猩，强壮的大猩猩。宝宝看这边，很多时候，爸爸也像河马一样快乐，快乐得都飞起来了。"指着画面看向宝宝说，等待宝宝的反应。

8. 妈妈接着翻页，从左到右指着画面对宝宝说："爸爸自己就很高大，像这个房子一样高大。宝宝你看，爸爸站在前面，都快把房子挡住了是不是？"引导宝宝对比房子和爸爸的大小。接着说："但有时，爸爸又像泰迪熊一样柔软，需要宝宝抱一抱，就像这样，抱一抱，暖暖的。"妈妈边说边抱抱宝宝。

9. 妈妈接着翻页，说："爸爸有时候还会像猫头鹰先生一样聪明，但有时候爸爸也会做一些傻事，宝宝快看，爸爸剪成了和扫帚一样的头发。哈哈哈，是不是很好玩？"妈妈一边说，一边指一指扫帚，也指一指爸爸的头发，引导宝宝对比。妈妈可以询问："宝宝要不要剪成这个发型呀?"等待宝宝的回答和反应。

10. 翻页后,妈妈从左到右指着画面说:"哇,好厉害! 在舞台上,爸爸还是个伟大的舞蹈家和了不起的歌唱家,他会像这个漂亮阿姨一样蹦恰恰、蹦恰恰;还会像歌唱家一样张大嘴巴唱歌,啊……"妈妈可以边说边演一演书上的动作,进行惟妙惟肖地讲述,以维持宝宝的注意力。同时可以询问:"宝宝会不会跳舞或者唱歌?"可以让宝宝跳一下或者唱歌。

11. 妈妈接着翻页,从左到右指着画面说:"在足球场上,爸爸也超厉害,踢足球的技术一流! 也常常做鬼脸,逗得我哈哈大笑。宝宝我们也来做一个鬼脸吧,像爸爸这样。"爸爸给宝宝示范如何做鬼脸,如果宝宝做不到,爸爸帮助宝宝完成。

12. 妈妈接着翻页,指着画面中的爸爸说:"我爱爸爸,而且你知道吗?"边说边翻页:"爸爸他也爱我。宝宝,你的爸爸也很爱你,你爱爸爸吗?"通过提问鼓励宝宝表达爱意,并给宝宝一个大大的拥抱。

➢ 提示:

• 建议爸爸和幼儿共读这本故事书。心理学认为:父亲是一种独特的存在,对培养孩子有一种特别的力量。

• 讲读过程中,可以多利用问一问、想一想、猜一猜、演一演等策略来增加幼儿的参与感。

《我要拉㞎㞎》

➢ 适用月龄段:19—24 月龄

➢ 推荐原因:《我要拉㞎㞎》是噼里啪啦系列之一。该系列是特别为幼儿设计的翻翻书,以简洁有趣的文字和丰富的折页分别展现了幼儿在拉㞎㞎、刷牙、洗澡等各种时候所碰到的问题,是教会幼儿人生最初知识、培养良好习惯、锻炼手指灵活度的优质读物。

➢ 讲读目标

• 加强幼儿对不同大便的认知能力。

• 帮助幼儿建立良好的行为习惯。

• 通过翻页,发展幼儿手指精细动作的能力。

➢ 讲读步骤

1. 妈妈和宝宝选择舒适的姿势就可以。妈妈拿起图画书,指着封面上的标题说:"宝宝,今天我们要读的绘本故事是《我要拉㞎㞎》,宝宝每天是不是也要拉㞎㞎呀?"等待宝宝的反应和回答。边说边翻到扉页,对宝宝说:"这里有三个小动物,宝宝认识它们是谁吗?"鼓励宝宝说出画面上小动物的名称,如果宝宝回答正确,妈妈需要及时、具体地肯定宝宝,如果宝宝回答不上来,妈妈需要放慢语速,耐心地指着对应动物跟宝宝说:"黄色的是河马,胖胖的是小猪,最下边的是一只可爱的小老鼠。它们三个是好朋友。"

2. 妈妈接着翻到第2页和第3页,从上到下指着画面说:"有一天,河马、小猪还有小老鼠它们三个玩开火车的游戏,河马在最前面带着小猪还有小老鼠一起'嘟嘟叭叭,嘟叭叭,嘟嘟'。宝宝你看,它们每个人都张着嘴巴,笑得好开心! 可是,河马突然说,'嘟嘟,我要拉屁屁。快去厕所,嘟嘟叭叭。'就这样,河马带着另外两个小伙伴去找厕所了。"

3. 接着翻到第4页和第5页,妈妈拉上宝宝的小手,一起指着厕所牌子说:"终于到了厕所,河马着急地说'快点,我要拉出来了!'小猪和小老鼠跟着说'我也要拉屁屁'。宝宝,如果你要拉屁屁,应该去哪里呢?"观察并等待宝宝的回答,如果宝宝回答正确则应具体地鼓励宝宝,如果宝宝回答错误或者回答不上来,需要耐心地对宝宝说:"宝宝,如果你要拉屁屁,需要像这三个小朋友一样去厕所解决! 或者告诉妈妈,妈妈会把宝宝带到厕所。"

4. 妈妈接着翻到第6页和第7页,说:"哇,这三位小朋友真棒! 自己会拉屁屁,没有叫别人帮忙,而且按照大小顺序走到了厕所门前。我们一起给它们鼓鼓掌。"鼓励宝宝拍拍手。接着指着画面说:"宝宝你看,小老鼠和小猪都很有礼貌,在'咚咚咚! 咚咚咚!'地敲门。可是都敲了好久了还没人回应,它俩很着急。我们一起打开门看看有没有人吧。先来看看小老鼠这里。"尽可能鼓励宝宝自己翻开折页,如果宝宝不能独立完成,可以帮助宝宝一起完成。"当当当,太好了! 没有人,小老鼠赶紧跑了进去。我们再来看看小猪这里。当当当,太好了! 也没有人,小猪赶紧跑了进去。"同样,尽可能鼓励宝宝自己翻开折页,如果宝宝不能独立完成,可以帮助宝宝一起完成。

5. 妈妈接着指着河马说:"河马快拉出来了,它着急地一边说'快点! 快点!'一边直接把门打开了。"边说边拉着宝宝的手翻开折页。"呀! 鳄鱼先生还在里边呢,俩人都吓了一大跳。"

6. 妈妈接着翻到第8页和第9页,指着画面说:"宝宝你看,它们三个终于都进厕所了。宝宝知道上厕所首先要做什么吗?"提问给宝宝思考的机会,并等待宝宝回答,如果回答正确,一定要及时地肯定宝宝,如果宝宝不知道,妈妈接着说:"要先脱短裤! 你看这三个小朋友也在脱短裤。小老鼠费力地说,'我脱不下来呀!'小猪轻松地说,'我脱下来了!'河马难为情地说,'我都快要拉出来了!'"妈妈要注意切换相应的表情和语调来表现出画面中不同角色的特点,调动宝宝的兴致。

7. 妈妈接着翻到第 10 页和第 11 页,说:"它们终于都脱了裤子,要拉屁屁了。我们一起来看看它们是怎么拉屁屁的。"妈妈接着一边说一边拉着宝宝的手依次翻开折页说:"小老鼠'使劲,嗯……'小猪很快'咕咚一声,屁屁就拉出来了!'河马也在使劲地'唔……最后终于拉出来了'。宝宝,鳄鱼先生还在厕所门外,如果你是鳄鱼先生,此刻会是什么感受呢?"提问给宝宝思考的机会,并等待宝宝回答。

8. 妈妈接着翻到第 12 页和第 13 页,说:"宝宝,拉完屁屁后,要做的第一件事情是什么呢?"等待宝宝回答,如果宝宝回答正确,具体地鼓励宝宝,如果宝宝回答不上来或者回答错误,耐心地告诉宝宝:"拉完屁屁,要擦屁股。要擦干净。你看,河马和小猪都在认真地擦屁股,对不对?"妈妈望向宝宝说:"咦,啪啦啪啦,什么声音?哦,不!小老鼠竟然把卫生纸搞了一地,小老鼠是不是很调皮呀!"妈妈表情要尽量夸张,以维持宝宝的注意力。

9. 接着翻到第 14 页和第 15 页,妈妈说:"擦完屁股,还要用水冲屁屁噢!我们先来冲河马的屁屁,要先摁一下马桶右边的按钮,我们一起来摁吧。"边说边拉起宝宝的手摁按钮,边摁边说:"水哗啦—哗啦—哗啦—哗啦,宝宝你翻一翻看看河马的屁屁冲走了吗?"鼓励宝宝自己翻开折页,如果宝宝不能独立翻页,妈妈可以帮忙共同完成。翻开后妈妈说:"哦,河马的是一大泡屁屁,哎呀,太臭了!哗啦—哗啦,再见,屁屁。"妈妈假装捂住鼻子。接着和宝宝一起翻开小猪和小老鼠的翻页,说:"小猪的大屁屁,我们也要哗啦—哗啦!再见,屁屁;最后是小老鼠的小屁屁,也要哗啦—哗啦!再见,屁屁。太好了,屁屁都让水冲走了。"妈妈声音要大、语速要慢,鼓励宝宝说:"哗啦—哗啦。"

10. 接着翻到第 16 页和第 17 页,妈妈说:"拉完了,拉完了,河马、小猪、小老鼠都在抢着说'我自己拉的屁屁'。宝宝,它们好棒对不对?都可以独立上厕所。"妈妈望向宝宝接着说:"从厕所出来后,还要……"留白,给宝宝机会自己说出答案,不管宝宝回应如何,都接着说:"对,洗手!小猪洗刷刷洗刷刷完之后说'爽啊',紧接着河马也去洗刷刷洗刷刷,'好舒服啊',小老鼠也嚷嚷着要洗刷刷,可是,它个头太小了,宝宝你看,最后是谁帮助了小老鼠呢?"同样,给宝宝机会自己观察画面回答,如果宝宝回答正确,一定要及时地肯定宝宝,如果宝宝回答不上来或者回答错误,带领宝宝观察画面,寻找答案。

11. 妈妈接着翻到第 18 页和第 19 页,说:"洗完手,它们三个继续玩起了开火车的游戏,嘟嘟叭叭,嘟嘟。咦,怎么好像都光着屁股呢,羞羞!宝宝你看。"引导宝宝观察画面。"喂,你们都忘穿短裤了!"妈妈一边伴装大喊,一边拉着宝宝的手一起翻开折页,接着说:"宝宝,原来它们把短裤都落在厕所了。"

12. 接着翻到最后一页,妈妈说:"最后,还是鳄鱼先生把它们的短裤捡回来了,哈哈,可怜的鳄鱼先生一直在说'臭死了,真臭'。"

13. 最后,妈妈再次翻到封面,指着标题对宝宝说:"今天的故事就讲完啦,它叫《我要拉屁屁》。"

➤ 提示

● 共读时,可以夸张地表现不同角色的特点,以吸引幼儿的注意力。

● 故事里不时会有折叠页,共读时,应停留一些时间引导幼儿翻一翻。

● 故事里有很多页是多幅画面同时出现的,共读时,可以引导幼儿观察画面,根据事情发生的顺序进行阅读,一般是按照从左到右、从上到下的顺序。

《你好》

➤ 适用月龄段:19—24 月龄

➤ 推荐原因:《你好》是噼里啪啦系列之一。该系列是特别为幼儿设计的翻翻书,让幼儿自己动手参与"玩",激发幼儿阅读的兴趣,通过翻翻的设计,内容也会随之发生变化,从而让幼儿学习思考。而且,该书也是一本很棒的启蒙幼儿进行社交的情景式图画书!

➤ 讲读目标

● 帮助幼儿学会第一次跟别人见面打称呼的方法。

● 帮助幼儿从小养成礼貌用语,结识更多小伙伴。

● 通过翻页,发展幼儿手指精细动作的能力和思考的能力。

➤ 讲读步骤

1. 妈妈和宝宝选择舒适的姿势坐好。妈妈拿起图画书,指着封面上的标题说:"宝宝,今天我们来读一个《你好》的故事。"边说边翻到扉页,对宝宝说:"宝宝还记得这三个小动物是谁吗?"鼓励宝宝说出画面上小动物的名称,如果宝宝回答正确,妈妈需要及时、具体地肯定,如果宝宝回答不上来,妈妈需要放慢语速,耐心地指着对应动物给宝宝说:"这是黄色的河马,这是胖胖的小猪,最上边是一只可爱的小老鼠,它们三个是好朋友。"

2. 妈妈接着翻到第 2 页和第 3 页,从上到下指着画面说:"有一天,河马正在公园的沙堆里玩沙子,听见有人说'你好'。宝宝你看看是谁在说'你好'呢?"提问引起宝宝的兴趣,使它开始观察画面。接着说:"河马左看看右看看也没有发现什么人。"

3. 接着翻到第 4 页和第 5 页,妈妈指着河马说:"河马提上自己的桶在公园里找人,大喊'谁说你好?'宝宝,我们也来帮河马找找吧。看看大树这里有没有?"鼓励宝宝自己打开折叠页,如果宝宝不能独立完成,妈妈帮助宝宝一起完成。翻开折叠页后,妈妈第一时间说:"哦,不是小鸟,小鸟飞走了。"接着指着沙堆问宝宝:"会不会在这里? 宝宝翻一翻。"同样,鼓励宝宝自己动手找一找。翻开折页后,妈妈说:"也不在这里,这是河马的火车玩具。"接着指着画面右上角说:"咦,这是谁的紫色裙子? 会不会在这里? 宝宝打开看一看。"翻开折页后,妈妈模仿小猪的声音说:"哈哈,是我,我们一起玩吧! 宝宝,看来刚才是谁说的'你好'呀?"提问让宝宝自己说出小猪,如果宝宝回答不上来,妈妈再代替回答。

4. 妈妈接着翻到第 6 页和第 7 页,指着画面说:"河马和小猪开心地一起玩起了荡秋千。可是玩了一会儿,又听见有人说'你好'。"

5. 接着翻页到第 8 页和第 9 页,妈妈说:"河马和小猪开始找人,大喊'谁说的你好,谁啊'? 宝宝,我们也来帮它俩找找吧。看看这里有没有?"鼓励宝宝自己从左到右、从下到上打开折叠页,如果宝宝不能独立完成,再帮助宝宝一起完成。妈妈接着说:"哦,不是蜜蜂,蜜蜂飞走了。"妈妈接着指着桶问宝宝:"会不会在这里? 宝宝翻一翻。"同样,鼓励宝宝自己动手找一找。翻开折页后,妈妈说:"哦,这里也没有,里边只有铲子。"接着指着画面右上角:"会不会在滑滑梯上面呢? 宝宝打开看一看。"翻开折页后,妈妈模仿小老鼠的声音说:"哈哈,是我,我们一起玩吧! 宝宝,看来刚才是谁说的'你好'?"提问让宝宝自己说出小老鼠,如果宝宝回答不上来,妈妈再回答。

6. 接着翻到第 10 页和第 11 页,妈妈指着画面说:"河马、小猪和小老鼠它们三个开心地一起玩起了滑滑梯。它们玩得好开心! 宝宝你看,它们每个人都笑得合不拢嘴。宝宝也喜欢玩滑滑梯是不是?"可以结合宝宝玩滑滑梯的经历进行拓展。妈妈接着说:"玩了一会儿,它们又听见有人说'你好'。"

7. 接着翻页到第 12 页和第 13 页,妈妈说:"河马、小猪和小老鼠开始在公园找人,大喊'谁说的你好,谁啊? 是谁啊'?"

8. 接着翻页到第 14 页和第 15 页,妈妈说:"它们三个找啊找,找啊找,来到了一片树林。"妈妈接着边说边翻开两个折页,说:"树林里边有很多蜘蛛和蛇。"妈妈可以问宝宝:"宝宝害怕蜘蛛和蛇吗?"等待宝宝的回答和反应,妈妈接着说:"哎呀,树上传来一个奇怪的声音说,'说你好的是妖怪'。这下可把河马、小猪和小老鼠吓坏了,小猪直接吓得'呜呜呜……'哇哇大哭,河马也吓得直发抖,说'我怕呀!'小老鼠看到树上的三条蛇也差点没站稳,吓得捂住了自己的嘴。"边说边模仿这三个小动物的神情和动作,给宝宝身临其境的感觉。接着鳄鱼说:"一起玩吧!"

9. 接着翻页到第 16 页和第 17 页,妈妈指着画面说:"它们三个赶紧拼命跑,拼命跑! 只见鳄鱼在后边追着说'等一下,等一下,是我说"你好"。'妈妈模仿鳄鱼的声音说。

10. 紧接着翻到第 18 页和第 19 页,妈妈指着鳄鱼说:"最后,鳄鱼一个人回到公园,荡着秋千,伤心地说:'我真的很想跟你们一起玩。明天我要好好说"你好"。'宝宝,你觉得鳄鱼为什么伤心地哭了? 它的朋友为什么不跟鳄鱼玩呢?"提问引发宝宝的思考,并等待宝宝的回答。

11. 接着翻到版权页,指着画面对宝宝说:"鳄鱼走到河马、小猪还有小老鼠的面前打招呼说'你好',它的朋友也跟鳄鱼都说'你好'! 就这样,它们四个又一起玩了。宝宝,如果以后你要和其他小朋友玩耍,也要说'你好',对不对?"等待宝宝的回应。

12. 最后翻到封面,指着标题对宝宝说:"《你好》这个故事就结束了,让我们和这本图画书说再见,再见!"引导宝宝说出再见,并挥挥手。

➢ 提示

- 每次说到"你好"时,可以变换不同声音体现不同角色的特点,以吸引幼儿的注意力。
- 故事里不时会有折叠页,共读时,引导幼儿自己动手翻一翻。
- 讲到玩沙子、滑滑梯、荡秋千等一些场景时,可以联系幼儿的自身经历进行拓展。一方面可以促进幼儿对图画书的理解,另一方面可以拉近幼儿与图画书的距离,让幼儿愿意亲近书。

四、25—36 月龄亲子共读指导

与该阶段幼儿共读的人选和共读的姿势建议参考 19—24 月龄的方案,不做限制,因为这个月龄段的幼儿会主动挑选吸引他的成人与他共读,又或者自己独立看书。

(一)图画书的选择

本年龄段的幼儿,以视觉为主,多感官共同发展阅读,喜欢拟人的动物以及与自己生活经验有关的、故事情节富于幻想、语言简单重复且有趣的图画书,所以我们推荐给这个月龄段的幼儿选择这些图画书,除此之外,还建议选择:

- 认知类主题的图画书:因为该阶段幼儿基本上可以认识生活中的所有物品了,所以非常适合选用更加丰富的认知类绘本图书,如《好饿的小蛇》《棕色的熊、棕色的熊,你在看什么?》。

《好饿的小蛇》　　　　　　　《棕色的熊、棕色的熊，你在看什么？》

图 4－1－21

- 情绪处理类主题的图画书：该阶段幼儿情绪不稳定，通常被称为"可怕的 2 岁"，这个年龄段的幼儿易怒、没有耐心、很难等待，因此可以为该年龄段幼儿提供更多的认识情绪、表达情绪的绘本，让幼儿通过绘本了解不同的情绪和不同事情的处理方式，比如，每个人都有情绪，而且情绪还有很多的种类，如生气、愤怒、开心等，这些都是不同的情绪，我们需要让幼儿学会识别不同的情绪，然后通过绘本让幼儿学会处理不同的情绪。比如，《菲菲生气了》就是一本讲述如何控制及处理情绪的图画书。

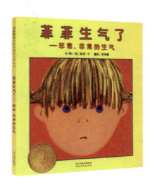

《菲菲生气了》

图 4－1－22

- 体现成长或者价值观的故事书：该阶段幼儿可以记住成人一些简单的委托，也能吸纳"有益的道理"，所以可以提供一些成长主题的故事书，比如，分享、勇敢、什么不可以做、对自我的认识，让幼儿通过对故事中人物的认识和共鸣，加深对不同现象或者价值观的理解。如《自己的颜色》、《胆小鬼威利》，又或者人见人爱的淘气鬼大卫系列，其中《大卫，不可以》主要讲的是妈妈对大卫的叮嘱以及告诉大卫哪些事情不能做。

《自己的颜色》　　　　　《胆小鬼威利》　　　　　　　　《大卫，不可以》

图 4－1－23

- 体现文化底蕴的图画书：该阶段幼儿很喜欢记忆一些歌谣、古诗、故事等，所以可以多为这个年龄段的幼儿提供一些诗词、我的家乡、年俗、历史或神话人物和事件等文化底蕴的图画书。如《小老鼠又上灯台喽》、《小粽子，小粽子》这样的图画书。

《小老鼠又上灯台喽》　　　　　《小粽子，小粽子》

图 4 - 1 - 24

（二）共读的方式

1. 互动交流

- 相比上一月龄段，成人可以熟练地和 25—36 月龄的幼儿进行互动填空，比如，成人读上半句，给幼儿留下半句，或者让幼儿填写关键词，给幼儿留有充分的时间。这个年龄段的幼儿大多已经可以和成人进行正常的互动和交流，词汇量已经相当丰富。

- 在这个月龄段，成人还可以问一些稍微难一些的故事问题，比如，"你觉得这个男孩性格如何？"或者"你认为接下来会发生什么？"通过提出诸如"这个故事中的男孩在雪地里玩耍，你今天下午在雪地里做了什么呀？"之类的问题，将这本书与幼儿自身的生活联系起来。

- 涂鸦。上一月龄段我们也推荐了涂鸦，但是上一个月龄段的幼儿还只是能用大拇指、食指和中指（用整个拳头发力）来握铅笔画直线，但该月龄段的幼儿已经可以用指尖握笔在纸上随意画，31—36 个月的幼儿甚至可以画出一些指定图形，如十字形、正方形、多边形等，部分幼儿还会画人体轮廓。

2. 注意事项

- 有意识地引导幼儿熟悉图画书的结构，如封面、图画、文字、页码等。因为 2 岁后，幼儿的视觉、动作、认知和语言等能力得到较大发展，对图画书有了进一步的理解，同时也知道这些文字图画是有意义的，开始一边翻书一边讲述简单、零散的故事，构建意义。

（三）儿童可能的表现

共读过程中,25—36 月龄的幼儿可能会有以下表现:

- 到 3 岁时,幼儿甚至可能会根据图片中发生的事情向成人讲述故事。
- 如果幼儿还一遍又一遍地听同一本书,也请不要感到惊讶,这个阶段的幼儿仍然喜欢
  重复并且不会厌倦同一个故事,即使是第 7 次。

（四）阅读环境创设

同 19—24 月龄的阅读环境创设一致。

（五）25—36 月龄实操案例

《好饿的小蛇》

➢ 适用月龄段：25—36 月龄
➢ 推荐原因：该阶段幼儿想象力发展迅速,喜欢读情节有趣、涉及面更广的故事书,而
  《好饿的小蛇》画面简洁有趣,幽默而富有创意,能使幼儿享受阅读;语言重复率高,
  句式丰富,有利于幼儿对情节的理解;故事情节中有很多不同图形、颜色、水果等元
  素,是学习科学知识的良好素材。
➢ 讲读目标
  - 发展想象力：通过具体食物与小蛇吃掉食物后在身体中轮廓的对比,发展幼儿的
    想象力。
  - 促进语言发展：通过重复的语言,促进幼儿语言水平发展。
  - 积累认知类词汇：通过认识小蛇奇遇中的科学知识元素,帮助幼儿积累认知类
    词汇。
➢ 讲读步骤
  1. 妈妈和宝宝选择舒适的姿势就可以。妈妈拿起图画书,指着封面上的标题对宝宝
     说:"宝宝,今天我们来看一个《好饿的小蛇》的故事。宝宝你找找小蛇在哪里?"鼓
     励宝宝指出并说出画面中的小蛇,如果宝宝回答正确,及时而具体地赞扬宝宝,比
     如,"哇,宝宝真厉害,知道长长的这个是小蛇。"如果宝宝回答不正确,指着小蛇对
     宝宝说:"它就是小蛇,小蛇有着长长的尾巴。"
  2. 妈妈接着翻到前环衬页,指着画面对宝宝说:"小蛇特别喜欢在树林里扭啊扭、扭
     啊扭。宝宝,这片树林真大,你数一数有几棵树呀?"望向宝宝说,并开始握着宝宝

的手,一边指着画面一边说:"1、2、3……9。哦,一共有9棵树。宝宝,这些树都一样吗?为什么?"引导宝宝观察画面。如果宝宝发现了,及时肯定宝宝,如果宝宝没有发现,可以直接指着苹果树,说:"看这里,只有这棵树上面结了大大的红苹果,其他树都没有,对不对?"引导宝宝发现不同树的差异。接着说:"你看,小蛇扭啊扭,扭啊扭,是要去哪里呢? 我们去看看。"

3. 接着翻到正文第一页,妈妈对宝宝说:"好饿的小蛇,扭啊扭,扭啊扭,在散步。宝宝,小蛇是怎么扭的呢? 宝宝也来扭一扭。"鼓励宝宝一起扭一扭,如果宝宝不能完成,妈妈可以示范或者帮助宝宝完成。妈妈接着说:"小蛇走啊走,突然发现了一颗……"留白,指着苹果等待宝宝回答。如果宝宝回答正确,具体地赞扬宝宝,如果宝宝回答不上来,妈妈再指着苹果回答:"这是一颗圆圆的、红红的苹果。宝宝猜一猜,好饿的小蛇会怎么样?"稍微留一点时间给宝宝思考,然后翻页。

4. 翻页后,妈妈张大嘴巴,摸着肚子说:"啊呜—咕嘟! 啊,真好吃。宝宝,苹果不见了,苹果去哪儿了?"提问等待宝宝自己表达。不管宝宝如何回应,都可以接着说:"对,小蛇把苹果吃掉了,连肚子都变成了苹果的形状。"边说边拉着宝宝的手比划小蛇肚子的形状。

5. 妈妈接着翻页,对宝宝说:"到了第二天,好饿的小蛇又扭啊扭,扭啊扭,在散步。"妈妈边说边做扭一扭的动作,并鼓励宝宝一起扭一扭,调动宝宝的兴致。接着指着香蕉说:"走着走着,小蛇发现了一根黄色的……"同样留白,给宝宝表达的机会,并等待宝宝回答。如果宝宝回答正确,具体地赞扬宝宝,如果宝宝回答不上来,妈妈再代替回答:"这是一根香蕉,黄黄的,弯弯的。宝宝猜一猜,好饿的小蛇这次会怎么样呢?"同样,稍微留一点时间给宝宝思考,然后翻页。

6. 翻页后,妈妈同样张大嘴巴,摸着肚子说:"啊呜-咕嘟! 啊,真好吃。宝宝,香蕉也不见了,香蕉去哪儿了?"提问等待宝宝自己表达。不管宝宝如何回应,都可以接着说:"对,小蛇又把香蕉吃掉了,肚子又变成了香蕉的形状。"边说边拉着宝宝的手比划小蛇肚子的形状。

7. 妈妈接着翻页,对宝宝说:"到了第三天,好饿的小蛇又扭啊扭,扭啊扭,在散步,这次它发现了一个三角形的饭团。宝宝你猜猜,好饿的小蛇会怎么样?"提问让宝宝预测故事情节。不管宝宝回应如何,边说边翻页:"我们来看看。"

8. 翻页后,妈妈同样张大嘴巴,摸着肚子说:"啊呜—咕嘟! 啊,真好吃。原来,小蛇又把饭团吃了,肚子变成了三角形的饭团。"

9. 妈妈接着翻页,对宝宝说:"到了第四天,好饿的小蛇,又扭啊扭,扭啊扭,在散步,这次它又发现了什么好吃的呢?"指着葡萄等待宝宝回答。如果宝宝回答正确,具体地赞扬宝宝,如果宝宝回答不上来,妈妈再代替回答:"这是葡萄,紫色的葡萄。宝宝猜一猜,好饿的小蛇会怎么样?"同样,提问让宝宝预测故事情节。不管宝宝回应如何,边说边翻页:"我们来看看。"

10. 翻页后,妈妈张大嘴巴,摸着肚子说:"啊呜—咕嘟! 啊,真好吃。原来,小蛇又把一整串葡萄吃了。小蛇的肚子又变成了一串葡萄的形状,对不对?"望向宝宝说。

11. 妈妈接着边翻页边对宝宝说:"到了第五天,好饿的小蛇又扭啊扭,扭啊扭,在散步。走着走着它又发现了一个带刺的菠萝。小蛇好开心! 这是它第一次见菠萝,好奇地伸长了脖子。宝宝你猜猜,好饿的小蛇接下来会怎么样?"同样,稍微留一点时间给宝宝思考,然后翻页。

12. 翻页后,妈妈张大嘴巴,摸着肚子说对宝宝说:"啊呜—咕嘟! 啊,真好吃。小蛇又把一整个菠萝吃了,宝宝你看,小蛇的肚子这下又变成菠萝了!"

13. 接着边翻页边对宝宝说:"到了第六天,好饿的小蛇又扭啊扭,扭啊扭,在散步。这回,它发现了一颗结满红苹果的树。宝宝你数一数这里有几颗苹果呀?"鼓励宝宝自己数一数,如果宝宝不能完成,妈妈和宝宝一起完成。接着说:"宝宝猜猜,好饿的小蛇会怎么样?"同样,稍微留一点时间给宝宝思考,然后翻页。

14. 妈妈接着往下翻,指着小蛇对宝宝说:"小蛇扭啊扭,扭啊扭,开始爬树了。"妈妈拉长声音说:"然后……宝宝你猜,然后怎么样了?"等待宝宝说出自己的想法,不管宝宝表达了什么,鼓励宝宝自己翻页:"宝宝翻一翻,我们看看发生了什么。"翻页后,妈妈把嘴巴张到最大说:"啊! 原来小蛇把自己的嘴巴张到了最大,它要做什么呢?"紧接着翻页:"还是,咕嘟! 哦,太不可思议了! 小蛇竟然把整棵苹果树都吃了! 宝宝你看,小蛇的肚子都变成了树的形状。"

15. 妈妈接着翻到后环衬页,摸摸自己的肚子说:"啊,真好吃。宝宝你看看这片树林有什么变化吗?"望向宝宝说,引导宝宝观察画面。如果宝宝没有发现,妈妈指出那棵被吃掉的树说:"咦,这棵树去哪里了呢?"引导宝宝回忆故事情节。

16. 妈妈接着翻到封底,对宝宝说:"呼—呼—呼。小蛇终于吃饱了,它躺在草堆上睡觉去了。宝宝,今天的故事就讲完啦,让我们和小蛇说再见吧,再见,小蛇。"引导宝宝挥挥手。

➤ 提示
• 讲读时,尽可能表情夸张,变换音调,以调动幼儿的兴致,维持宝宝的注意力。

- 可以鼓励幼儿先描述画面,以增强幼儿的语言表达能力。
- 尽可能创造机会让幼儿主动表达,增强幼儿的参与感,并适时表扬他,让幼儿喜欢上阅读。

➤ 延伸阅读:与生活实际相联系。带幼儿去超市或者菜市场看到相同或者类似的形状或物品时,可以说:"宝宝你看,这个苹果和绘本中的苹果是不是一样啊,都是红红的、圆圆的。"通过这样的方式可以加深幼儿对形状或者物品的印象,并为幼儿提供更多联想的空间。

《大卫,不可以》

➤ 适用月龄段:25—36 月龄

➤ 推荐原因:该绘本直观展示了调皮捣蛋的大卫做了许多成人不让做的事情,可以幽默而有效地引发幼儿的情感共鸣,对于自我的一种认同感,而且可以通过妈妈这个人物,让幼儿明白自己不能做这些事情的原因,从而影响他们的行为。

➤ 讲读目标
- 语言方面:通过重复"大卫,不可以",让幼儿学会说"不可以"。
- 思维方面:通过让幼儿观察画面和提出相关问题,引发幼儿的思考,比如,为什么不能这样做。
- 社会情感方面:
  - √ 体会成人说"不可以"的含义,建立规则意识;
  - √ 引导幼儿理解每个"不可以"背后的原因,缓解这个阶段幼儿的逆反心理;
  - √ 感受大卫的调皮捣蛋和母爱的温暖,引发情感共鸣。

➤ 讲读步骤
1. 妈妈和宝宝选择舒适的姿势就可以。妈妈拿起图画书,指着封面上的标题说:"宝宝,今天我们来讲一个《大卫,不可以》的故事。"接着指着大卫说:"这个小男孩就是大卫。大卫的妈妈总是说'大卫,不可以',嗯……为什么妈妈总是说不可以呢?宝宝猜一猜。"通过提问引发宝宝的思考,或者引起宝宝对故事的兴趣。

2. 妈妈继续翻页,指着图画中的这个妈妈说:"宝宝看,这个妈妈两手叉腰(妈妈也可以做两手叉腰的动作),妈妈肯定特别生气,我们看看大卫做了什么让妈妈生气的事情呢?"

3. 妈妈翻到正文第一页,指着画面对宝宝说:"大卫肚子饿得咕咕叫,他发现柜子上有自己喜欢吃的饼干。可大卫够不到高处的饼干罐子,机智的大卫很快就想到了一个办法——站在椅子上。妈妈严厉地说道,'大卫,不可以!'宝宝,你知道大卫为什么不能这样做吗?"等待宝宝的回答,如果宝宝回答对了,肯定并鼓励宝宝,如果宝宝回答不上来,妈妈可以指着画面说:"宝宝你看,大卫的脚已经到椅子边边了,马上就要从椅子上摔下来了,这是非常危险的! 大卫会摔伤的。所以宝宝,我们不能站到危险的高处,很容易摔下来的。"妈妈边说边看着宝宝。

4. 妈妈继续翻页,并对宝宝说:"天哪! 宝宝看,大卫身上满是泥巴,泥巴上还带着杂草、蚯蚓和蘑菇,宝宝看到蚯蚓了吗?"通过提问引导宝宝观察画面并等待回答。如果宝宝回答正确,需要具体地鼓励宝宝:"宝宝好棒! 这么小的蚯蚓都观察到了。"如果宝宝没有看到或者不回应,可以指着画面对宝宝说:"宝宝看,蚯蚓在这里呦。"接着说:"大卫妈妈也看到了这一幕,她大声地说:'天哪! 大卫,不可以!'宝宝,大卫为什么不可以这样做呢?"如果宝宝没有回应,妈妈可以接着说:"大卫一进门就把妈妈刚打扫过的地板弄脏了,还把自己全身都弄得脏兮兮的,这样不仅把衣服弄脏了,还很容易因为感染细菌而生病。"

5. 妈妈继续翻页,指着画面对宝宝说:"大卫在大浴盆里洗澡,要把身上脏兮兮的泥巴洗干净。他喜欢在洗澡的时候玩玩具,在浴缸里放满了玩具,将海盗帽戴在自己的头上,手里还举着鲨鱼,假装要吃掉鸭子。可是,大卫忘了关水龙头,水流得满地都是,妈妈看到了大声说'不行! 不可以!'宝宝,大卫这样好吗?"同样,妈妈可以开放性提问,引发宝宝自己的思考。最后妈妈可以告诉宝宝:"这样做会把水弄得到处都是,别人也会滑倒,很危险的。"

6. 妈妈继续翻页说:"哎呀,羞羞……"妈妈可以边说边遮住宝宝的眼睛,表现出害羞的样子。接着指着画面对宝宝说:"大卫洗完澡后竟然一件衣服都没有穿就跑出去了。哈哈,他的小屁股都露出来了,大卫妈妈边追边喊,'大卫,快回来!'宝宝,大卫可以这样在外面跑吗?"等待宝宝的回答和反应,然后告诉宝宝:"我们平时需要穿好衣服才可以出门呢。"

7. 妈妈继续翻页说:"大卫回到家后,妈妈开始做午饭了。但是宝宝你看,大卫把锅当帽子一样戴在自己的头上,拿起平底锅和勺子'哐、哐、哐'地一顿敲,假装自己是红色仪仗队的乐手在奏乐,还开心地哈哈大笑。只见厨房传来妈妈生气的声音'大卫,不要吵!'宝宝,为什么大卫不可以这样做呢?"如果宝宝不回答或者不知道怎么回答,妈妈可以说:"大卫这样实在是太吵了,会给邻居造成很多困扰,影响别人的生活。而且这样也可能把锅敲坏呢,可能会弄伤小朋友。"

8. 妈妈继续翻页,指着画面说:"午餐做好开饭啦! 饭桌上有好吃的土豆、鸡腿、豆角,还有西蓝花。可是大卫不好好吃饭,拿饭桌上的食物做了个人偶。妈妈看见了说'不可以玩食物!'宝宝,你觉得大卫这样做对吗?"等待宝宝回答。如果宝宝不回答,妈妈可以引导宝宝说:"大卫在玩食物的时候,食物都被弄脏了,不能吃了,我们不能浪费。"妈妈要耐心地对宝宝讲解。

9. 妈妈继续翻页说:"大卫把所有的饭一口气都吃到了嘴里。可是,大卫吃得停不下来了,他吃了满嘴的饭菜还在吃。妈妈赶紧说:'大卫,不要吃了!'宝宝,妈妈为什么不让大卫吃了呢?"等待宝宝的回应,如果宝宝回答正确,妈妈要肯定并鼓励宝宝,但如果宝宝不回答,妈妈可以肯定地告诉宝宝:"宝宝,我们吃饭要慢慢吃,要把食物嚼烂嚼碎了、一点一点地吃,如果一次给嘴里吃得太多了,可能被呛到,或者因为嘴里吃得太多了想吐,这样对身体都不好。"妈妈可以说完问宝宝:"宝宝平时是不是一口一口地吃饭呀?"等待宝宝的回答和反应。

10. 妈妈继续翻页说:"吃完饭,大卫在看超人。已经看了很长时间了,大卫还在看,妈妈让大卫回房间去,不能再看超人。宝宝看,大卫真得好生气,他生气地回房间了。"妈妈边说边模仿大卫生气的样子。

11. 妈妈继续翻页说:"可是,回到房间的大卫并不想睡觉,大卫穿上妈妈的红色高跟皮鞋,戴上蓝色的眼罩,把枕巾做成披风披在背上,假装自己变成了电视里的超人,在床上一个劲地跳。哈哈,也许大卫觉得自己已经飞起来了!妈妈很快就听到了房间里的动静,大喊'躺下来!'"

12. 妈妈继续翻页说:"宝宝看,大卫在干什么呢?"等待宝宝的回答和反应,不管宝宝是否回答出来,妈妈说:"大卫在挖鼻孔,哎呀,脏死人了!大卫妈妈看见了对大卫说'不可以挖鼻孔!'宝宝,我们平时可以挖鼻孔吗?"等待宝宝的回答,如果宝宝回答正确,妈妈要及时而具体地赞扬宝宝,如果宝宝不回答,妈妈可以接着说:"鼻孔很脏,用手挖鼻孔不卫生,如果宝宝鼻孔不舒服,我们需要用棉签帮宝宝弄。"看着宝宝耐心地说。

13. 妈妈继续翻页说:"宝宝看,大卫在看电视。但是大卫把玩具扔得到处都是,都没有踩脚的地方了,满屋子的玩具被搞得乱七八糟!宝宝觉得这样好吗?"等待宝宝的回答和反应。接着说:"大卫的妈妈也觉得这样特别不好,妈妈进门看到凌乱的玩具,大声说'大卫,把玩具收好!'"

14. 妈妈继续翻页说:"大卫戴上棒球帽,左手拿着球棒,右手拿球,想要在屋子里打棒球,妈妈赶紧阻止说'大卫,不可以在屋子里玩棒球!'宝宝知道在屋子里玩棒球会发生什么事情吗?"等待宝宝的回答和反应,接着翻页说:"可是,大卫不听妈妈的提醒,继续打球,只听见'砰'的一声,花瓶碎了一地。这时大卫妈妈跟大卫说:'我说过,大卫,不可以'。妈妈让大卫坐到墙角,想一下自己做错了什么。宝宝,你觉得大卫做错了什么?"等待宝宝的回答,如果宝宝不回答或者回答不上来,妈妈可以接着说:"大卫妈妈提醒过大卫不可以在家里玩棒球,这样会很危险!但大卫还是在家里玩棒球了,而且还把花瓶打碎了。"

15. 妈妈继续翻页说:"大卫妈妈张开双臂说:'宝贝,来这里!'大卫也张开双臂,拥抱妈妈。"妈妈说的同时也可以张开自己的胳膊,拥抱自己的宝宝。

16. 妈妈继续翻页说:"妈妈抱着大卫低声说:'大卫乖,不管你做了什么,妈妈永远爱你!'"

➤ 提示

  • 这个阶段的幼儿可以完整地听完一个故事,讲读时需要注意上下文的连贯和衔接,锻炼幼儿的逻辑思维能力。

  • 讲读时,语言、表情和动作都要夸张,这样有助于幼儿理解并沉浸于故事情节。

  • 对于大月龄幼儿,可以提出一些开放性问题,比如,"宝宝,大卫为什么不可以那样做呢?"或者"宝宝,你觉得大卫这样做好吗?"以引发幼儿对行为的思考。

《是谁嗯嗯在我的头上》

➤ 适用月龄段:25—36月龄

➤ 推荐原因:这本书能让幼儿在短小有趣的故事中认识不同动物的排泄物。让幼儿喜欢书、喜欢翻阅,喜欢去看那些有趣的图片,即使不认识字,也能根据图片来说一说自己理解的故事,让幼儿爱上阅读。

➤ 讲读目标

  • 通过讲读让幼儿感受故事的风趣、幽默。

  • 愿意了解不同动物的"嗯嗯"。

➤ 讲读步骤

1. 妈妈和宝宝选择舒适的姿势就可以。妈妈拿起图画书,对宝宝说:"今天我们来看一个小鼹鼠的故事。"妈妈接着翻到扉页,指着小鼹鼠对宝宝说:"它就是小鼹鼠,有着圆圆的肚子,小小的眼睛。宝宝你看,它还戴着眼镜呢!这个故事的名字叫《是谁嗯嗯在我的头上》。嗯嗯是什么?宝宝知道吗?"与宝宝交流,等待宝宝回答。如果宝宝回答正确,肯定宝宝,如果宝宝回答不上来,接着说:"嗯嗯就是便便,谁会在小鼹鼠的头上嗯嗯呢?到底发生了什么?我们来看看!"

2. 妈妈接着翻页:"有一天,小鼹鼠觉得地下待得太无聊了,它就从地下伸出头来,开心地迎着阳光说'哇,天气真好!'"妈妈接着指着画面说:"可是,正当小鼹鼠开心的时候发生了一件事情,不知道谁把便便嗯嗯在了小鼹鼠的头上,小鼹鼠气得大叫:'搞什么嘛,是谁嗯嗯在我的头上?'宝宝,是不是很臭呀?"等待宝宝回答,并请宝宝学学小鼹鼠生气的样子。

3. 妈妈继续翻页："突然，小鼹鼠抬头看见一只鸽子飞过来了，它一手插腰，抬头气愤地问鸽子：'是不是你嗯嗯在我的头上？'鸽子一听，连忙说：'不是我，我的嗯嗯是这样的。'鸽子说完，一团又湿又黏的嗯嗯就掉在了小鼹鼠的脚边。宝宝你看鼹鼠头上是鸽子的嗯嗯吗？"妈妈这时可以引导宝宝通过观察比较不同便便，告诉宝宝不是鸽子嗯嗯在小鼹鼠头上的，他们的嗯嗯是不一样的。

4. 妈妈接着翻页，对宝宝说："哇哦，这个大个头是什么动物呢？"引导宝宝自己回答，如果宝宝回答正确，及时肯定宝宝，如果宝宝答不上来，接着说："这是马。原来小鼹鼠跑来问马先生了，'是不是你嗯嗯在我的头上了？'"鼓励宝宝学说这句重复的表达。妈妈接着说："只见马先生说：'不是我，我的嗯嗯是这样的。'马先生屁股一扭，五坨又大又圆的嗯嗯像马铃薯一样，'咚咚咚'掉了下来，小鼹鼠失望地走开了。小鼹鼠为什么失望地走开了呢？它头上的嗯嗯是马先生的吗？"同样引导宝宝通过观察进行比较。

5. 妈妈继续翻页，对宝宝说："小鼹鼠还是不放弃，双手交叉在胸前，生气地跑来问野兔：'是不是你嗯嗯在我的头上？'"鼓励宝宝和妈妈一起表达这句话。接着说："野兔这时正在吃胡萝卜，它对小鼹鼠说'不是我，我的嗯嗯是这样的。'"妈妈指着野兔的嗯嗯说："刚说完，野兔立刻转身，十五颗像豆子一样的嗯嗯就掉下来了，哒、哒、哒……在小鼹鼠的耳边响着，小鼹鼠立刻跑开了。宝宝，小鼹鼠为什么跑开了？它头上的嗯嗯是野兔的吗？"同样引导宝宝通过观察进行比较。

6. 妈妈继续翻页，指着山羊问："宝宝，你看小鼹鼠又来问谁了？"等待宝宝回答，如果宝宝回答正确，及时肯定宝宝，如果宝宝答不上来，接着说："这是山羊，小鼹鼠问：'是不是你嗯嗯在我的头上？'"放慢语速，等待宝宝一起表达这句话。接着说："山羊撅起屁股转身，温和地对小鼹鼠说：'不是我，我的嗯嗯是这样的。'只见山羊的嗯嗯像咖啡色的球一样掉在草地上，小鼹鼠看了后又默默地走开了。宝宝你想一想小鼹鼠为什么又走开了？"同样引导宝宝通过观察进行比较。

7. 接着翻页，妈妈指着奶牛说："嗯，这个又是……宝宝认识它吗？"留白，给宝宝机会表达。等待宝宝回答，如果宝宝回答正确，及时肯定宝宝，如果宝宝答不上来，接着说："这是奶牛。小鼹鼠又跑来问吃草的奶牛：'是不是你嗯嗯在我的头上？'"放慢语速，等待宝宝一起表达这句话。"奶牛说：'不是我，我的嗯嗯是这样的。'奶牛的嗯嗯像一盘巧克力蛋糕，小鼹鼠看到后又失望地走了。"

8. 接着翻页，妈妈指着猪说："小鼹鼠又跑来问猪先生：'是不是你嗯嗯在我的头上？'"放慢语速，等待宝宝一起表达这句话。"猪先生说：'不是我，我的嗯嗯是这样的。'只见猪先生立刻转身撅起大屁股,'噗'一声,掉下一坨软软的嗯嗯,小鼹鼠捂着鼻子立马跑开了。嗯……好臭呀!"妈妈和宝宝一起捂鼻子。"宝宝,小鼹鼠头上的嗯嗯是猪先生的吗?"同样引导宝宝通过观察进行比较。

9. 妈妈继续翻页,对宝宝说:"小鼹鼠继续找啊找,找啊找,远远地看见两个小家伙问道:'是不是你们……'小鼹鼠一边说,一边走近他们,原来是两只又大又肥的苍蝇。小鼹鼠这次高兴坏了,'啊哈! 我知道谁可以帮助我了。'它兴奋地问两只苍蝇:'快帮我看看,是谁嗯嗯在我的头上?'苍蝇让小鼹鼠乖乖坐好,然后戳了一下小鼹鼠头上的嗯嗯,立刻说'哈,这是一坨狗大便。'那么,小鼹鼠头上的嗯嗯是谁的? 宝宝你现在知道了吗?"鼓励宝宝自己说一说。

10. 妈妈继续翻页:"小鼹鼠终于知道是谁嗯嗯在他的头上了,原来是这只大狗。"接着翻页,说:"大狗正在打瞌睡,小鼹鼠悄悄爬上狗屋的房顶,然后'扑哧'一声,一粒小小的、黑黑的嗯嗯掉下来了,正好掉在大狗的头上,还没等大狗反应过来,小鼹鼠已经开心地钻到地下去了。宝宝,小鼹鼠为什么开心地钻到地下去了呢?"鼓励宝宝说出自己的想法。

11. 妈妈接着带领宝宝回看封面:"宝宝,你还记得这本书的名字吗?《是谁嗯嗯在我的头上》。"如果宝宝回答不上来,妈妈手指点字念出来。接着说:"宝宝还记得到底是谁嗯嗯在了小鼹鼠头上吗? 你要是被人在头上拉一堆嗯嗯会不会也很生气? 最后是谁帮助小鼹鼠找到了把嗯嗯拉在它头上的动物呢?"通过这样的提问,引导宝宝回忆故事情节。

➢ 提示

● 鼓励幼儿仔细观察,发现有趣好玩的画面。

● 每遇到一个新的动物,尽可能变换一种声音说出"不是我,我的嗯嗯是这样的",以吸引幼儿的注意力,引起幼儿的兴趣。

● 创造机会与幼儿互动,并适时肯定他,让幼儿喜欢阅读。

➢ 延伸阅读:在生活中,家长可以跟幼儿用角色扮演的方式进行阅读,例如,幼儿学说每一页里小鼹鼠说的话:是不是你嗯嗯在我头上? 家长则扮演每一页不同的动物并学说对话。

《自己的颜色》

➢ 适用月龄段:25—36 月龄

➢ 推荐原因:本书插图色彩鲜艳,文字简单,易于幼儿理解,可以帮助幼儿认识各种颜色,同时幼儿还可以学会接纳和认识自己。

➤ 讲读目标

- 通过不同颜色动物的出场和不断变换颜色的变色龙,帮助幼儿认识颜色。

- 通过变色龙的经历,帮助幼儿学会认识自我,敢于做真实的自己。

➤ 讲读步骤

1. 妈妈和宝宝选择舒适的姿势就可以。妈妈拿起图画书,指着封面上的标题说:"宝宝,今天我们来读一个《自己的颜色》的故事。你认识封面上这个动物是什么吗?"观察并等待宝宝回答,如果宝宝回答正确,及时地鼓励宝宝,如果宝宝回答不上来,再告诉宝宝:"这是可以变色的变色龙。我们今天讲述的就是发生在变色龙身上的故事。变色龙可以随意地变化颜色,是不是很酷?"边说边翻到正文第一页,指着画面对宝宝说:"宝宝,这是鹦鹉,鹦鹉是绿色的,金鱼是红色的。"接着翻页,指着画面说:"大象是灰色的,猪是粉红色的。所有的动物都有它们自己的不同的颜色。"

2. 接着翻页,妈妈说:"宝宝你看,变色龙可以变成很多不同的颜色,它们的颜色会随之变化。"从左到右指着不同颜色的变色龙,慢速说:"宝宝看,这是什么颜色的?"可以指着不同的颜色问宝宝,等待宝宝的反应和回答。告诉宝宝:"它有时是黄色的,有时是绿色的,而有时是蓝色的,还有时是紫色的,是不是很神奇呀?"

3. 妈妈翻页,指着画面对宝宝说:"变色龙站在柠檬上面,它就变成……颜色的。藏在石楠花丛中,它们就会变成……颜色的。"留白给宝宝机会表达对颜色的认识,如果宝宝不能回答,可以告诉宝宝答案。

4. 接着翻页,妈妈说:"变色龙站在老虎身上,它们就有了和老虎一样的条纹。宝宝你看,它们的颜色一样了,变成了黑红的条纹。"引导宝宝观察画面。

5. 接着翻页,妈妈指着画面对宝宝说:"有一天,一只站在老虎尾巴上的变色龙对自己说:'如果我一直待在叶子上,我就会永远是绿色的,那样我也会有我自己的颜色了。'"

6. 边说边翻页说:"变色龙就高高兴兴地爬上最绿的一片叶子。宝宝你看,它这会儿真的变绿了。可是到了秋天,叶子变黄了,那只变色龙也变……颜色了。"通过留白,鼓励宝宝自己说出颜色,增强宝宝的参与感。接着翻页,说:"后来叶子变红了,变色龙也变……了。再后来,冬天的寒风把叶子吹落枝头,变色龙也跟着落下了。"讲的同时,随时观察宝宝,根据宝宝的反应调整讲读节奏。

7. 接着翻页,妈妈说:"在漫长的冬夜里,变色龙变成了……颜色了。"留白,让宝宝自己说出来,如果宝宝说不出来,妈妈再告诉宝宝答案。宝宝你看变色龙是不是好伤心呀!你知道为什么吗?"提问引发宝宝思考,等待宝宝说出自己的想法,如果宝宝回答不上来，妈妈再告诉宝宝答案："因为它没有自己的颜色。"

8. 接着翻页，妈妈指着画面说："冬天过后，春天来临了，这只变色龙来到一片青草地。在那儿，它遇到了另一只变色龙，并且讲了自己的伤心故事，问道：'难道我们就不会有我们自己的颜色吗？'"

9. 接着翻页，妈妈指着画面说："右边的这只变色龙年纪大一点，也更有智慧。它对这只变色龙说，'恐怕我们不会有自己的颜色。可是，为什么我们不待在一起呢？我们走到哪儿，颜色还是会随之变化，但是你和我的颜色，总是一样的。'"

10. 接着翻页，妈妈说："从此以后，它们就这样肩并肩地待在一起。它们一起变成了……颜色。"留白，让宝宝自己说出颜色，如果宝宝回答不上来，妈妈再告诉宝宝答案。接着翻页，指着画面说："它们一起变成了……颜色，一起变成了……颜色。"同样留白。

11. 接着翻页，妈妈说："还有红色带圆点的。从此，它们幸福地生活在一起。宝宝你看，变色龙不再伤心，它变得开心起来了对吗？你知道为什么吗？"同样，给宝宝机会自己思考，说出自己的想法，如果宝宝没有表达或者回答不上来，妈妈接着说："因为它找到了和自己一样颜色的变色龙，找到了可以理解自己的好朋友，对不对？"

12. 最后翻到封面，对宝宝说："宝宝，我们和变色龙说再见吧，再见！"

➤ 提示：

• 该月龄段幼儿想象力丰富，而且有表达的欲望，讲读时，家长不要想着一味扭转或是改变宝宝的想法，应尽可能给予鼓励和肯定。

• 讲读时，不管讲到什么家长都要用手指认相应画面，帮助幼儿建立语言与画面的对应。

• 讲读后，家长可以挑时间带幼儿去动物园看看真实的变色龙，带幼儿观察变色龙的颜色，加深对颜色的认知。

第二节　分月龄集体故事会讲读

为什么要分月龄开展集体故事会？集体故事会的讲读与一对一亲子共读有什么差异？集体故事会具体如何开展？本节我们将带着这些问题来学习0—3岁婴幼儿的分月龄集体故事会。

一、集体故事会的定义及开展意义

在第一章的内容中我们总结出早期阅读是指儿童从出生开始在生活、游戏、学习和阅读活动中，通过与图画书、文字、符号、图示等的互动，从而获取这些媒介所承载的信息，如果我们将早期阅读的定义分解来看，其中有一个分解的内容就是在什么场景中阅读。无论是在生活中阅读还是在游戏中阅读都需要非常好的阅读场景。

什么是集体故事会？简而言之，就是一个故事讲读者面对两个及两个以上的儿童所开展的讲读活动。

我们之前已经讲过了关于亲子共读的内容，亲子共读提供了婴幼儿与家长之间的阅读场景，那为什么还提倡开展集体故事会呢？从集体故事会的开展意义来看，我们可以将集体故事会的开展意义总结为：集体故事会是婴幼儿参与社会互动的良好场所。在集体故事会的场景下，除了有讲读师以及家长之外，还有其他一同参与故事会的婴幼儿。在讲读过程中，不同家庭的宝宝聚集在一起，发挥了集体学习的作用，还为婴幼儿社会交往提供了更好的场所，不同性格与习惯的婴幼儿可以相互交流学习，家长也可以通过参与集体故事会，更加客观全面地看待婴幼儿各个方面的发展。

总之，在集体故事会中，婴幼儿除了收获知识，还会增加与其他人的互动和交流。通过集体故事会，让婴幼儿爱上阅读，培养未来阅读者。

二、0—3岁婴幼儿集体故事会环境创设

0—3岁婴幼儿集体故事会的布局应该从空间、座次安排等方面进行布置，根据人数多少以及不同故事会风格进行设计。具体来讲主要包含以下几个方面：首先要考虑有足够卫生、安全的空间，保证每一位婴幼儿都能在舒适的空间与距离中参与阅读。此外，还需要有适合开展阅读的光线，并且讲读师要营造轻松而又愉快的阅读氛围。相对愉悦的阅读环境能让婴幼儿更迅速地进入阅读状态！因此，讲读师在创设集体故事会的环境时可考虑从以下方面进行：

（一）空间布局

讲读师需要提前准备好大开本的图画书、根据婴幼儿人数准备相应数量的小开本图画书（集体讲读结束后分发使用）、参与故事会的婴幼儿名单等，如果条件允许，故事会现场可以准备辅助讲读师开展讲读活动的屏幕（主要辅助讲读师播放相关学习视频等）、小方桌（放几本适合该月龄段的绘本）、音响、小型话筒。

对于月龄较小的婴幼儿，家长需要抱着婴幼儿坐在地垫上，当婴幼儿月龄较大可以自己坐立时，家长可以坐在宝宝身后，让宝宝单独坐立。讲读师可以安排婴幼儿坐成 U 型，婴幼儿之间留有一定的距离，距离的安排原则是婴幼儿能看到讲读师的动作、表情、图画书以及听到讲读师的声音。讲读师坐在稍微高点的小板凳上，并面对婴幼儿和门，婴幼儿背对着门，这样可以防止进出人员干扰他们的视线，具体的环境空间布局可参考集体故事会空间布局示例图（图 4-2-1）。

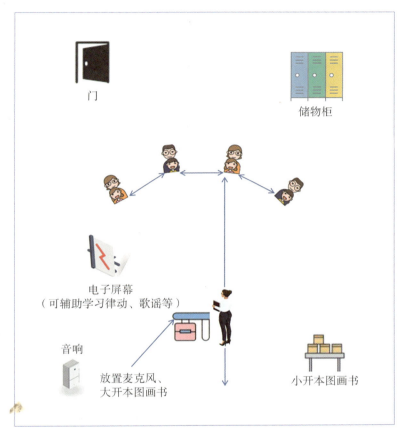

图 4-2-1　集体故事会空间布局示例图

（二）座位布局

（1）大于等于 2 人小于等于 6 人：集体故事会人数一般大于等于 2 人，如果参与故事会的婴幼儿人数在 6 人及以下，讲读师可以安排婴幼儿坐成 U 型，婴幼儿之间留有一定的距离，距离的安排原则是婴幼儿能看到讲读师的动作、表情、图画书以及听到讲读师的声音。讲读师坐在稍微高点的小板凳上，并面对婴幼儿和门，婴幼儿背对着门，这样可以防止进出人员干扰他们的视线(图 4 - 2 - 2)。

图 4 - 2 - 2 U 型单排座位布局：大于 2 人小于 6 人

　(2) 大于等于 7 人小于等于 10 人：如果参与集体故事会的人数大于等于 7 人,小于等于 10 人,婴幼儿座位可以考虑安排成 U 型分两排坐(图 4 - 2 - 3)。

图 4 - 2 - 3 U 型双排座位布局：大于等于 7 人小于等于 10 人

　(3) 10 人以上：如果一场故事会参与人数在 10 人以上,并且婴幼儿月龄跨度较大,那就需要讲读师分月龄分场次安排集体故事会。比如,将婴幼儿分为 A 组和 B 组(参加集体故事会的婴幼儿建议按照 6—12 月龄、13—18 月龄、19—24 月龄和 25—36 月龄进行分组,将月龄跨度较小的婴幼儿安排在同一场故事会中),比如,第一场安排 A 组婴幼儿开展集体故事会,此时,B 组婴幼儿可以跟随家长在另一个阅读区进行亲子共读。第一场集体故事会结束后,A组婴幼儿可以进行亲子共读,家长可以拿着第一场故事会中刚讲过的小开本图画书给A组婴幼儿讲读,B组婴幼儿就可以开始去参加第二场故事会了。此处开展集体故事会的座位可以按照U型双排布局,参考上文图4-2-3(U型双排座位布局:大于等于7人小于等于10人)。

此外,讲读师可以坐在地垫上或者坐在椅子上,确保姿势舒适,并能看到每一位家长和婴幼儿。需要注意的是,讲读师的着装需要大方得体,方便坐卧。讲读师可以舒适地坐在地垫上与婴幼儿进行互动。

(三)图画书的设置

开展集体故事会前,讲读师身边只放置本场故事会讲读的书,尽量选择大开本、互动性高的书,同时不要给参与故事会的婴幼儿及家长提供小开本的图画书或者多余的玩具,以避免婴幼儿及家长注意力偏移,无法聚焦到故事会中。

什么情况下可以将小开本的图画书分发给参与集体故事会的婴幼儿及家长呢?当婴幼儿参加完一场集体故事会后,讲读师将和本场故事会相同的小开本图书分发给家长和婴幼儿,家长可以陪伴婴幼儿在一段时间内讲读,例如,半个月或者一个月内都只读一本书,因为月龄较小的婴幼儿可以不用每周都去参加集体故事会,参加完一场故事会后,选定适合本月龄段的3—4本书目在一段时间内进行亲子共读,从而促进婴幼儿相关能力的发展。简言之,开展集体故事会的目的是激发婴幼儿对图画书的兴趣,更多地参与互动游戏,同时这也有利于家长与婴幼儿更好地开展亲子共读,最终达到促进婴幼儿各项能力发展的目标。

(四)环境的设置

1. 安全与卫生

首先要保证参与者的安全,由于参与故事会的婴幼儿人数较多,为了避免婴幼儿在休息期间由于打闹、玩耍等引发不安全事件,所以婴幼儿活动区域内的书架、书桌等物品的尖角部位都需要采取安全措施。电源插座需要安装保护罩。此外,还需要清洁并消毒阅读区域,比如,用图书消毒柜给图画书消毒等;还需配备一些卫生设施,如卫生间和尿布更换台等。

2. 明亮、舒适

集体故事会参与人数相对较多,需要根据人数选择空间宽敞、光线柔和和明亮的场所,但要避免强光,以防伤害婴幼儿视力。此外,需要布置舒适的环境,如铺上地垫、放上小沙发等,让参与者有更好的学习体验。

三、集体故事会的特征

0—3岁婴幼儿的发展经过了几个重要的阶段,比如,咿呀学语的阶段、蹒跚学步的阶段,本书基于婴幼儿的发展特点,结合集体故事会讲读互动方式,对开展集体故事会的特征进行具体分析。

(一)让童谣激发婴幼儿说话的兴趣

音乐与韵律是一种世界语言,一般来讲,8—9月龄的婴儿能简单听懂一些语意,等婴儿10月龄的时候,理解能力进一步增强,可以听懂一些简单的句子,婴儿在10—12月龄左右,可以说出第一个词,如"妈妈",这个月龄段也喜欢模仿声音,可以说,这是婴儿发声的开始阶段。选择简单缓慢歌词的童谣进行重复地播放,让婴儿开始模仿,可以更好地激发婴儿说话的兴趣。

13—18个月的幼儿语言发展正处于吸收和理解阶段,他们能听懂和理解一些话,能说出自己的名字,能指出书上相应的东西,能用一两个字表达自己的意愿,能短时间和小朋友一起玩[①],虽然幼儿还是喜欢听儿歌与故事,在听成人的指令时能指出书上相应的东西,但是这个阶段的幼儿语言发展仍然是在为大量的输出做准备,因此,对于幼儿来讲,"听"应该多于"说"。

因此,讲读师在故事会开始和结束时都可以播放童谣,并邀请家长带领婴幼儿一起重复发声,鼓励婴幼儿一边发声一边活动,如果婴幼儿不能及时理解,应该让家长陪伴婴幼儿,在感受韵律的同时做动作,从而更好地促进婴幼儿语言能力的发展。

(二)让婴幼儿模仿讲读师及家长的动作

9个月的婴儿大拇指就可以伸展开了,这个阶段精细运动进一步发展,因此,讲读师在讲读时一定要注意鼓励婴幼儿去翻书,也可以让婴幼儿涂鸦。13月龄以后的幼儿已经能蹒跚走路,这个月龄的幼儿可能拿着一本书走来走去,或者变成了图书的"移动者",这个时候无论是讲读师还是家长,都不要吝啬自己的时间,也不要觉得是幼儿对于读书没有耐心,幼儿的这种行为反而是他们独特的一种阅读方式,因为对于他们来说不认识字,语言发展也没有完全处于表达阶段。因此,幼儿撕书、移动书,或者其他玩书的一些表现都是正常的。

13—18月龄段的幼儿喜欢模仿书中人物的动作,因此在故事会讲读的时候讲读师可以选择一些适合幼儿活动的图画书,在讲读的时候,讲读师应该一边说一边模仿书中人物或者动物的动作,邀请家长一起做,并鼓励幼儿跟着做动作,及时肯定幼儿的表现。让幼儿在阅读中运动,从而更好地促进幼儿运动能力的发展。

---

① 教育部和联合国儿童基金会.0—6岁儿童发展的里程碑[EB/OL]. http://www. unicef. cn/media/6946/file/0 - 6岁儿童发展的里程碑. pdf.

（三）在阅读中锻炼婴幼儿的社交能力

7个月的婴儿喜欢与大人玩一些互动性较强的游戏,虽然他们还不能完整地表达自己想说的话,但是他们会通过咿咿呀呀的语言配合成人的交流与动作,同时他们会主动与成人进行交流,并模仿成人的动作,等婴儿稍微再长大几个月,到10—12月龄的时候,他们的交往能力进一步增强,讲读师让婴儿做"再见、握手、欢迎"等相关动作时,他们都能模仿并且做得很好,这就是婴儿与外界进行互动的一种方式,也是他们社交能力进一步发展的主要表现。

因此,这个月龄段开展集体故事会时,讲读师需要根据婴儿情绪与社会性发展的特征设计相关讲读互动方式,比如,根据图画书的内容转变讲读方式,在讲故事时穿插"再见,拜拜"等词语,故事会结束后让婴儿相互再见。这些环节的设置都能进一步锻炼婴儿的社交能力。

（四）爸爸陪伴的阅读

19—36月龄的幼儿,相比之前已经长大了,他们喜欢玩一些肢体游戏,因此,参与集体故事会的图画书可以选择类似《我爸爸》的书目,也可以选择相关亲子题材,如《爷爷一定有办法》。参与故事会的陪同人可以选择爸爸或者其他男性家属,可以培养爸爸或者爷爷与幼儿的亲子关系,幼儿在与爸爸或者爷爷的互动中了解爸爸或者爷爷的特点,也方便讲读师在幼儿参与集体故事会的时候设计更多互动游戏。

（五）注重复杂句式与对话

研究表明,2—3岁幼儿的词汇量约300—1 000;词类方面,除名词、动词外,形容词、副词、代词约占35.9%,还出现了少量的连接词,如并列连接词、转折连接词、因果连接词等;句型方面,单词句占4.9%,简单句占52.8%,复合句占42.3%,这些数字说明,幼儿越来越具备表达自己"真知灼见"的能力,毫无疑问,如果此阶段我们为幼儿提供高质量的语言环境,对幼儿的语言发展能力来说简直如虎添翼①。

什么样的环境对于婴幼儿来说是高质量的语言环境呢?毫无疑问是对话型的,让婴幼儿获得更多语言信息的环境才能进一步促进婴幼儿语言能力的发展。毋庸置疑,集体故事会中的多人共同学习以及互动为婴幼儿提供了丰富的语言环境。

因此,讲读师可以在集体故事会的环节设计面对面的互动,比如婴幼儿之间面对面的表达互动,婴幼儿与讲读师之间面对面的表达互动,婴幼儿与家长之间面对面的表达互动,在语言互动过程中进行复杂句式表达的引导,通过这种对话式的互动,感受对话的乐趣,从而提高婴幼儿的语言表达与理解能力。

---

① 陈苗苗,李岩.1 000天阅读效应[M].北京:中国妇女出版社,2019(155).

（六）用创意活动引领婴幼儿阅读

19—24 月龄是幼儿想象力初步萌芽的阶段，幼儿的语言、动作中出现了一些简单的想象成分，如会给娃娃喂水、喂饭等。开展集体故事会时，讲读师可以设计与想象相关的互动环节，比如，通过让幼儿想象小金鱼的形状进行小金鱼拼图游戏，从而促进幼儿想象能力的发展。

25—36 月龄是幼儿想象力迅速发展的阶段，幼儿处于行动思维阶段，他们注意观察与思考，有时候还会发表自己的观察心得，这个阶段的幼儿喜欢先想后做，或者一边想一边做，幼儿还喜欢对事情做"预见"，讲读师可以把讲读和游戏联系起来，通过角色扮演的方式让幼儿融入阅读中。

25—36 月龄幼儿的动作发展迅速，能握住大的蜡笔在纸上涂鸦，集体故事会开展时，讲读师可以抓住幼儿这个发展特征，通过画画、折纸的方式进行练习，如《好饿的毛毛虫》，讲读师可以折叠出毛毛虫的形状，《好饿的小蛇》可以进行小组比赛，画出小蛇的形状，还可以设置相关创意活动的小组竞赛环节，让幼儿在集体故事会中体验阅读的更多乐趣。

四、集体故事会开展流程

集体故事会开展的流程与亲子共读的差异较大，亲子共读是家长与婴幼儿两人完成的阅读，而集体故事会涉及的人员较多。因此，为了呈现一场效果较好的故事会，建议讲读者从故事会开展前、故事会开展中和故事会开展后三个环节精心设计完整的讲读流程，婴幼儿才会有更好的阅读体验。

（一）开展前：制定讲读计划

故事会开展前，讲读师需要制定讲读计划，需要从适用月龄、讲读目标、讲读时长、图画书选择、参与人物、环境创设和物料准备等几个方面做讲读计划，以下是每个方面内容的详细解释：

➢ 适用月龄：说明本场故事会是针对哪个月龄段的婴幼儿讲读的。

➢ 图画书选择：根据不同月龄段婴幼儿的发展特点及阅读需求选择适合本月龄段的图画书。

➢ 讲读目标：说明本场故事会可以发展婴幼儿哪方面的能力。

➢ 讲读时长：根据不同月龄段婴幼儿的发展特点来设计时长。

➢ 参与人物：讲读师（1 位）是主导故事会的主要人物，婴幼儿（2 位及以上）是故事会最核心的主体，3 岁以下的婴幼儿开展集体故事会需要有家长陪同。

➢ 环境创设：安静、安全、舒适的集体故事会场所。

➤ 物料准备：由于每场故事会的开展形式有所差异，所以在准备物料的时候也有所区别。一般每场故事会都需要在宽敞、明亮、安静和安全的固定场所举行，故事会开始前需铺好地垫，准备好辅助学习的屏幕、音响、歌谣律动、图画书（大开本与小开本）、参与故事会的婴幼儿名单、婴幼儿阅读成长个人档案、储物柜等。此外，有些集体故事会还会有其他的物料，不同的故事会设计决定了物料准备的不同，因此，讲读师需要在制定讲读计划的时候列出物料清单。

（二）开展中：设计讲读流程

在制定好讲读计划之后，就可以进入集体故事会讲读环节，一般来讲，歌谣律动、图画书是一场故事会中比较重要的环节，不仅可以让婴幼儿参与到讲读中，而且可以增加婴幼儿对故事会的兴趣，讲读师可以根据不同月龄段婴幼儿的发展特征设计一些适合该月龄段婴幼儿的歌谣和律动。不是每一场故事会的环节都是必须一模一样的，讲读师可以根据不同的场景与需求设计适合的环节，从而增加婴幼儿对阅读的兴趣。例如，根据本场故事会的内容设计一些简单可行的小任务，引导家长在来之前就做好准备，如果故事会中会讲到与大自然有关的树叶，家长可以捡一片树叶带上，讲读师可以在故事讲读中设计并应用，从而让家庭参与到集体故事会中。

集体故事会的讲读包括：自我介绍—歌谣律动—书目讲读—歌谣律动四个环节，每个环节的具体介绍以环节一举例如下：

环节一：自我介绍

讲读师可以说：大家好，欢迎大家来参加今天的故事会，我是本场故事会的讲读师×××，现在我们来相互认识一下，各位宝宝需要做自我介绍（小月龄的宝宝可以由家长代替做自我介绍），跟大家打个招呼，如大家好，我是×××，开始吧（宝宝1、2、3各自介绍自己）！

（三）开展后：追踪解答疑惑

每场故事会结束的现场，讲读师可以集中进行答疑或者讲解关于本场故事会图画书讲读的技巧，从而帮助家长更好地指导婴幼儿进行亲子共读。如果讲读师在线下亲子共读的讲读过程中存在疑问，可以通过线上填写问题来解决。

每场集体故事会可以考虑安排一位助教根据婴幼儿的表现，从婴幼儿的语言、行为、表情或者其他不同方面进行记录（不做具体限制），通过每一次的讲读记录观察婴幼儿的接受状况，从而更好地掌握婴幼儿每一次的阅读情况及变化，作为婴幼儿的阅读成长档案，如下表：

宝宝阅读成长个人档案

宝宝编号	姓名	月龄	宝宝听故事表现记录
01			
02			
03			
04			

五、集体故事会讲读指导

本章第一节我们学习了亲子共读的相关内容,亲子共读是家长根据婴幼儿的月龄,选择适合婴幼儿的绘本并与婴幼儿完成的一对一阅读,而集体故事会涉及的人数较多,可以根据参与故事会的婴幼儿月龄选择适合的绘本开展集体故事会。集体故事会需要讲读师从开展前、开展中和开展后进行精心的设计。以下是集体故事会开展的示例,供讲读师在开展集体故事会时参考:

(一)7—12月龄集体故事会设计实例

1. 开展前:制定讲读计划

➢ 适用月龄:7—12个月

➢ 图画书选择:《亲爱的动物园》

➢ 讲读目标:通过了解每种动物的特点和一些习性,丰富婴儿的认知能力和思维能力;同时让婴儿翻翻页并说拜拜等词语,在阅读中锻炼婴儿的社交和运动等能力。

➢ 讲读时长:约15分钟

➢ 参与人物:讲读师(1位),婴儿(6位),婴儿需要有家长陪同。

➢ 环境创设:安静、光线充足的故事会讲读场所。

➢ 物料准备:音响、图画书(大小开本)、参与故事会的婴儿名单、宝宝阅读成长个人档案、储物柜等。

2. 开展中:设计讲读流程

环节一:自我介绍

讲读师可以这么说:大家好!欢迎大家来参加今天的故事会,我是本场故事会的讲读师×××,现在我们来相互认识一下,各位宝宝需要做自我介绍(小月龄的宝宝可以由家长代替做自我介绍),跟大家打个招呼,如大家好,我是×××,开始吧(宝宝1、2、3各自介绍自己)！

环节二：歌谣律动

自我介绍结束后,讲读师可以说:"在听故事之前,我们先放松身心,伴随着愉快的童谣做律动吧！下面我会给大家示范唱《青蛙跳》这首童谣,在唱童谣的时候会有一些动作,家长和宝宝要跟着我一起做,开始吧！我们一起边唱边做。"

《青蛙跳》

青蛙跳,青蛙跳

青蛙跳跳跳(做青蛙跳的动作)

青蛙咬,青蛙咬

青蛙咬咬咬(做青蛙咬的动作)

小兔跳,小兔跳

小兔跳跳跳(做小兔子跳的动作)

小兔咬,小兔咬

小兔咬咬咬(做小兔子咬的动作)

环节三：书目讲读——《亲爱的动物园》

刚才我们跟随《青蛙跳》这首童谣做了律动,现在我们要给大家讲《亲爱的动物园》的故事:

(1)讲读师让宝宝舒适靠坐在家长怀里,讲读师拿起图画书,指着封面说:"今天我们要给大家来讲动物园的故事。我们看看动物园里都有什么动物。"

(2)讲读师翻页指着画面说:"我给动物园写信了,请他们送给我们一只宠物,他们会送什么呢？我们快来看看吧。"讲读师缓慢翻开黄色的卡片说:"哇,原来是一头大象。"讲读师从自己右手边的坐位开始缓慢移动图画书,让宝宝观察画面的同时说:"这是大象。"讲读师指着大象说:"大象有着长长的鼻子,两个像扇子一样的耳朵,四个像柱子一样的大粗腿。大象真的很大,也特别重,它太大了,我们把它退回去吧。"讲读师一边合上黄色的卡片一边说:"我们把大象退回去了,跟大象说再见吧,大象拜拜！"讲读师做拜拜的手势,并让宝宝模仿学习,如果宝宝不会做,讲读师可以邀请家长帮助宝宝,之后讲读师说:"我们看看还有什么动物呢？"

(3)讲读师翻页,指着绿色的箱子说:"哇,这里有个头伸出来了,宝宝猜猜它是什么呢？"讲读师缓慢翻开绿色的卡片指着长颈鹿说:"哦,原来是高高的长颈鹿。"讲读师从自己右手边的坐位开始缓慢移动图画书让宝宝观察画面的同时说:"这是长颈鹿,宝宝看,长颈鹿的脖子好长呀,它可真是太高了,我都够不着它,我们家也放不下它,我们把它退回去吧。"讲读师一边合上绿色的卡片并做出嫌弃的表情一边说:"我们把长颈鹿退回去了,跟它说再见吧,长颈鹿拜拜!"讲读师做拜拜的手势,并让宝宝模仿学习,如果宝宝不会做,讲读师可以邀请家长帮助宝宝。

（4）讲读师翻页,指着红色的箱子说:"这个箱子好漂亮啊! 动物园又送给我们一只宠物,还提醒我们这个动物'危险!',我们来悄悄地翻一翻,看看它是谁吧。"讲读师从自己坐位的右手边开始,让每一位宝宝都翻一翻,讲读师指着狮子说:"哇,原来是一头狮子,它好威风呀,圆圆的脑袋上边长着长长的、深棕色的鬃毛,'啊哦'!"讲读师发出'啊哦'的声音并扮出凶恶的表情说:"哎呀,它太凶了,我们快把它也退回去吧。"讲读师一边合上红色的卡片一边说:"我们把狮子退回去了,跟它说再见吧,狮子拜拜!"讲读师做拜拜的手势,并让宝宝模仿学习,如果宝宝不会做,讲读师可以邀请家长帮助宝宝。

（5）讲读师翻页,指着画面说:"动物园又给我们送来了一个动物。"讲读师从自己坐位的右手边开始,让每一位宝宝都翻一翻,指着图片说:"哦,快看,这次竟然是一头骆驼,它一般都生活在沙漠里,竟然出现在这里,背也都是拱起来的,像这样。"讲读师做出拱背动作的同时说:"这只骆驼好高傲呀,你看,它把自己的头抬得高高的,还闭着眼睛,一点都不想理我们,脾气真是太坏了,我们把它也退回去吧。"讲读师一边合上红色的卡片一边说:"我们把骆驼退回去了,跟它说再见吧,骆驼拜拜!"讲读师做拜拜的手势,并让宝宝模仿学习,如果宝宝不会做,讲读师可以邀请家长帮助宝宝。

（6）讲读师接着往下翻页,按照上面的方法讲读完整个故事,从自己右手边坐位的第二位宝宝开始,拉着宝宝的手翻卡片,按照坐位顺序,让每一位宝宝都有翻开卡片的机会,先和宝宝一起翻页找每个动物,告诉宝宝每个动物是什么,同时要指着画面上的动物从右到左移动图画书,让宝宝进行追视的同时讲读师描述每个动物的特点和习性,每次描述的时候比画着对应画面。通过这样的"描述＋比画",可以让宝宝清晰地看到画面,并对口头语言和画面进行很好的对应,促进宝宝对画面内容的理解。接着一边合页,一边说出把动物退回去的原因,并可以适时地匹配相应的声音,让宝宝从讲读语言、表情还有动作中来认知动物和丰富想象力。

环节四:歌谣律动

讲读完故事后,讲读师可以说:"听了这么久的故事,让我们一起来放松一下,大家还记得讲故事前我们学习的歌谣律动吗? 现在我们再来复习一遍,大家跟着我一起做,开始吧!"讲读师、宝宝和家长边做动作边唱。

3. 开展后:追踪解答疑惑

故事会结束的现场,讲读师可以集中进行答疑或者讲解关于《亲爱的动物园》图画书讲读的技巧,从而帮助家长更好地指导婴儿进行亲子共读。

(二) 13—18月龄集体故事会设计实例

1. 开展前：制定讲读计划

➢ 适用月龄：13—18个月

➢ 图画书选择：《从头动到脚》

➢ 讲读目标：让幼儿在认识动物的同时模仿动作，让身体得到很好的放松与运动，促进幼儿运动等能力的发展。

➢ 讲读时长：约20分钟

➢ 参与人物：讲读师（1位），幼儿（7位），幼儿需要有家长陪同。

➢ 环境创设：安静、光线充足的故事会讲读场所。

➢ 物料准备：音响、图画书（大小开本）、参与故事会的幼儿名单、宝宝阅读成长个人档案、奖励贴（约20个）、储物柜等。

2. 开展中：设计讲读流程

环节一：自我介绍

讲读师可以这么说：大家好！欢迎大家来参加今天的故事会，我是本场故事会的讲读师×××，现在我们来相互认识一下，各位宝宝需要做自我介绍（小月龄的宝宝可以由家长代替做自我介绍），跟大家打个招呼，如大家好，我是×××，开始吧（宝宝1、2、3各自介绍自己）！

环节二：歌谣律动

自我介绍结束后，讲读师可以说："在听故事之前，我们先放松身心，伴随着愉快的童谣做律动吧！下面我会给大家示范唱《打开关上》这首童谣，在唱童谣的时候会有一些动作，家长和宝宝要跟着我一起做，开始吧！我们一起边唱边做。"

《打开关上》

打开，关上（做打开关上的动作）

打开，关上（做打开关上的动作）

两只小手

拍拍拍（做拍手的动作）

打开，关上（做打开关上的动作）

打开，关上（做打开关上的动作）

小手放在膝盖上（做小手放在膝盖上的动作）

爬呀，爬呀（做爬呀爬呀的动作）

爬呀，爬呀（做爬呀爬呀的动作）

小手放在肩膀上（做小手放在肩膀上的动作）

张开嘴巴，笑一笑呀（做张开嘴巴笑一笑的动作）

小手放在膝盖上（做小手放在膝盖上的动作）

环节三：书目讲读——《从头动到脚》

刚才我们跟随《打开关上》这首童谣做了律动，现在我们要给大家讲《从头动到脚》的故事：

（1）讲读师让宝宝舒适地靠坐在家长怀里。讲读师拿起图画书，指着封面图说："今天我们来动一动，这里有一只大猩猩。它在跟我们说：'今天我们一起来从头动到脚。'"讲读师模仿大猩猩的动作，指着自己的头和脚说："这是我的头，这是我的脚，我们一起来指一指头和脚，我说头大家要摸摸自己的头，我说脚大家要摸摸自己的脚，开始吧！"讲读师说三遍头和脚，让宝宝听指令指认自己的身体部位，如果有宝宝不能指出，家长协助宝宝指出自己的部位。

（2）讲读师接着翻开扉页，指着画面上的人物说："这里有个小朋友，她也说从头动到脚。"然后讲读师说："我们也来从头动到脚好不好？"讲读师做出一只手指着自己的头，另一只手指着自己脚的动作，并鼓励宝宝和家长也一起做这个动作，如果宝宝做不到，家长可以帮助宝宝完成动作，在宝宝做动作的同时讲读师要示范指导，宝宝做到了要鼓励宝宝说："真棒，宝宝也做到了！"

（3）讲读师翻开下一页，指着企鹅的肚子告诉宝宝："这里有一只企鹅，它穿着蓝色的衣服，它挺着圆圆的肚子，它的肚子好圆啊，圆鼓鼓的，宝宝也来摸一摸。"讲读师从自己坐位的右手边开始让每一位宝宝用手摸一摸企鹅的肚子。讲读师继续说："企鹅转头在看我们呢，它对我们说'我是企鹅，我会转头，你会吗？'宝宝你看，就像我这样。"讲读师也做转头的动作，给宝宝示范。接着讲读师指着右边画面上的人物说："这个长头发的小朋友对企鹅说：'这个我会！'她也像企鹅一样在转头呢，宝宝的头在哪里呢？"讲读师鼓励宝宝指出并说出自己的头，如果宝宝不能指出并说出，家长放慢语速指着宝宝的头对宝宝说："这是宝宝的头，跟这个小朋友的头一样，跟妈妈的头也一样，我们一起来转转头。"如果宝宝不会转头，讲读师要邀请家长帮助宝宝完成转头的动作。

（4）讲读师接着往下翻，对宝宝说："这个有着花纹斑点、伸着长脖子的是谁呀？"讲读师等待宝宝的回答，如果宝宝回答了，需要肯定宝宝的答案，如果宝宝不能回答，讲读师继续说："我是长颈鹿，我会弯脖子，你会吗？"哦，原来这个伸着长脖子的是长颈鹿啊！讲读师接着说："宝宝的脖子在哪里呢？我们一起来摸一摸自己的脖子。"讲读师鼓励宝宝指出自己的脖子，如果宝宝不能指出，讲读师让家长在一旁摸摸宝宝的脖子并对宝宝说："这是宝宝的脖子。"讲读师接着说："这个小男孩也像长颈鹿一样在弯脖子，我们也一起来弯弯脖子。"讲读师弯一弯脖子给宝宝做示范,如果宝宝不会,家长可以帮助宝宝完成弯脖子的动作。

（5）讲读师接着往下翻页,按照上面的方法讲读完整个故事,先可以就画面中的动物和身体部位进行提问,鼓励宝宝说出动物的名称,并指出和说出自己的身体部位,每次等待宝宝的回答,如果宝宝不能回答,讲读师邀请家长协助告诉宝宝,如果宝宝可以回答,则需要具体地鼓励宝宝的答案。接着和宝宝一起完成图画书中的动作,家长可以帮助宝宝完成相应的动作,丰富宝宝对身体部位和动物的认知,同时也可以锻炼宝宝的运动能力。

环节四：歌谣律动

讲读完故事后,讲读师可以说："听了这么久的故事,让我们一起来放松一下,大家还记得讲故事前我们学习的歌谣律动吗？现在我们再来复习一遍,大家跟着我一起做,开始吧!"讲读师、宝宝和家长边做动作边唱。

3. 开展后：追踪解答疑惑

故事会结束的现场,讲读师可以集中进行答疑或者讲解关于《从头动到脚》图画书讲读的技巧,从而帮助家长更好地指导幼儿进行亲子共读。

（三）19—24 月龄集体故事会实例

1. 开展前：制定讲读计划

➤ 适用月龄：19—24 个月

➤ 图画书选择：《小金鱼逃走了》

➤ 讲读目标：引导幼儿在相似的图画中寻找小金鱼的身影,锻炼幼儿的专注力及逻辑思维能力。同时可以加深幼儿对"小金鱼又逃走了","这回躲在哪儿了呢"等句子的印象,丰富语言的储备,锻炼幼儿说话的能力。

➤ 讲读时长：约 20 分钟

➤ 参与人物：讲读师(1 位),幼儿(8 位)需要有家长陪同。

➤ 环境创设：安静、光线充足的集体故事会场所。

➤ 物料准备：音响、图画书(大小开本)、小红花(奖品)、小金鱼手工拼图、参与故事会的幼儿名单、宝宝阅读成长个人档案、储物柜等。

2. 开展中：设计讲读流程

环节一：自我介绍

讲读师可以这么说：大家好! 欢迎大家来参加今天的故事会,我是本场故事会的讲读师×××,现在我们来相互认识一下,各位宝宝需要做自我介绍(小月龄的宝宝可以由家长代替做自我介绍),跟大家打个招呼,如大家好,我是×××,开始吧(宝宝 1、2、3 各自介绍自己)!

环节二：歌谣律动

自我介绍结束后，讲读师可以说："在听故事之前，我们先放松身心，伴随着愉快的童谣做律动吧！下面我会给大家示范唱《小鱼水里游》这首童谣，在唱童谣的时候会有一些动作，家长和宝宝要跟着我一起做，开始吧！我们一起边唱边做。"

《小鱼水里游》

一条小鱼水里游（用手做小鱼游泳的动作）

孤孤单单在发愁（两手托脸做发愁的动作）

两条小鱼水里游（用手做小鱼游泳的动作）

摇摇尾巴点点头（用手在屁股后边做尾巴摇和做点点头的动作）

三条小鱼水里游（用手做小鱼游泳的动作）

快快乐乐做朋友（讲读师和宝宝互动，讲读师和宝宝用手比作的鱼成为好朋友）

环节三：书目讲读——《小金鱼逃走了》

刚才我们跟随《小鱼水里游》这首童谣做了律动，现在我们要给大家讲一条小金鱼的故事：

（1）讲读师拿起图画书，指着封面上的标题说："这里有一条小金鱼，它今天要和我们一起玩捉迷藏呢！小金鱼红红的、圆圆的，有着黑黑的眼睛，眼睛边上白白的，它还有一条桃心形状的尾巴！"讲读师一边解读一边做出比心的动作，讲读师指着小金鱼说："我们来和小金鱼认识一下吧！"讲读师从自己坐位的右手边开始让宝宝摸一摸小金鱼，同时教宝宝说："小金鱼你好呀，现在我们来和小金鱼一起玩游戏吧。"

（2）讲读师接着翻到扉页，指着画面对宝宝说："哇，红红的、圆圆的小金鱼在哪里呢？"此时讲读师需要等待宝宝的回答，如果宝宝回答对了，赞扬宝宝，如果宝宝没有回答或者回答错误，讲读师指着鱼缸中的水对宝宝说："小金鱼在水里，它每天都在游啊游，游啊游。"讲读师边说边用手做出游啊游的动作，并让宝宝也一起模仿游的动作。

（3）讲读师接着翻页，表现出惊讶的表情对宝宝说："呀，糟糕！小金鱼游啊游，游啊游，游出鱼缸逃走了。"

（4）讲读师接着翻页问宝宝："我们猜一猜小金鱼逃到哪儿去了呢？我们找找它吧，它到底在哪里呢？你们有没有看到它呀？"讲读师指着右边画面等待宝宝的回答，给最先找到的宝宝贴小红花，如果所有宝宝都没有找到小金鱼，讲读师指着右边画面说："哇，这个窗帘好漂亮啊！这个窗帘也红红的、圆圆的。"此时讲读师应该停顿让宝宝观察藏在窗帘背后的小金鱼并说："你们找找小金鱼在窗帘里吗？"讲读师鼓励宝宝指出小金鱼并等待宝宝的回答，之后讲读师从自己坐位的右手边开始让每一位宝宝找出小金鱼，如果宝宝找到了，讲读师应该具体地鼓励宝宝，如果宝宝没有找到，讲读师让家长拉着宝宝的手指出小金鱼的位置并说："哈哈，小金鱼在这里！它藏在了漂亮的窗帘里面。"

（5）讲读师接着翻页，用手做出游啊游的动作说："呀，小金鱼游啊游，游啊游，又逃走了。"

（6）讲读师接着翻页说："这里好多漂亮的花呀！绿绿的、红红的，小金鱼又和我们玩捉迷藏呢！这回它躲在哪儿了呢？我们来找一找它。"讲读师可以从自己坐位的右手边开始靠近宝宝，依次让每一位宝宝寻找小金鱼，寻找小金鱼时讲读师需要指着左边画面问宝宝："×× （宝宝名字），你来找一找小金鱼，看看它在哪里呢？"此时需要等待宝宝的回答，如果宝宝回答正确，给予鼓励后接着让下一位宝宝寻找小金鱼，如果宝宝不能回答或者回答错误，讲读师可以说："这里都是绿色和橙色的花，但小金鱼是红色的，所以它不在这里。"接着讲读师指着右边的画面对宝宝说："再看看这里有小金鱼吗？"此时等待宝宝的回答。同样，如果宝宝回答正确，给予具体的鼓励后让下一位宝宝寻找，如果宝宝不能回答或者回答错误，可以让家长拉着宝宝的手对宝宝说："小金鱼在这里！它跟这些花很像，但是只有它有圆圆的、黑黑的眼睛，对不对？"引导宝宝思考，等待宝宝回答。

（7）讲读师接着翻页，一边用手做出游啊游的动作，一边说："哎呀哎呀，小金鱼游啊游，游啊游，又逃走了。"讲读师一边说一边示范做出游泳的动作并让所有宝宝模仿游泳的动作，同时讲读师说："我们要追上小金鱼，不能让它逃走，哎呀！这次它从门缝里逃走了，可怎么办呀！"

（8）讲读师接着翻页说："小金鱼这回躲在哪儿了呢？我们找一找它。"等待宝宝自己找出小金鱼，讲读师给最先找到小金鱼的宝宝贴小红花，如果所有宝宝都没有找到小金鱼，讲读师可以从左到右指着画面说："哇，这里有好多好吃的！有脆脆的饼干、圆圆的糖果，好多像小金鱼尾巴一样的彩色糖果，还有像棍子一样的饼干，你们看到小金鱼了吗？"讲读师通过提供线索让宝宝再次观察画面寻找小金鱼，并等待宝宝的回答，也可以逐一询问每位宝宝罐子里有没有小金鱼。不管宝宝回答正确与否，讲读师最后指着小金鱼说："小金鱼好聪明呀，藏在了和自己尾巴长得很像的糖果里。"讲读师指着糖果说："糖果太甜了，我们来吃一口，啊哦，好甜啊。"

（9）讲读师接着翻页，指着左边画面说："哇，这里也有很多好吃的！有香蕉、苹果、樱桃、还有草莓。"讲读师接着指着藏在草莓里的小金鱼大笑说："哈哈哈，小金鱼真是个小馋鬼！它把自己藏在了草莓堆里吃草莓呢！草莓又酸又甜好好吃啊，我们也来吃一口。"讲读师做出吃草莓的动作，等待宝宝观察，鼓励宝宝模仿吃草莓的动作。

（10）讲读师指向右边画面惊讶地说："哎呦，不好了！小朋友以为小金鱼是草莓，拿叉子准备吃掉它呢！不过，小金鱼游啊游，游啊游，它又逃走了。"讲读师变换声音保持宝宝对故事的兴趣。

（11）讲读师接着翻页，指着画面说："哇，这是一个家，有好多家具！有装着袜子的衣柜、桌子、电视、衣架，还有什么呢？"讲读师等待让宝宝们观察画面并说出画面中的任意事物，锻炼宝宝对于事物的认知能力。之后讲读师接着说："这回小金鱼躲在哪儿了呢？"等待宝宝自己找出小金鱼，讲读师给最先找出小金鱼的宝宝贴小红花，如果所有宝宝都找不到小金鱼，讲读师从左到右指着画面说："这里有一个电视，小金鱼在电视里，也许它太渴了，需要喝水，以为绿色的电视是池塘了，宝宝看到小金鱼了吗？"讲读师等待并观察宝宝的反应。

（12）讲读师接着翻页说："小金鱼又逃走了，躲在哪儿了呢？我们来找一找。"讲读师从左到右指着画面说："哇，这里是一个游乐场，有好多好玩的呀！有小木屋、大象、长颈鹿、甜甜圈、火箭、积木，还有好多，我们来玩游戏吧！"讲读师邀请宝宝上前来指出自己喜欢的玩具，如果有宝宝非常熟悉的玩具，讲读师可以进行拓展和宝宝玩游戏，比如，看到木马时，讲读师可以做出骑木马的动作。讲读师接着说："宝宝看到小金鱼了吗？"同样，通过提供线索让宝宝再次观察画面寻找小金鱼，并等待宝宝的回答，不管宝宝回答正确与否，讲读师都可以指着小金鱼说："小金鱼在这里！它喜欢看这些好玩的东西，它还在游啊游，游啊游！它跟宝宝一样也想看更多的东西呢！"

（13）讲读师接着翻页，指着画面说："小金鱼这次躲在哪里了呢？"讲读师指着右边画面等待宝宝回答，给最先找到的宝宝贴小红花，如果所有宝宝都没有找到小金鱼，讲读师指着右边画面说："好漂亮的镜子啊，小金鱼躲在了镜子里，它在照镜子，这是一个三棱镜，照出了三条小金鱼，一、二、三。"讲读师可以边说边带着宝宝数数。"这里还有椅子、绿色的窗帘，窗户外面还有很多好看的花，小金鱼会不会偷偷跑出去看花呢？它又不见了，这回去哪里了呢？"

（14）讲读师接着翻页，指着画面说："哇，找到了，找到了，这里有好多小鱼，原来小金鱼要找它的朋友，这里有好多它的好朋友！它们的眼睛都是圆圆的、黑黑的。"小金鱼找到自己的家了，这下再也不会逃走了！那我们就和它说再见吧，小金鱼，再见啦。"讲读师做出拜拜的动作并邀请家长和宝宝一起摇手做出再见的动作，并对着图画书上的小金鱼说："小金鱼再见啦！再见啦！"

环节四：歌谣律动

讲读完故事后，讲读师可以："听了这么久的故事，让我们一起来放松一下。大家还记得讲故事前我们学习的歌谣律动吗？现在我们再来复习一遍，大家跟着我一起做，开始吧！"讲读师、宝宝和家长边做动作边唱。

讲读师可以将 8 位宝宝分成两组，4 人一组，面对面根据歌谣做律动，对表现好的一组表扬。

3. 开展后：追踪解答疑惑

故事会结束的现场，讲读师可以集中进行答疑或者讲解关于《小金鱼逃走了》图画书讲读的技巧,从而帮助家长更好地指导幼儿进行亲子共读。

(四) 25—36 月龄集体故事会设计实例

1. 开展前:制定讲读计划

➢ 适用月龄:25—36 个月

➢ 图画书选择:《大卫,不可以》

➢ 讲读目标:语言方面:通过重复"大卫,不可以",让幼儿学会说"不可以"。

- 思维方面:通过让幼儿观察画面和提出相关问题,引发幼儿的思考,比如,为什么不能这样做。

- 社会情感方面:
  - √ 体会成人说"不可以"的含义,建立规则意识;
  - √ 引导幼儿理解每个"不可以"背后的原因,缓解这个阶段幼儿的逆反心理;
  - √ 感受大卫的调皮和母爱的温暖,引发情感共鸣。

➢ 讲读时长:25 分钟

➢ 参与人物:讲读师(1 位),幼儿(10 位),幼儿需要有家长陪同。

➢ 环境创设:安静、光线充足的集体故事会场所。

➢ 物料准备:辅助学习的屏幕、音响、图画书(大小开本)、参与故事会的幼儿名单、小红花(奖品)、储物柜等。

2. 开展中:设计讲读流程

环节一:自我介绍

讲读师可以这么说:大家好,欢迎大家来参加今天的故事会,我是讲读师×××,现在我们来相互认识一下,各位宝宝需要做自我介绍,跟大家打个招呼,如大家好,我是×××,开始吧(宝宝 1、2、3 各自介绍自己)!

环节二:歌谣律动

自我介绍结束后,讲读师可以说:"在听故事之前,我们先放松身心,伴随着愉快的童谣做律动吧! 下面我会给大家示范唱《宝宝有个家》这首童谣,在唱童谣的时候会有一些动作,家长和宝宝要跟着我一起做,开始吧!"

《宝宝有个家》

宝宝有个家(做拥抱宝宝的动作)

玩具也有家(用手做搭积木的动作)

你有家(用手做指向宝宝的动作)

我有家(用手做指向自己的动作)

游戏结束都回家(用手先指向宝宝,再指向自己,最后做拥抱的动作)

环节三:书目讲读——《大卫,不可以》

刚才我们跟随《宝宝有个家》这首童谣做了律动,现在我们要给大家讲《大卫,不可以》的故事:

(1)讲读师拿起图画书,指着封面上的标题说:"今天我们来讲大卫的故事。"接着指着大卫说:"这个小男孩就是大卫,大卫的妈妈总是说'大卫,不可以',嗯……为什么妈妈总是说不可以呢? 宝宝猜一猜。"讲读师通过提问引发宝宝的思考并等待宝宝的回答。

(2)讲读师翻页后一边做两手叉腰的动作一边说:"大卫的妈妈两手叉腰肯定特别生气,我们看看大卫做了什么让妈妈生气的事情呢?"

(3)讲读师翻到正文第一页,指着画面对宝宝说:"大卫肚子饿得咕咕叫,他发现柜子上有自己喜欢吃的饼干,可大卫够不到高处的饼干罐子,聪明的大卫很快就想到了一个办法,他站在椅子上够饼干罐子。妈妈严厉地说道:'大卫,不可以!'为什么不可以呢?"讲读师等待宝宝的回答,给最先回答的宝宝奖励小红花,讲读师可以指着画面说:"哎呀,大卫的脚已经到椅子边边了,马上就要从椅子上摔下来了,这是非常危险的! 大卫会摔伤的,所以我们不能站到危险的高处,很容易摔下来的。"讲读师边说边看着宝宝。

(4)讲读师继续翻页并说:"天哪! 大卫身上满是泥巴,泥巴上还带着杂草、蚯蚓和蘑菇,蚯蚓在哪里呢?"讲读师通过提问引导宝宝观察画面并等待回答,给最先找到蚯蚓的宝宝贴小红花,并鼓励宝宝说:"宝宝好棒! 这么小的蚯蚓都观察到了。"如果所有宝宝都没有找到蚯蚓或者宝宝不做任何回应,讲读师可以指着画面对宝宝说:"蚯蚓在这里呦。"接着讲读师说:"妈妈看见了,大声说:'天哪! 大卫,不可以!'大卫为什么不可以这样做呢?"如果宝宝没有回应,讲读师可以接着说:"妈妈把地板扫得干干净净,大卫一进门就把地板弄脏了,还把自己全身都弄得脏兮兮的。"

(5)讲读师继续翻页,指着画面说:"大卫在大浴盆里洗澡,要把身上脏兮兮的泥巴洗干净,他喜欢在洗澡的时候玩玩具,在浴缸里放满了玩具,将海盗帽戴在自己的头上,手里还举着鲨鱼,假装要吃掉鸭子。可是,大卫忘了关水龙头,水流得满地都是,妈妈看到了大声说:'不行! 不可以!'大卫这样做到底好不好呢?"讲读师可以开放性提问,引发宝宝自己的思考。最后讲读师可以告诉宝宝:"这样做会把水弄得到处都是,别人也会滑倒,很危险的。"

(6)讲读师继续翻页说:"哎呀,羞羞……"讲读师可以边说边用手做出遮住脸的动作,表现出害羞的样子,接着指着画面说:"大卫洗完澡后竟然一件衣服都没有穿就跑出去了,哈哈,他的小屁股都露出来了,大卫妈妈边追边喊:'大卫,快回来!'宝宝,大卫可以这样在外面跑吗?"讲读师等待宝宝的回答和反应,然后告诉宝宝:"我们平时需要穿好衣服才可以出门呢。"

（7）讲读师继续翻页说："大卫回到家后，妈妈开始做午饭了，但是调皮的大卫把锅当帽子一样戴在自己的头上，拿起平底锅和勺子'哐、哐、哐'地敲，假装自己是红色仪仗队的乐手在奏乐，还开心地哈哈大笑。只见厨房传来妈妈生气的声音：'大卫，不要吵！'宝宝，为什么大卫不可以这样做呢？"讲读师等待宝宝的回答和反应。讲读师可以这样说："大卫这样实在是太吵了，还有可能把锅敲坏呢，可能会弄伤小朋友。"

（8）讲读师继续翻页，指着画面说："午餐做好啦！饭桌上有好吃的土豆、鸡腿、豆角，还有西蓝花，可是大卫不好好吃饭，你们看他在干什么呢？"讲读师等待宝宝的回答和反应，讲读师之后说："大卫拿饭桌上的食物做了个人偶，妈妈看见了说：'大卫，不可以玩食物！'为什么不可以玩食物呢？"讲读师等待宝宝的回答，如果宝宝不回答，讲读师可以说："大卫在玩食物的时候，食物都被弄脏了，不能吃了，我们不能浪费。"

（9）讲读师继续翻页说："大卫把所有的饭一口气都吃到了嘴里，他吃了满嘴的饭菜还在吃。妈妈赶紧：'大卫，不要吃了！'妈妈为什么不让大卫吃了呢？"讲读师等待宝宝的回答，给最先抢答的宝宝贴小红花，之后讲读师说："我们吃饭要慢慢吃，要把食物嚼烂嚼碎了、一点一点地吃，不然会呛着。"

（10）讲读师继续翻页说："吃完饭，大卫在看超人，他已经看了很长时间了还在看，妈妈让大卫回房间去，不能再看超人，大卫生气地回房间了。"讲读师边说边模仿大卫生气的动作。

（11）讲读师继续翻页说："可是，回到房间的大卫并不想睡觉，大卫穿上妈妈的红色高跟皮鞋，戴上蓝色的眼罩，把枕巾做成披风披在背上，假装自己变成了电视里的超人，在床上使劲地跳。"讲读师伸开双臂做飞的动作并说："哈哈，飞咯，让我们和大卫一起飞起来吧！"讲读师邀请家长和宝宝一起做飞的动作。可是妈妈很快就听到了房间里的动静，大喊：'躺下来！'"

（12）讲读师继续翻页说："大卫在干什么呢？"讲读师等待宝宝的回答和反应，不管宝宝是否回答出来，讲读师继续说："大卫在挖鼻孔，大卫妈妈看见了对大卫说：'不可以挖鼻孔！'宝宝，我们平时可以挖鼻孔吗？"讲读师等待宝宝的回答，如果宝宝回答正确，讲读师要及时且具体地赞扬宝宝，如果宝宝不回答，讲读师可以接着说："鼻孔很脏，用手挖鼻孔不卫生，如果宝宝鼻孔不舒服，我们需要用棉签帮宝宝弄。"

（13）讲读师继续翻页说："宝宝看，大卫在看电视，但是大卫把玩具扔得到处都是，都没有踩脚的地方了，满屋子的玩具乱七八糟！妈妈进门看到凌乱的玩具，大声说：'大卫，把玩具收好！'宝宝有没有把玩具弄得乱七八糟呢？"讲读师等待宝宝的回答并及时回应宝宝。

（14）讲读师继续翻页说："大卫戴上棒球帽，左手拿着球棒，右手拿球，想要在屋子里打棒球，妈妈赶紧阻止说：'大卫，不可以在屋子里玩棒球！'宝宝知道在屋子里玩棒球会发生什么事情吗?"讲读师等待宝宝的回答和反应。讲读师继续翻页说:"可是,大卫不听妈妈的提醒,继续打球,只听见'砰'的一声,花瓶碎了一地,这时妈妈跟大卫说:'我说过,大卫,不可以!',妈妈让大卫坐到墙角,想一下自己做错了什么。宝宝,你觉得大卫做错了什么?"讲读师等待宝宝的回答,如果宝宝回答了,讲读师具体地表扬回答了的宝宝并贴上奖励的小红花,如果没有宝宝回答,讲读师可以接着说:"妈妈提醒过大卫不可以在家里玩棒球,这样会很危险! 但大卫还是在家里玩棒球了,而且还把花瓶打碎了。"

(15)讲读师继续翻页说:"大卫妈妈张开双臂说:'宝贝,来这里!'大卫也张开双臂,拥抱妈妈。"此时讲读师可以让家长拥抱自己的宝宝。

(16)讲读师继续翻页说:"妈妈抱着大卫低声说:'大卫乖,不管你做了什么,妈妈永远爱你!'"

环节四:歌谣律动

讲读完故事后,讲读师可以说:"听了这么久的故事,让我们一起来放松一下,大家还记得讲故事前我们学习的歌谣律动吗? 现在我们再来复习一遍,大家跟着我一起做,开始吧!"讲读师、宝宝和家长边做动作边唱。

3. 开展后:追踪解答疑惑

故事会结束的现场,讲读师可以集中进行答疑或者讲解关于《大卫,不可以》图画书讲读的技巧,从而帮助家长更好地指导幼儿进行亲子共读。

六、如何成为婴幼儿喜欢的讲读师

(一)选好歌谣律动,营造轻松氛围

歌谣律动是故事会讲读前与学习者拉近关系的第一步,一首合适且具有互动性的童谣能让学习者更好地进入学习状态,选择好歌谣律动后还需要更好地与学习者实现互动,关于歌谣律动的互动技巧可以参考以下要点:

互动要点1:讲读师需要鼓励家长和婴幼儿一起唱童谣,并带领家长和婴幼儿根据歌谣节奏一起做律动(年龄太小的婴幼儿,讲读师可以邀请家长帮助婴幼儿,拉着婴幼儿的小手动一动)。

互动要点2:讲读师可以根据歌谣律动随机应变,在歌谣中融入自己的名字、婴幼儿的名字或者其他事物等。

互动要点3:歌谣律动的唱法和动作对于家长来说不能太难,这样不利于家长参与。

(二)认真倾听,及时回应

在集体故事会中讲读师一定要仔细观察婴幼儿的反映,他在看什么? 他对什么感兴趣?

他是什么样的表情和情绪？经过这样的观察,在今后选书的过程中可以选择更容易激发婴幼儿兴趣的书,更容易让婴幼儿对阅读充满期待。除此之外,讲读师要保持耐心,一方面是要明白不是每一次阅读都是非常成功的,可能有时候婴幼儿看起来并没有认真在听,但是那些读书的场景和声音都将被他们的大脑吸收;另一方面,对于婴幼儿来说,刚开始接触阅读本来就是新鲜的事物,要给婴幼儿反应和适应的时间,在阅读中有足够的停顿和等待。例如,在讲《大卫,不可以》这本书的时候:

讲读师:今天我们来讲大卫的故事。

讲读师:你看大卫在干什么呢?（讲读师停顿几秒）

宝宝:（思考几秒）抓东西。（答案不唯一）

宝宝:这是什么?

讲读师:这是椅子,你看看大卫是不是站在椅子上够东西呢?（讲读师停顿等待宝宝回答）

宝宝:是。

在集体故事会讲读过程中,讲读师可以观察婴幼儿的眼神是否跟随,当问到他:"你看大卫在干什么呢?"这时讲读师需要停顿几秒去观察婴幼儿的眼神,等待婴幼儿给出答案。同时当婴幼儿说到"这是什么"的时候,讲读师要去观察他有没有动手去指。及时倾听与观察,并做到回应与跟随,才能实现与婴幼儿有效互动。

(三) 根据月龄,控制时长

集体故事会中,婴幼儿不能安静地坐下来听,有时候看两眼跑三圈,看两眼再跑三圈,2岁幼儿可以集中注意 10—12 分钟,3 岁幼儿注意时间可以持续 20—30 分钟,讲读师在讲读的过程中需要理解婴幼儿的注意力是有限的,没必要限制太多,所以除了在故事讲读时把握好时间以外,还可以尽可能地通过表演形式来和婴幼儿进行互动,比如,讲到兔子的时候就会扮演成兔子的样子和声音来讲读,让婴幼儿也演出来,如果婴幼儿不想演,鼓励他以多种形式参与进来,比如,摸一摸书等。如果婴幼儿因为别的原因,如饿了、困了的原因不能安静下来,讲读师应该停止讲故事。如果是因为开心等原因不能安静下来,讲读师和家长可以通过互动等形式引导和培养婴幼儿的专注力。

(四) 朗读标准,语速适中

日本图画书之父松居直先生曾说:"声音中有一种流动的气息,会唤醒隐藏在文字中的语言的生命。"0—3 岁是婴幼儿语言发展的关键期,2 岁以前幼儿主要是输入大量的词汇,讲读师作为婴幼儿语言输入者之一,必须要输入正确的语言,每一个汉字发音的字头、字腹和字尾都应该吐字清晰,以最正确的发音读出来。虽然我们之前讲过早期阅读是启蒙式阅读教育,更多是在营造学习氛围,培养阅读习惯,但是婴幼儿还处于语言学习期,无论是讲读师还是家长都应该把最正确的内容传输给婴幼儿。

0—3 岁婴幼儿各项能力持续发展,但是阅读理解的能力不是一蹴而就的,因此,在集体故事会中,讲读师应该及时关注婴幼儿的反应,适时放慢语速,随时调整自己的讲读语速,保证婴幼儿跟上阅读节奏。

(五)注意表情,随机应变

集体故事会讲读期间,讲读师可以对于婴幼儿的注视进行回应,当婴幼儿还不能完整地说出一些复杂句来表达自己的想法时,他们更多是通过表情与肢体同外界进行互动。因此,讲读师可以根据图画书的场景与人物情绪等进行模仿,夸张的表情等都能引起婴幼儿的注意,并且根据婴幼儿的反应随机应变,观察婴幼儿的阅读表现并及时回应,让婴幼儿融入阅读故事中。

（集体故事会疑难问题解答）

总之,朗读正确、语速适中、表情夸张、沉浸式讲读并及时观察婴幼儿的状态,积极给予回应,是一名讲读师应该具备的基本技能。

第三节　早期阅读中的常见疑问与回应

本节将介绍 14 个与早期阅读相关的具有一定代表性的共性问题,希望看完后你会产生这样的感受,比如,"哦,原来不只是我有这样的疑问呀","原来图画书还可以这么读",又或者"孩子做得已经很棒很棒了,我只需要鼓励孩子就可以了",等等,总之,希望本节内容能够解答你对早期阅读的一些疑问。

疑问 1:孩子这么小,一个字都不认识,给他进行阅读有意义吗?

回应:这个问题的答案必然是肯定的,这也是我们提倡讲绘本的原因。首先很多人一听到读书可能就认为得识字,这个认识其实是不对的。阅读只是互动交流的一种途径或者方式,目的是增加儿童的语言输入量,因为很多科学研究显示,父母每日给孩子说话的多少与词汇的丰富程度会对他日后的阅读能力产生很大的影响,而阅读能力的高低是会影响到他成年后的学习成绩和经济收入的。可能还有很多人认为,那我平时跟孩子多说话就可以了,是不是不用通过图画书? 这个其实是达不到促进儿童语言发展的目标的,主要是因为我们平时的对话中有太多的重复词语,语言缺乏多样性,孩子接触的语言变化太少,进而不能有效促进儿童语言能力的发展。所以说,孩子虽小,但从长远来看,给他读书是有深远影响的,会影响他大脑的发育和语言等能力的发展。

疑问2:绘本上很多都是插图,孩子这么小,他能看懂书上的图片吗?

回应:可以。读绘本这个行为其实就像成人给孩子买的玩具一样,但如果不了解孩子的发展特点,就还可能以为孩子不会玩,但其实孩子是可以玩,而且玩得很好。事实上,儿童的阅读遵循从图画到文字的过程,且3岁前主要处于图画阅读阶段。很多适龄图画书的设计都符合儿童的这个发展特点,所以这也提醒我们成人,在与0—3岁婴幼儿阅读时,需要围绕画面与儿童进行互动交流。看到这里,你可能还惆怅应该怎么引导以及怎么与儿童互动交流呢,其实可以运用一些策略,比如,猜一猜、问一问、说一说等。这样的策略不仅能增加家长与孩子之间的交流,达到促进儿童语言等不同能力发展的目标,同时能够通过图画书帮助儿童建立对不同事物的认知,锻炼儿童的注意力,丰富想象力等。

疑问3:读图画书的时候,是应该按照书上的文字念还是转化成孩子听得懂的语言来讲?

回应:建议在尊重书上的语言的基础上,跟着孩子的兴趣,加入适当的解释和互动。为什么这样说呢,一方面是因为"3岁前婴幼儿的阅读呈现主要阅读图画的特点",所以读图画书的时候,除了要念字,成人更需要做的是围绕图画与儿童进行互动交流。另一方面是因为读书或者念书对某些孩子来说可能是一种比较枯燥的阅读方式,外加孩子的注意力非常有限,因此仅仅念书可能会让他失去兴趣。因此,建议可以以图画书的内容为基础,围绕相关内容进行合理的展开,并运用阅读策略等互动技巧,可能能够增加孩子的阅读兴趣。

疑问4:没有文字的图画书应该怎么念?

回应:无字书既然没有字,其实就是说明故事全在图画里。那么,我们只需要用眼睛去感知画面,将捕捉到的视觉信息串联成故事讲出来就可以了,而且不用担心会漏掉一些细节,因为成人在讲的时候,孩子的眼睛也在看画面,很多细节可能会被他们抢先看到。要提醒成人的是,尽可能诚实地表述眼睛看到的信息,按照眼睛获得的信息讲述故事的内容,丰富故事的内容。同时,成人需要结合孩子眼睛获得的信息和提出的问题,回应孩子的眼睛关注的内容和提出的问题。

疑问5:共读时孩子并不捧场,和孩子进行快乐的共读有什么秘诀和技巧吗?

回应:不同成人和孩子的气质类型不同,亲子互动的方式也不同,所以亲子阅读的方式并没有标准答案。共读时,通常情况是成人讲解绘本,孩子一边看图一边听,孩子这时候可能是坐在成人怀里,也可能是坐在成人身边或者对面,所以亲子共读的一个总原则就是让孩子清楚地看到画面,同时身体也是舒服而放松的。同时,讲故事的人是图画书声音的扮演者,所以建议有情绪地朗读,尽量做到表情丰富、动作夸张,同时做到回应性照护,及时、有效地回应孩子的需求,让他在阅读中体验不同人物的性格,感受不同故事的发展。

疑问 6: 给孩子读绘本的时候经常感觉力不从心,孩子实在太不可控了,比如他经常读一会儿就去玩儿了,好像不太爱阅读,我应该怎么办呢?

回应: 首先,我们必须认识到,孩子读一会就去玩了并不代表孩子不喜欢阅读、停止了对书的兴趣,相反,这是符合儿童阅读发展特点的,成人需要继续讲述书中的内容,并观察孩子的状态,因为大概率他还在继续听,并且重新回来后会听得更久。请记住,阅读一定要跟随孩子的兴趣,如果确实观察到孩子已经不想再继续了,那就换个时间阅读。

另外,我们在之前也提到过,这个阶段儿童的专注力是很短暂的,但他们对外界的事物是很好奇的,所以如何吸引他们专注于阅读也是我们需要思考的事情,建议同时考量共读时间、共读环境、图书的选择以及共读方式这些因素:

- 关于阅读时间,只要孩子有意愿、也有兴趣,任何时间都可以展开阅读,最好还能够结合孩子的作息以及精力情况,如睡前。
- 关于环境,建议选择安静、不受干扰的阅读空间,营造温馨自在的阅读氛围,建立专属于你们的亲子共读模式,这有助于孩子静下心来阅读。
- 关于图画书,建议选择不同类型的图画书融入到孩子的生活与作息中,这样可以发挥事半功倍的效果,例如:在睡前选择温馨的床边故事;在洗澡时选择洗澡书;而在孩子精力充沛的时候,选择可以探索或趣味性较强的图画书,让孩子有极大的参与感。
- 关于共读方式,建议巧妙变化共读的方式,让孩子觉得阅读是件有趣而快乐的事,毕竟兴趣是最好的老师。

疑问 7: 孩子不能集中注意力的时候,成人需要问一些问题,引发他的兴趣吗?

回应: 儿童阅读兴趣的培养总的来说有两个方面:一个是选书,如果书没选好,超过了儿童的认知能力,儿童自然没有兴趣。所以需要尽可能选择贴近儿童年龄特点的、富有童趣的书,即"适龄"的图画书。如果书选择得没有问题,那就要考虑阅读方法是否合适。关于共读过程中的提问技巧,建议在首次阅读一本书的时候,尽量按照故事的情节发展阅读,在反复阅读过程中再考虑增加提问和互动环节,因为过多的提问可能会打乱故事原有的节奏,令孩子总是进入不了故事情境。

疑问 8：每次读绘本时，孩子可能会有一些破坏行为，如玩书、啃书、撕书，这种情况成人可以怎么应对呢？

回应：这个问题其实还是和儿童的发展特点有关。其实，玩、抓、啃、咬、撕书这些都是儿童探索学习的特有方式，这表示他对书是感兴趣的，想一探究竟。所以，家长首先要扭转对这些貌似"破坏行为"的观念。从发展特点来看，半岁之前的婴儿拿到一本书的反应可能就是放到嘴里去咬，再大一点有可能就会出现撕书的现象，其实孩子不是故意要撕，而是手指精细动作发展还不完善，一不小心就撕破了，又或者是在探索过程中无意间造成的结果。如果我们把书藏起来，孩子对书最初的探索就被活生生打断了。所以，如果孩子热衷于玩书、啃书的行为，就让他玩个尽兴！如果遇到把书撕了的情况，家长要对孩子进行正确的引导，一方面告诉孩子"书不是用来撕的，我们需要保护我们的书"，另一方面通过表情或肢体传达"不可以"的讯息，从而及时制止撕书的行为、避免他一再尝试。同时，我们还建议转移他的注意力，耐心地示范正确的翻书动作，让他明白书的"正确打开方式"。

说到底，如果孩子出现类似的"破坏行为"，家长不需要过度地担心或者认为孩子不喜欢书，家长需要引导孩子，并尽可能提供能够满足孩子需求和爱好的图画书，不让这些所谓的"破坏行为"影响了正常的阅读行为和孩子的发展。当然，我们也提醒，一定要做好图书的消毒工作，以免孩子在啃咬图书的过程中感染细菌。

疑问 9：很多时候我连一个故事都讲不完整，孩子就把书抢走，自己去翻书了，而且他好像很喜欢自己翻书，这还算共读吗？

回应：其实不能完整地讲完一个故事这个现象很正常，不用担心。首先，家长必须明白的原则是，我们必须跟随孩子的兴趣，孩子喜欢看哪里我们就和孩子一起讲哪里，千万不要按照成人讲故事的思维习惯，这会影响孩子对书籍的兴趣。其次，关于"孩子把书抢走自己翻书"，这种行为一定程度上说明了孩子对书感兴趣，同时这也符合婴儿的阅读行为发展，因为这不但可以满足他喜欢动手操作的学习模式，还能够展现自己的自主性与成就感。从共读的角度来看，孩子可以自己翻阅图画书，掌控翻书的步调，这也是他模仿和参与阅读的行为表现。

疑问 10：孩子很爱阅读，但总是盯着同一个故事听，我想换别的他却始终不肯，该怎么引导呢？

回应：不用担心，"重复阅读图画书"的现象在早期阅读中很正常，尤其是对于小月龄的宝宝，这种现象更为常见。这正是他们"对图画书感兴趣"的表现，而且这对儿童早期阅读能力的提高有着重要意义。因为儿童在不同阶段的发展情况不同，生活经验也不同，所以他能在重复读图画书的过程中看到不一样的景象，可能是以前没有注意到的故事内容、角色、视觉画面，也可能是故事的情节发展，又或者是发现了图画书中的东西能够验证自己当下的想法，这都可能让孩子觉得特别有成就感，因而想一读再读。不管是哪种情况，没有关系，如果孩子喜欢重复听同一个故事，我们需要尊重他的阅读兴趣，耐心地重复共读，等孩子愿意的时候，再与他共读其他书籍就可以了。

疑问 11：孩子一旦养成了亲子阅读的习惯，会不会影响他独立阅读习惯的养成呀？孩子现在特别喜欢家人给他读书，但担心这会让孩子形成依赖。

回应：完全不用担心这个问题。如果孩子养成了亲子阅读的习惯，那么他只会更容易养成独立阅读的习惯，二者是一种相互促进的关系，不是矛盾的关系。而且对于学前阶段的儿童，我们大概率只能开展亲子阅读。一方面是因为这个阶段的孩子不认识字，需要借助成人的力量来阅读；另一方面是因为，"听说读写"是儿童语言发展的规律，在学前阶段，比"读"更重要的是"听"，儿童只有在大量的听觉练习之后才会有语言的输出——"说"，之后再过渡到"读写"。此外，由于进行了亲子阅读的孩子的想象力是获得了滋养的，所以他的脑子形成画面感的能力更强，当他们识字后，在阅读独立中获得的快乐只会更多。因此，亲子阅读的习惯利于独立阅读习惯的养成。

疑问 12：奶奶不认识字、不会讲普通话可以与孩子共读吗？

回应：亲子共读其实更像是一种互动，书也类似我们的玩具，不会用普通话读书或者不认识字完全没有关系，重点是一起"互动"的这个动作，因为它已经满足了语言输入的要求。另外，孩子在听声音的同时，其实也在感知画面，所以不认识字的奶奶可以完全不看文字，只按照自己的理解讲述图画并注重与孩子的互动就可以了。另外，其实很多适合 0—3 岁婴幼儿的图画书对不认识字的成人是很友好的，因为它的文字特别少，有些甚至是无字书，所以不管是不认识字的奶奶，还是爷爷，又或者是婶婶，不用担心这个问题，谁都可以与孩子共读。

疑问 13：孩子只要你不喊卡，他能让你一直读下去，但是明明已经很晚了我都瞌睡得不行了，而且第二天还需要工作，这该怎么办呢？睡前的故事时间长度该如何把握呀？

回应：其实，良好的作息习惯是培养儿童自律的最佳手段，什么时间做什么事情对于任何阶段的儿童都是适用的。建议可以提前和孩子约定好今天可以讲几本书，讲完了就要睡觉了。如果孩子出现了不情愿的情况，我们需要采用坚定而温柔的态度，经过几个回合的沟通,孩子就知道他的那些"软磨硬泡"是无效的,睡前的共读时长自然就规律了。不过,家长一定要遵守和孩子一起制定的规则,这样孩子才知道规则是有用的,是不能被破坏的。

疑问 14:亲子阅读有没有最佳时长的一个说法呢?

回应:亲子阅读的时长其实并没有严格的时间界限。主要取决于以下两个方面:

第一是孩子的情绪状态。如果他在你的读书声中很安静,很专注,那么你不妨读久一些;如果他已经开始心不在焉、东张西望了,表现出累了,不想阅读了,那这个时候就可以结束今天的阅读了。

第二是孩子的注意力区间,建议不要超出注意力区间(如下表①所示)太多。但是这里需要注意的是,如果孩子已经建立了很好的阅读习惯,那么孩子是可以和成人一次开展很长时间的亲子共读的,我们不能因为注意力区间限制孩子的阅读时间。

表 4-3-1 不同年龄段孩子的注意力区间

年龄区间	注意力区间
0—1 岁	不超过 1 分钟
1—2 岁	2—6 分钟
2—3 岁	5—8 分钟
3—4 岁	不超过 10 分钟
4—5 岁	8—12 分钟
5—6 岁	15 分钟左右

---

① 来源:https://www.kids-houston.com

附：0—3岁儿童发展里程碑

月龄 维度	2个月	4个月	6个月	9个月	12个月	18个月	24个月	36个月
语言/ 交流	• 可以嗳嗳发出低语声，发出咕噜声； • 朝着声音转头。	• 开始呀呀学语，呀呀学语时带有表情并会模仿听到的声音。	• 通过发出声音对声音做出回应； • 发出咿呀声（"啊"、"嗯"、"哦"），并喜欢和父母轮流发出声音； • 会对自己的名字做出反应； • 发出声音以表达愉快和不愉快的情绪； • 开始说辅音（快而含糊地说出"m"、"b"）。	• 理解"不"； • 模仿其他的声音和动作； • 发出许多不同的声音"mamama"和"bababa"； • 用手指指东西。	• 对简单的口头要求做出回应； • 使用简单的身体姿势，例如，摇头表示"不"，或挥手表示"再见"； • 发出音调有变化的声音（声音更像讲话）； • 说"妈妈"和"爸爸"并会发出"噢"那样的惊叹； • 试着和成人说话。	• 说出几个单词，能用一两个字表达自己的愿望； • 能说出自己的名字； • 能有意识地叫"爸爸"、"妈妈"； • 摇头并说"不"； • 向别人指出他想要的东西。	• 别人指出物品或图画的名称时，会会指着它们； • 会说出有2—4个单词的句子； • 遵循简单指示； • 指着书中的东西。	• 可以说出多数熟悉物品的名称； • 理解"在……之内"、"在……之上"、"在……之下"等词的意思； • 说出名字、年龄和性别； • 说出朋友的姓名； • 和陌生人很好地交谈，多数时间理解对话内容； • 会说"我"、"自己"、"我们""你"等词以及某些复数（汽车、狗和猫）； • 会使用2—3个句子进行交谈。
认知/ 思维	• 会注意面部表情； • 如果有变化，会哭或者生气以表示开始觉得厌烦。	• 会对情感做出回应； • 会用一只手拿玩具； • 使用手和眼睛，例如看到一个玩具并伸手拿它； • 目光跟随移动物体会同时从一边转到另一边； • 会注意观察面部表情。	• 观察周围的事物； • 会对事物表现出好奇心。	• 用拇指和食指捡起小颗粒的东西。	• 说出名称时，看着正确的图片或物品； • 模仿姿态； • 用食指指截（指点）； • 遵循简单指示，例如，捡起玩具。	• 指向身体部位； • 用手指以引起其他人的注意； • 自己乱写乱画。	• 找出藏在两层或者三层下面覆盖的物体； • 开始分类； • 状和颜色的； • 完成书中的句子和儿歌； • 说出图画书中的物体的名称，如猫、鸟或狗。	• 理解"两个"是什么意思。

月龄 维度	2个月	4个月	6个月	9个月	12个月	18个月	24个月	36个月
社交/ 情绪	● 可以暂时让自己平静下来(可能将手放在嘴里吸吮手指); ● 开始对人笑; ● 试着朝父母看着。	● 喜欢和别人玩,停止要时可能哭; ● 会模仿某些动作或面部表情,例如,笑或者皱眉头。	● 认识熟悉的面孔,并开始知道谁是陌生人; ● 想要和别人玩耍,特别是父母; ● 对其他人的情绪做出反应,并经常看起来很开心; ● 喜欢照镜子看自己。	● 有喜欢的玩具。	● 有喜欢的事物和人; ● 当他想要听故事时,会拿一本书给成人; ● 重复声音或活动以吸引别人的注意力。	● 玩耍时喜欢把东西拿给别人; ● 将感兴趣的东西指给别人看。	● 和其他小朋友在一起时特别兴奋; ● 喜欢在其他小朋友旁边玩耍,开始接纳其他小朋友; ● 模仿其他人,特别是成年人和年龄较大的儿童; ● 表现得越来越独立; ● 表现出多种情感(同情、爱、不喜欢等)。	● 模仿成年人和朋友; ● 没有提示时,向朋友表达感情; ● 向哭泣的朋友表达关心; ● 表达不同的情绪; ● 日常活动时会出现较大变化时会感到不高兴。
运动/ 身体	● 用手臂和腿做出更流畅的动作。	● 可以拿着玩具并摇晃它,以及摇晃悬挂着的玩具。	● 站立时,用脚支撑体重并会跳起来。	● 爬行或扶着站起来。	● 不用扶可以自己走几步。		● 画或者复制直线和圆圈。	

资料来源:美国疾病控制与预防中心(CDC)健康和人类服务部《0—6岁儿童发展的里程碑》,联合国儿童基金会《0—6岁儿童发展的里程碑》

参考文献

［1］陈苗苗,李岩.《1000天阅读效应:0—3岁阅读启蒙及选书用书全攻略》[M].北京:中国妇女出版社,2019.

［2］黄燕虹.阅芽计划有效性研究报告[J].新阅读,2019(06):21-22.

［3］丹尼尔·T·威林厄姆.为什么学生不喜欢上学?[M].赵萌,译.南京:江苏教育出版社,2010.

［4］丹尼丝·I·马图卡.图画书宝典:图画书阅读推广手册[M].王志庚,译.北京:北京联合出版公司,2017.

［5］河合隼雄,松居直,柳田邦男.绘本之力[M].朱自强,译.贵阳:贵州人民出版社,2011.

［6］李坤珊.深圳爱阅公益基金会十周年庆典演讲[OL].2020,11. http://www.iread.org.cn/news/detail638.html.

［7］舒华,李平.学前儿童语言与阅读的发展及其促进[J].学前教育研究,2014(10)3-10.

［8］松居直.我的图画书论[M].郭雯霞,徐小洁,译.上海:上海人民美术出版社,2009.

［9］维果茨基.最近发展区的理论——教学过程中儿童的发展[M].土井捷三等,译.大津:三学出版社公司,2003.

［10］叶嘉青.图画书小学堂:与0—6岁孩子一起悦读[M].桂林:广西师范大学出版社,2019.

［11］《中国大百科全书》总编委会.中国大百科全书(第二版)[M].北京:中国大百科全书出版社,2016.

［12］周兢.学前儿童语言学习与发展核心经验[M].南京:南京师范大学出版社,2014.

［13］周兢.零岁起步:0—3岁儿童早期阅读与指导[M].深圳:海天出版社,2016.

［14］周兢,刘宝根.汉语儿童早期阅读与读写能力发展研究[M].上海:华东师范大学出版社,2020.

［15］周兢,朱从梅.母亲在亲子阅读中的语言运用特点分析[J].幼儿教育(教育科学版),2006(09).

［16］周念丽.0—3岁儿童心理发展[M].上海:复旦大学出版社,2021.

［17］中华人民共和国教育部,联合国儿童基金会.0—6岁儿童发展的里程碑[R/OL].https://

www. unicef. cn/reports/developmental-milestone-children-0-6-years.

[18] Alonzo, J. , Basaraba, D. , Tindal, G. , & Carriveau, R. S. They Read, but How Well Do They Understand? An Empirical Look at the Nuances of Measuring Reading Comprehension. *Assessment for Effective Intervention*. 2009,35(1): 34 – 44.

[19] Bellingham Public Library. The Five Practices of Bellingham Public Library Early Literacy. Retrieved on 20210704 from https://www. bellinghampubliclibrary. org/kids-teens/kids/ early-literacy/five-practices.

[20] Booktrust. Bookstart National Impact Evaluation. London: Booktrust, 2009.

[21] Bus, A. G. , Belsky, J. , van IJzendoorn, M. H. , & Crnic, K. Attachment and book reading patterns: A Study of mothers, fathers, and their toddlers. *Early Childhood Research Quarterly*, 1997,12: 81 – 98. doi 10. 1016/S0885 – 2006(97)90044 – 2.

[22] Bus, A. G. , & van IJzendoorn, M. H. Mother-child interactions, attachment, and emergent literacy: A cross-sectional study. *Child Development*, 1988,59: 1262 – 1272. doi 10. 2307/1130489.

[23] Bus, A. G. , & van IJzendoorn, M. H. Patterns of attachment infrequently and infrequently reading mother-child dyads. *Journal of Genetic Psychology*, 1992,153: 395 – 403. doi 10. 1080/00221325. 1992. 10753735.

[24] Bus, A. G. , & van IJzendoorn, M. H. Mothers reading to their 3-year-olds: The role of mother-child attachment security in becoming literate. *Reading Research Quarterly*, 1995, 30,998 – 1015. doi 10. 2307/748207.

[25] Bus, A. G. , & van IJzendoorn, M. H. Affective dimension of mother-infant picture-book reading. *Journal of School Psychology*, 1997,35,47 – 60. doi 10. 1016/S0022 – 4405(96) 00030 – 1.

[26] Bus, A. G. , van IJzendoorn, M. H. , & Pellegrini, A. D. Joint book reading makes for success in learning to read: A meta-analysis on intergenerational transmission of literacy. *Review of Educational Research*, 1995,65,1 – 21. doi 10. 3102/00346543065001001.

[27] Center on the developing children of Harvard University. InBrief: The Science of Early Childhood Development. Retrieved from https://developingchild. harvard. edu/resources/ inbrief-the-science-of-early-childhood-development, 2011.

[28] Child and Adolescent Health Measurement Initiative. 2016 – 2019 National Survey of Children's Health (NSCH) data query. Data Resource Center for Child and Adolescent Health supported by the U. S. Department of Health and Human Services, Health

Resources and Services Administration（HRSA），Maternal and Child Health Bureau（MCHB）. Retrieved from https：//www. childhealthdata. org，2021.

［29］ Dehaene，S. & Pegado，F. How learning to read changes the cortical networks for vision and language. *Science*. 2010,330(6009)：1359 - 1364. doi：10. 1126/science. 1194140.

［30］ Dekaban，A. S. and Sadowsky，D. Changes in brain weights during the span of human life：relation of brain weights to body heights and body weights，*Ann. Neurology*. 1978,4：345 - 356.

［31］ Elish-Piper，L. Understanding Reading Comprehension：Information and Ideas for Parents about Reading Comprehension. *Illinois Reading Council Journal*. 2010,38(3)：49 - 52.

［32］ Gilmore JH，Lin W，Prasatwa MW，et al. Regional gray matter growth, sexual dimorphism，and cerebral asymmetry in the neonatal brain. *Journal of Neuroscience*. 2007,27(6)：1255 - 1260.

［33］ Girolametto，L. E. ，Greenberg，J. ，Manolson，H. A. Developing Dialogue Skills：The Hanen Early Language Parent Program. Inc. New York：Thieme Medical Publishers，1986.

［34］ Hanen Early Language Program. OWL to Let Your Child Learn. Retrieved from http：//www. hanen. org/images-for-public-site/links-sample-pdfs/itttp17-18s. aspx. 2011.

［35］ Hart，B. ，& Risley，T. R. Meaningful differences in the everyday experience of young American children. Baltimore，MD：Pual H. Brookes Publishing. 1995.

［36］ Horowitz-Kraus，T. ，Schmitz，R. ，Hutton，J. S. ，& Schumacher，J. How to create a successful reader? Milestones in reading development from birth to adolescence. Acta Paediatr. 2017,106(4)：534 - 544.

［37］ Huttenlocher P. Neural Plasticity：The Effects of the Environment on the Development of the Cerebral Cortex. Cambridge：Harvard University Press，2002.

［38］ Just Economics，2010. Bookstart 2009/10：A Social Return on Investment（SROI）Analysis. Booktrsut，London.

［39］ Moore，M. & Wade，B. Parents and children sharing books：an observational study，*Signal*. 1997,203 - 214.

［40］ Mullis，I. V. S. ，& Martin，M. O. （Eds. ）. PIRLS 2016 Assessment Framework（2nd ed. ）. Retrieved from Boston College，TIMSS & PIRLS International Study Center website：http：//timssandpirls. bc. edu/pirls2016/framework. html，2015.

［41］ National Research council，Snow，C. E. ，Burns，M. S. ，& Griffin，P. （eds）1998. Preventing Reading Difficulties in Young Children. Washington，DC：The National

Academies Press. https://doi. org/10. 17226/6023.

[42] Parlakian, R., Lerner, C. & Im, J. Getting Ready to Read: Helping Your Child Become a Confident Reader and Writer Starting from Birth. Washington: ZERO TO THREE, 2008.

[43] Rayner, K. & Pllatsek, A. The Psychology of Reading. Englewood Cliffs, NJ: Prentice Hall, 1989.

[44] Schleicher, A. PISA 2018. Insights and interpretations. *OECD*, oecd. org, 2019.

[45] Snow, C. E. Reading for understanding: toward a research and development program in reading comprehension. Santa Monica, CA: RAND Corporation. https://www. rand. org/ pubs/monograph_reports/MR1465. html, 2002.

[46] Thompson, R. A. & Nelson, C. A. Developmental Science and the Media: Early Brain Development. *American Psychologist*, 2001,56(1): 5 – 15.

[47] Scholastic. Kids and Family Reading Report: United Kinddom. Scholastic Inc. Retrieved from https://images. scholastic. co. uk/assets/a/3f/36/kfrr-uk-fnlv11-1423200,2015.

[48] Scolastic. Kids and Family Reading Report, 7th Edition. Scholastic Inc. Retrieved from https://www. scholastic. com/readingreport/downloads. html, 2019.

[49] Sulzby, E. (1985). Children's emergent reading of favorite storybooks: A developmental study. Reading Research Quarterly, 20(4),458 – 481. https://doi. org/10. 1598/RRQ. 20. 4. 4.

[50] Sylva, S., Warrinnier, N., Luo, R., Yue, A., Attanasio, O., Medina, A. & Rozelle, S. From Quantity to Quality: Delivering Home-based Parenting Intervention through China's Family Planning Cadres. *The Economic Journal*, 2021,131(635): 1365 – 1400.

[51] Wade, B. & Moore, M. Bookstart. London: Book Trust, 1993.

[52] Wade, B. & Moore, M. Home activities: the advent of literacy, *European Early Childhood Education Research Journal*, 1996,4(2): 63 – 76.

[53] Wade, B. & Moore, M. Children's early book behaviour, *Educational Review*, 1996b,48: 283 – 288.

[54] Wade, B. & Moore, M. An early start with books: literacy and mathematical evidence from a longitudinal study, *Educational Review*, 1998,50: 135 – 145.

[55] Wade, B. & Moore, M. Baby power, Handforth, Egmont World Ltd, 2000.

[56] Yue, A., Shi, Y., Luo, R., Chen, J., Garth, J., Zhang, J., Medina, A., Kotb, S., & Rozelle, S. China's Invisible Crisis: Cognitive Delays among Rural Toddlers and the Absence of Modern Parenting. *The China Journal*, 2017,78: 50 – 80.

致 谢

在系列课程开发过程中，华东师范大学周念丽教授团队、首都儿科研究所关宏岩研究员团队、中国疾控中心营养与健康所黄建研究员团队、CEEE 团队养育师课程建设项目工作人员为最终成稿付出了巨大的努力和心血，在此致以崇高的敬意和衷心的感谢！北京三一公益基金会、北京陈江和公益基金会、澳门同济慈善会（北京办事处）率先为此系列课程的开发提供了重要和关键的资助，成稿之功离不开三方的大力支持，在此表示诚挚的感谢！也衷心感谢华东师范大学出版社在系列教材出版过程中给予的大力支持和协助！另外，尽管几经修改和打磨，系列教材内容仍然难免挂一漏万，不足之处还请各位读者多多指教，我们之后会持续地修改和完善这套系列教材！

最后，我还想特别感谢一直以来为 CEEE 婴幼儿早期发展研究及系列课程开发提供重要资助和支持的基金会，没有他们的有力支持，我们很难在这个领域潜心深耕这么久，衷心感谢（按照机构拼音的首字母排列）：澳门同济慈善会北京办事处；北京億方公益基金会；北京三一公益基金会；北京陈江和公益基金会；北京情系远山公益基金会；北京观妙公益基金会；戴尔（中国）有限公司；福特基金会；福建省教育援助协会；广达电脑公司；广州市好百年助学慈善基金会；广东省唯品会慈善基金会；郭氏慈善信托；国际影响评估协会；和美酒店管理（上海）有限公司；亨氏食品公司；宏碁集团；救助儿童基金会、李谋偉及其家族；联合国儿童基金会；陆逊梯卡（中国）投资有限公司；洛克菲勒基金会；南都公益基金会；农村教育行动计划；瑞银慈善基金会；陕西妇源汇性别发展中心；上海煜盐餐饮管理有限公司；上海胤胜资产管理有限公司；上海市慈善基金会；上海真爱梦想公益基金会；世界银行；深圳市爱阅公益基金会；TAG 家族基金会；同一视界慈善基金会；携程旅游网络技术（上海）有限公司；依视路中国；徐氏家族慈善基金会；云南省红十字会；浙江省湖畔魔豆公益基金会；中国儿童少年基金会；中国青少年发展基金会；中山大学中山眼科医院；中华少年儿童慈善救助基金会；中南成长股权投资基金。

附1：亲子与集体阅读活动推荐书单

一对一亲子阅读活动推荐书单（90 本）	
书名	系列
0—6 月龄	
彩色	宝宝早教撕不烂纸板书，12 册
表情	0—2 岁宝宝早教撕不烂纸板书（套装共 12 册）
颜色形状	宝宝早教撕不烂纸板书，12 册
翻一翻，哇	小鸡球球触感玩具书，5 册
黑和白	
月亮，晚上好	
摸一摸，软绵绵	小鸡球球触感玩具书，5 册
7—12 月龄	
谁的屁股毛茸茸？	小鸡球球触感玩具书，5 册
真好吃呀	
叽叽叽，你好！	小鸡球球触感玩具书，5 册
妈妈	
袋鼠也有妈妈吗？	
阿福去散步	
水果	0—2 岁宝宝早教撕不烂纸板书（套装共 12 册）
动物	0—2 岁宝宝早教撕不烂纸板书（套装共 12 册）
猜猜这是谁	小鸡球球触感玩具书，5 册
蹦	
蔬菜	0—2 岁宝宝早教撕不烂纸板书（套装共 12 册）

书名	系列
猜猜我是谁	宝宝的第一本躲猫猫游戏书,4 本
好喜欢妈妈	婴儿认知启蒙小绘本,6 册
脸,脸,各种各样的脸	《幼幼成长图画书(套装共 6 册)》
整体细节	0—2 岁宝宝早教撕不烂纸板书(套装共 12 册)
小熊宝宝绘本 5——大声回答"哎"	小熊宝宝绘本,15 本
小熊宝宝绘本 15——过生日	小熊宝宝绘本,15 本
亲爱的动物园	
13—18 月龄	
从头动到脚	
抱抱	
猜猜是谁的屁股	
躲猫猫	
猜猜动物园	宝宝的第一本躲猫猫游戏书,4 本
小熊宝宝绘本 6——尿床了	小熊宝宝绘本,15 本
数字	0—2 岁宝宝早教撕不烂纸板书(套装共 12 册)
小熊宝宝绘本 7——洗澡	小熊宝宝绘本,15 本
小熊宝宝绘本 8——刷牙	小熊宝宝绘本,15 本
玩具玩具捉迷藏	蒲蒲兰绘本馆·挖孔认知系列（共 4 册）
小熊宝宝绘本 9——我会穿短裤啦	小熊宝宝绘本,15 本
谁的家到了	
在这儿哪	婴儿游戏绘本/10 册
小熊宝宝绘本 10——收起来	小熊宝宝绘本,15 本
认物	0—2 岁宝宝早教撕不烂纸板书(套装共 12 册)
交通工具捉迷藏	蒲蒲兰绘本馆·挖孔认知系列（共 4 册）
19—24 月龄	
小熊宝宝绘本 12——谁哭了	小熊宝宝绘本,15 本
我爸爸	

书名	系列
我要拉屁屁	噼里啪啦系列,共7册
你好	噼里啪啦系列,共7册
小熊宝宝绘本11——排好队 一个接一个	小熊宝宝绘本,15本
太阳公公笑哈哈	
小熊宝宝绘本13——散步	小熊宝宝绘本,15本
连在一起	《幼幼成长图画书(套装共6册)》
好神奇的小石头	
变色龙捉迷藏	
会说话的手	
晚安,月亮	
好饿的毛毛虫	
我最喜欢车子	《奇妙洞洞书系列(第一辑)》
小金鱼逃走了?	
好疼呀好疼呀	
嘘	
蚂蚁和西瓜	
25—36月龄	
农场	邦臣小红花·小小手指推拉滑板书,共4本
大大的,小小的	婴儿认知启蒙小绘本,6本
毛毛虫吃什么呢	乐乐趣幼儿童书奇妙洞洞书系列马戏团6册
好饿的小蛇	
谁的声音?	
月亮生日快乐	
大卫,不可以	大卫系列(全3册)
手指小虫起床了	杜莱百变创意玩具书(套装共6册)
点点点	
一人一半刚刚好	

书名	系列
我妈妈上班去了	
宝贝,就是这样爱你	
先有蛋	
可爱动物操	
野兽国	
我会数一数	乐乐趣幼儿童书奇妙洞洞书系列马戏团 6 册
爸爸和我	
妈妈买绿豆	
爸爸,我要月亮	
月亮的味道	
小猫头鹰	
小牛的春天	
小船的旅行	
云娃娃	
魔法亲亲	
幼儿园的一天	
菲菲生气了	
我的情绪小怪兽	
猜猜我有多爱你	
是谁嗯嗯在我的头上	
自己的颜色	
大大小小	
好饿的小猪	
我也要去幼儿园	
宝宝真能干	
果子的味道	

集体阅读活动书单(50本)	
书名	系列
7—12 月龄	
亲爱的动物园	
阿福去散步	
蹦	
我长大了	宝宝的第一本躲猫猫游戏书,4 本
好喜欢妈妈	婴儿认知启蒙小绘本,6 册
真好吃呀	
脸,脸,各种各样的脸	《幼幼成长图画书(套装共 6 册)》
13—18 月龄	
从头动到脚	
衣服衣服捉迷藏	蒲蒲兰绘本馆·挖孔认知系列（共 4 册）
数字	0—2 岁宝宝早教撕不烂纸板书(套装共 12 册)
谁的家到了	
真的很厉害!	杜莱纸板书系列,4 册
我爸爸	
蔬菜蔬菜,切一切	幼儿成长图画书纸板书 妈妈宝宝的食物绘本(共 6 册)
猫头鹰说故事	《奇妙洞洞书系列(第一辑)》
我妈妈	
宝宝长得像妈妈!	
猜猜是谁的屁股	
抱抱	
19—24 月龄	
小金鱼逃走了	
我爸爸	
好疼呀好疼呀	
嘘	
蚂蚁和西瓜	

书名	系列
变色龙捉迷藏	
会说话的手	
好饿的毛毛虫	
我最喜欢车子	《奇妙洞洞书系列（第一辑）》
连在一起	《幼幼成长图画书（套装共6册）》
好神奇的小石头	
走开,绿色大怪物！	
25—36月龄	
大卫,不可以	大卫系列（全3册）
自己的颜色	
菲菲生气了	
我的情绪小怪兽	
爸爸,我要月亮	
月亮的味道	
小猫头鹰	
小牛的春天	
小船的旅行	
魔法亲亲	
大大的,小小的	婴儿认知启蒙小绘本,6本
毛毛虫吃什么呢	乐乐趣幼儿童书奇妙洞洞书系列马戏团6册
好饿的小蛇	
谁的声音？	
野兽国	
点点点	
是谁嗯嗯在我的头上	
我喜欢我自己	
我喜欢书	

附2：本书提及的参考绘本清单

［1］［美］李欧·李奥尼. 鱼就是鱼［M］. 阿甲译. 南海出版公司，2011.

［2］［丹麦］金·弗珀兹·艾克松. 爷爷变成幽灵了［M］. 彭懿译. 长江少年儿童出版社，2018.

［3］［英］佩特·哈群斯. 母鸡萝丝去散步［M］. 信谊编辑部译. 明天出版社，2017.

［4］［美］劳拉·瓦卡罗·希格. 柠檬不是红色的［M］. 余治莹译. 河北教育出版社，2021.

［5］［法］埃克多·戴可赛. 神秘的夜晚-宝贝亲近大自然拉拉绘本［M］. 张木天译. 未来出版社，2016.

［6］Willems M. Should I Share My Ice Cream？［M］. Disney-Hyperion，2011.

［7］［美］莫里斯·桑达克. 野兽国［M］. 宋珮译. 贵州人民出版社，2014.

［8］王早早，黄丽. 安的种子［M］. 海燕出版社，2015.

［9］［美］艾诺·洛贝尔. 青蛙和蟾蜍：好朋友［M］. 潘人木，党英台译. 明天出版社，2022.

［10］［美］埃尔斯·霍姆伦德·米纳里克，［美］莫里斯·桑达克. 亲爱的小熊［M］. 王林译. 贵州人民出版社，2015.

［11］［美］苏斯博士. 戴高帽子的猫［M］. 常立，黎亮译. 接力出版社，2022.

［12］［法］让·德·布吕诺夫. 大象巴巴的故事［M］. 糖果鱼童书译. 中国人口出版社，2021.

［13］余丽琼，朱成梁. 团圆［M］. 明天出版社，2008.

［14］［澳大利亚］梅姆·福克斯. 绿绵羊在哪里？［M］. 林昕译. 长江少年儿童出版社，2018.

［15］［美］艾瑞·卡尔. 123 到动物园［M］. 信谊编辑部译. 明天出版社，2014.

［16］［英］罗德·坎贝尔. 亲爱的动物园［M］. 李树译. 中信出版社，2012.

［17］［美］洛伊丝·艾勒特. 神奇变变变动物园［M］. 以墨译. 吉林出版集团有限责任公司，2012.

［18］［日］米津祐介. 猜猜是谁的屁股？［M］. 张瑜伽译. 中信出版社，2016.

［19］［日］入山智. 小鸡球球触感玩具书［M］. 崔维燕译. 新星出版社，2022.

［20］七色王国. 小恐龙的心愿［M］. 安徽少年儿童出版社，2018.

［21］［美］爱德华·恩贝尔利. 走开，绿色大怪物［M］. 余治莹译. 河北教育出版社，2020.

［22］黄郁轩. 和我一起唱［M］. 中信出版社，2019.

［23］程琦. 费雪宝贝自己听童谣-森林音乐会［M］. 西安出版社，2019.

［24］法国伽利玛少儿出版社.我的小小音乐厅［M］.刘畅译.中信出版集团，2018.

［25］童茗.儿歌三百首［M］.青岛出版社，2017.

［26］［英］毕翠克丝·波特.彼得兔的故事［M］.程雯译.西南师范大学出版社，2017.

［27］［美］克里斯·范·奥尔斯伯格.勇敢者的游戏［M］.杨玲玲，彭懿译.南海出版公司，2011.

［28］［美］艾伦·塞亿.外公的旅程［M］.匡咏梅译.北京联合出版公司，2018.

［29］胡媛媛.孔子［M］.湖北美术出版社，2017.

［30］［法］夏尔·贝洛.穿靴子的猫［M］.周克希译.华东师范大学出版社，2014.

［31］冰波，徐进.城里来了大恐龙［M］.教育科学出版社，2018.

［32］［美］艾瑞·卡尔.好饿的毛毛虫［M］.郑明进译.明天出版社，2017.

［33］［美］艾瑞·卡尔.从头动到脚［M］.林良译.明天出版社，2013.

［34］海秋.小马过河［M］.黑龙江美术出版社，2019.

［35］［美］莱恩.史密斯.五个小英雄［M］.秦昊译.未来出版社，2015.

［36］冰波，黄缨.小老虎的大屁股［M］.教育科学出版社，2010.

［37］［日］林明子，三浦太郎，柳原良平.月亮，晚上好［M］.小林，小熊译.少年儿童出版社，
2017.

［38］［日］柳原良平.脸,脸,各种各样的脸［M］.小林，小熊译.少年儿童出版社，2017.

［39］［日］松冈达英.蹦［M］.蒲蒲兰译.21世纪出版社，2018.

［40］［英］罗德.坎贝尔.亲爱的动物园［M］.李树译.21世纪出版社，2012.

［41］［意］朱里安诺.躲猫猫［M］.梅静译.中信出版社，2016.

［42］［日］五味太郎.小金鱼逃走了［M］.［日］猿渡静子译.新星出版社，2017.

［43］［英］安东尼·布朗，［美］大卫·香农.我爸爸［M］.余治莹译.河北教育出版社，2019.

［44］［加拿大］菲比·吉尔曼.爷爷一定有办法［M］.宋珮译.明天出版社，2013.

［45］［日］宫西达也.好饿的小蛇［M］.彭懿译.21世纪出版社，2007.

［46］［美］大卫.香浓.大卫不可以［M］.余治莹译.河北教育出版社，2019.

［47］［德］维尔纳.霍尔茨瓦特.是谁嗯嗯在我的头上［M］.方素珍译.河北教育出版社，2019.

［48］［美］莱斯莉·帕特里切利.小声 大声［M］.白雁飞，马喆超译.接力出版社，2021.

［49］Katz K. Where is baby's belly button［M］. Little Simon，2000.

［50］［法］玛丽·黛罗斯特，［法］朱莉·诗赫载德.来闻闻水果的味道［M］.程琦译.陕西人民教育出版社，2020.

［51］［法］玛丽·黛罗斯特，［法］朱莉·诗赫载德.来闻闻大自然的味道［M］.程琦译.陕西人民教育出版社，2020.

［52］英国尤斯伯恩出版公司.花园里边谁在唱［M］.容墨译.接力出版社，2017.

［53］曹小影.笑脸［M］.江西高校出版社，2015.

［54］［日］米津祐介.真好吃呀［M］.张瑜珈译.中信出版社，2016.

［55］陈长海.0—2岁宝宝早教撕不烂纸板书(套装共12册)［M］.中国人口出版社，2014.

［56］［法］顾旦.乔比洗澡书系列［M］.荣信文化译.未来出版社，2010.

［57］［日］佐佐木洋子.小熊宝宝绘本(简装全15册)［M］.蒲蒲兰译.新世纪出版社，2007.

［58］［日］佐佐木洋子.噼里啪啦系列(共7册)［M］.张慧荣译.21世纪出版社，2018.

［59］［英］杰兹·阿波罗.抱抱［M］.上谊编辑部译.明天出版社，2017.

［60］［美］兰登.猜猜动物园［M］.张芳译.南海出版公司，2014.

［61］［美］比尔·马丁，［美］艾瑞·卡尔.棕色的熊、棕色的熊,你在看什么［M］.李坤珊译.明天出版社，2018.

［62］［美］莫莉·卞.菲菲生气了［M］.李坤珊译.河北教育出版社，2020.

［63］［美］李欧·李奥尼.自己的颜色［M］.阿甲译.南海出版公司，2011.

［64］［英］安东尼·布朗.胆小鬼威力［M］.唐玲译.21世纪出版社，2022.

［65］袁晓峰，赵晓音.小老鼠又上灯台喽［M］.中国少年儿童出版社，2018.

［66］卷儿.小粽子,小粽子［M］.连环画出版社，2019.